Christoph Meiners

Grundriss der Geschichte der Menschheit

Christoph Meiners

Grundriss der Geschichte der Menschheit

ISBN/EAN: 9783743603141

Hergestellt in Europa, USA, Kanada, Australien, Japan

Cover: Foto ©ninafisch / pixelio.de

Weitere Bücher finden Sie auf **www.hansebooks.com**

Grundriß

der

Geschichte

der Menschheit,

von

C. Meiners,

ordentlichem Lehrer der Weltweisheit in Göttingen.

Lemgo

im Verlage der Meyerschen Buchhandlung.

1785.

Rede.

Der Geschichte der Menschheit ist es
eben so, wie manchen andern Wis:
senschaften ergangen. Sie ist schon seit ge:
raumer Zeit benannt, bearbeitet, und fast
von allen aufgeklärten Nationen Europens
mit wichtigen Beyträgen bereichert worden,
ohne daß man noch den Begriff derselben,
oder ihren Inhalt und Gränzen genau zu
bestimmen gesucht hätte. Einige dachten sich
oder denken sich noch jetzo unter Geschichte
der Menschheit eine Sammlung von merk:
würdigen so wohl aus der Geschichte einzel:
ner Menschen, als ganzer Völker und Zeit:
alter genommenen Factis, wodurch die Na:
tur des Menschen vorzüglich aufgedeckt,

* 2   oder

oder in's Licht gesetzt würde. Andere faßten
unter der Geschichte der Menschheit Unter=
suchungen über den Zustand und die Sitten
von Wilden und Barbaren, und höchstens
noch über die verschiedenen Stuffen zusam=
men, welche der Mensch von der äussersten
Wildheit oder Verwilderung an bis an die
Anfänge der höhern Cultur zu durchlaufen
hat. Nach andere endlich vereinigten in
der Geschichte der Menschheit die eben ge=
nannten Untersuchungen mit historisch=phi=
losophischen Betrachtungen über die wichtig=
sten Veränderungen, welche das menschli=
che Geschlecht von seinem uns bekannten
Anbeginn an bis auf die gegenwärtige Zeit
gelitten hat, und nicht selten zog man in
die neue Wissenschaft Abschnitte aus der
Staats=Kunde, oder aus der Geschichte
anderer Wissenschaften hinein, die nach dem
Urtheile einzelner Schriftsteller vorzüglich
interessant waren.

Es ist zwar nichts gewöhnlicher, als
aus bekannten Wissenschaften einzelne Ab=
schnitte nach einer neuen besondern Absicht
zusammenzuordnen, und diese neu geord=
neten Systeme alter Kenntnisse mit der stol=
zen Miene von Erfindern als neue Wissen=
schaften vorzutragen. Allein wenn man
nicht

nicht bloß seiner Eitelkeit ein kurz daurendes Denkmal errichten, oder unnöthige Verwirrung anrichten will, so darf man nie eine neue Wissenschaft ankündigen, wenn man nicht wirklich Sachen liefert, die man bisher entweder gar nicht, oder wenigstens nicht nach Würden untersucht hatte. Und wenn also Geschichte der Menschheit nicht ein leeres Wort seyn oder aus zusammengeraubten Trümmern anderer Wissenschaften bestehen soll, so muß sie nothwendig etwas enthalten, was in den bisherigen Theilen der Geschichte entweder gar nicht war, oder nicht so abgehandelt wurde, als es seiner Wichtigkeit wegen verdiente. Um nun zu erfahren, ob es wirklich eine Geschichte der Menschheit gebe, und was diese neue Wissenschaft, deren Wirklichkeit man schon lange stillschweigend voraus gesetzt hat, eigentlich sey, und enthalte, muß man das ganze unermeßliche Feld der Geschichte mit einem forschenden Blicke überschauen, und Achtung geben, ob nicht manche Gegenden vernachläßigt worden sind, die eben so sehr, als irgend eine bisher bearbeitete, den sorgfältigsten Anbau verdienen.

In der allgemeinsten Bedeutung des Worts ist die Geschichte eine treue Erzäh-

*3   lung

lung deſſen, was Gegenſtände ſind oder waren, was ſie wirkten oder litten. In dieſer Bedeutung iſt nicht nur der Menſch, ſondern auch die den Menſchen umgebende Natur ein Vorwurf der Geſchichte; doch bleibt der Menſch immer ihr wichtigſter Gegenſtand. Der Menſch nun als das zuſammengeſetzteſte unter allen Geſchöpfen der Erde bietet der Geſchichte von mehrern Seiten reichhaltigen Stoff dar. Und zwar zuerſt von Seiten des Cörpers, in ſoferne die Natur deſſelben, und vermöge dieſer die höhern unſichtbaren Anlagen des Geiſtes und Herzens durch phyſiſche und moraliſche Urſachen verwandelt, veredelt oder verſchlimmert werden, in ſo ferne der Cörper ferner durch unendlich abweichende Arten von Speiſen und Getränken genährt, und durch nicht weniger verſchiedene Wohnungen, Kleidung und Putzwerk, gegen die Unbequemlichkeiten der Witterung geſchützt, oder verhäßlicht und verſchönert wird. Noch wichtiger für die Geſchichte wird der Menſch durch ſeinen Geiſt, oder durch ſeine Verſtandeskräfte, und durch den Gebrauch oder Mißbrauch, den er davon gemacht hat. Von dieſer Seite liefert er die Materialien nicht nur zur Geſchichte aller Handwerker, Künſte und Wiſſenſchaften, ſondern auch

zur

zur Geschichte der Sprache, und jeder das
menschliche Leben verschönernden oder er-
leichternden Erfindung. Eine dritte Seite,
von welcher der Mensch die Aufmerksamkeit
des Geschichtforschers verdient, ist seine Gemüthsart oder Charakter und Sitten, samt
den Ursachen, wodurch diese gebildet oder
verdorben werden. Von dieser Seite gibt
er Anlaß, so wohl zur Geschichte der Tugenden und Laster, der Reinigkeit oder Verderbniß der Sitten ganzer Völker, als zur
Geschichte der Begriffe aller Nationen von
Wohlstand, und Sittsamkeit, von Schicklichkeit, Ehre und Schande, ferner zur Geschichte der Ergötzungen und Gewohnheiten,
zur Geschichte aller Religionen, Regierungsformen, und der wichtigsten Classen von
Gesetzen, die sich unter allen Völkern der
Erde finden. Endlich wird der Mensch ein
Gegenstand der Geschichte durch das, was
er gethan oder gelitten hat. Wenn die Thaten und Schicksale einzelner Menschen auf-
gezeichnet werden, so entstehen Lebensbeschreibungen. Erzählt man hingegen die
Thaten und Schicksale einzelner Familien
und Gemeinheiten, einzelner Städte und
Provinzen, einzelner Völker oder Zeitalter,
oder endlich die vornehmsten Revolutionen
des menschlichen Geschlechts, so entstehen

*4   die

Vorrede.

die verschiedenen Zweige der politischen Geschichte, und die Universalhistorie.

In so ferne der Mensch durch seinen Cörper ein Gegenstand der Geschichte wird, ist
er bisher von Geschichtforschern und Geschichtschreibern fast ganz vernachläßigt worden. Zwar haben viele Gelehrte über
die Einflüsse des Klima u. s. w. auf die
Farbe und Bildung des Cörpers und seiner einzelnen Theile wie auf die Bildung
des Geistes und Herzens geschrieben, allein
bloß nach meinen gewiß lange noch nicht
vollständigen Sammlungen zu urtheilen
hat man diese Untersuchungen mehr berührt,
als erschöpft. Auch hat man sie nicht zu
einem besondern Abschnitt einer einzelnen
Wissenschaft gemacht, sondern theilweise
bald in dieser bald in jener Wissenschaft vorgetragen. Man hat ferner freylich die Trach-
ten, Wohnungen und Lebensarten mehrerer
Völker, besonders des Alterthums beschrieben, allein, man hat in diesen Rücksichten
nie alle Nationen der Erde mit einander verglichen, und noch weniger die Resultate
dieser Vergleichungen zu Abschnitten einer
besondern Wissenschaft gemacht. Alle diese Untersuchungen nun über die ursprünglichen Verschiedenheiten der Menschen in An-

se-

sehung ihres Cörpers, Geistes und Herzens, und deren physische Ursachen, ferner die Geschichte der Nahrungsmittel und starken Getränke, der Wohnungen, Kleidungen und des Putzes aller Nationen, lauter Untersuchungen, worauf kein anderer Theil der Geschichte Ansprüche machen kann, ziehe ich in das Gebiet der Geschichte der Menschheit, fest überzeugt, daß sie keinem andern Zweige der Geschichte an Nützlichkeit und Interesse etwas nachgeben. Im ersten Abschnitt oder in der Geschichte des menschlichen Cörpers, wenn ich mich so ausdrücken darf, sehe ich mehr auf die Aehnlichkeiten und Verschiedenheiten ganzer Völker, als einzelner Menschen, und vergleiche mehr den Menschen in grossen Haufen mit sich selbst, als den Menschen mit den übrigen Thieren; und eben daher überlasse ich die Geschichte der merkwürdigsten Monstrositäten, und die Aufsuchung der Unterschiede von Menschen und Thieren dem Naturhistoriker und Zergliederer. Dagegen verbinde ich mit meinen Untersuchungen über die abweichenden ursprünglichen Bildungen und Anlagen des Cörpers und Geistes aller Völker, kurzgefaßte Bemerkungen über die ältesten Wohnsitze der Menschen, und über die wichtigsten Revolutionen der Erde, die in keiner andern

Art

Art von Geschichte so schicklich und gründ-
lich, als in der Geschichte der Menschheit
vorgetragen werden können.

Die zweyte Haupt-Seite des Menschen,
(der menschliche Geist und alle Producten
desselben), ist schon fast ganz von andern
Theilen der Geschichte besetzt worden. Mit
Recht sieht man die Geschichte einer jeden
Wissenschaft, einer jeden Kunst, selbst einer jeden wichtigen Handthierung als eine
besondere Wissenschaft, und als einen wo
nicht bekannten doch gehörig bestimmten
Theil der Geschichte an. Selbst die Geschichten einzelner grosser Erfindungen, wie
der Buchdruckerey, des Pulvers, der Luft-
schifferey u. s. w. werden unter dem Namen
der Geschichte der Erfindungen als Abschnitte
einer schon für sich bestehenden Wissenschaft,
betrachtet. Die Geschichte der Sprache
würde ich in der Geschichte der Menschheit
abhandeln, wenn ich sie nicht bequemer in
der Psychologie vortragen zu können glaubte.
Es bleibt daher aus der Geschichte des
menschlichen Geistes für die Geschichte der
Menschheit weiter nichts übrig, als Untersuchungen über die verschiedenen Grade der
Cultur, die man unter allen Völkern fand,
oder noch findet, dann die Geschichte der
Mey-

Vorrede.

Meynungen wilder und barbarischer Völker über die wichtigsten Phänomene und Werke der Natur, und endlich die Geschichte der Anfänge der nothwendigsten Wissenschaften, der Arithmetik, Zeit-Rechnung und Arzney-Kunde, wie man sie unter unausgebildeten Nationen antrifft.

Die dritte Haupt-Seite des Menschen, seine Sitten und Gemüthsart sind zwar von jeher von den größten Weltweisen untersucht, und von den berühmtesten Geschichtschreibern mit vorzüglicher Sorgfalt beschrieben worden. Allein die Weltweisen der alten und neuern Zeit sagten mehr, wie die Sitten und Gewohnheiten, Beschäfftigungen und Vergnügungen, Begriffe von Wohlstand und Anstand, von Ehre und Schande, wie endlich Religionen, Regierungsformen, und Gesetze beschaffen seyn müßten, wenn sie weise und nützlich seyn sollten, als sie uns den wirklichen Zustand derselben unter allen oder den merkwürdigsten Völkern der Erde schilderten. Grösse Geschichtschreiber hingegen mahlten zwar die Sitten, Religionen, Regierungsformen, und Gesetze, u. s. w. einzelner Nationen und Zeitalter; allein sie stellten bisher keine allgemeine Vergleichung dieser Gegenstände an, an, wie sie sich in allen Theilen der Erde gefunden haben, oder noch finden. Diese Vergleichung der Sitten und Gewohnheiten, der Regeln und Begriffe von Wohlstand Decorum und Anstand, der Vergnügungen, Religionen, Regierungsformen und Gesetze aller Völker wird daher ein eigenthümliches und eins der wichtigsten Geschäffte der Geschichte der Menschheit, die auch hier in keinen andern Theil der Geschichte gewaltsame Eingriffe thut. Damit aber die Geschichte der Menschheit nicht über diejenigen Gränzen anwachse, innerhalb welcher eine Wissenschaft eingeschlossen bleiben muß, wenn ein einzelner Mann sie übersehen und gehörig bearbeiten, und in dem zum Vortrage von Wissenschaften bestimmten Zeitraum vollenden soll, so habe ich die Geschichte der Religionen von der Geschichte der Menschheit abgesondert, und als eine eigene Wissenschaft zu behandeln angefangen. Auch schränke ich mich in dem Abschnitt von Gewohnheiten nur auf einige der merkwürdigsten ein, die nicht schon in den übrigen Abschnitten abgehandelt wurden; denn alle Gewohnheiten aller Völker beschreiben und erklären zu wollen, wäre ein eben so thörichtes als undankbares Unternehmen: thöricht, weil man die unermeßliche

liche Menge von Gewohnheiten doch nie alle umfassen kann; und undankbar, deßwegen, weil man die meisten Gewohnheiten eben so wenig als die Bildung und Ableitung der meisten Wörter auf eine befriedigende Art erklären kann, und auch mit den wahrscheinlichsten Erklärungen für die Kenntniß der menschlichen Natur nur wenig gewinnt. In dem Capitel von Regierungsformen, zeige ich zwar die Entstehung und Fortbildung bürgerlicher Gesellschaften und Verfassungen bis auf die Befestigung und Ausartung der königlichen Gewalt; allein die Entstehung und Ausartung der übrigen Regierungsformen berühre ich nur im allgemeinen, und überlasse die ausführlichere Untersuchung dieser Materie theils der Politik, theils dem künftigen Geschichtforscher der Schicksale und Thaten der Freystaaten der alten und neuern Zeit. Die Geschichte des Despotismus habe ich so vollständig als möglich vorgetragen, weil besonders die Natur des Despotismus unter den Mongolischen Völkern wenig bekannt ist, und sehr wichtige Aufschlüsse über die wahre Ursache desselben, und über die grosse Verschiedenheit des ursprünglichen Adels verschiedener Völker gibt.

Die

Vorrede.

Die Thaten und Schicksale merkwürdi-
ger Menschen und Völker, deren zuverläßige und lehrreiche Erzählung man vorzugs-
weise Geschichte oder politische Geschichte zu
nennen pflegt, schliesse ich von der Geschichte der Menschheit ganz aus, in so ferne sie
schon von andern bekannten Theilen der Geschichte vorgetragen zu werden pflegen. Die
Geschichte der Menschheit berührt zwar oft
die Thaten einzelner Menschen und ganzer
Völker, weil die Fähigkeiten und Sitten
der Menschen am besten aus ihren Handlungen erkannt werden, allein sie stellt nie
so lange, so zusammenhängende Reihen von
Handlungen und Begebenheiten derselbigen
Personen und Nationen dar, als die politische Geschichte. — Man wird es sich nie ein-
fallen lassen, daß die Geschichte der Menschheit Lebensbeschreibungen, oder Geschichten
von Familien und Gemeinheiten, oder historische Gemälde einzelner Völker und Zeitalter enthalten müsse, allein mit einer raison-
nirenden Universalhistorie hat man sie oft
verwechselt, und es wird daher nicht unnö-
thig seyn, die Unterschiede dieser beyden
Wissenschaften kürzlich anzugeben. Die
Universalhistorie also hat ganz andere Absichten als die Geschichte der Menschheit,
und auch eine ganz verschiedene Methode.
Jene

Vorrede.

Jene nimmt das menschliche Geschlecht da, wo die ältesten Urkunden es uns zuerst zeigen, und schildert alsdann alle grosse Veränderungen, die es durch die merkwürdigsten Menschen und Völker hervorgebracht oder in ihnen gelitten hat, bis es an den Punct der Ausbreitung und Cultur kam, auf welchem es jetzo steht. Die Universalhistorie stellt daher eine lange Reihe wirklicher Handlungen und Begebenheiten auf, die alle einen mehr oder weniger wichtigen aber immer beträchtlichen Einfluß auf das Glück oder Unglück eines grossen Theils des menschlichen Geschlechts hatten, und gibt zugleich die Ursachen an, warum es sich in verschiedenen Perioden gerade in solchen Zuständen fand, als worinn es wirklich war, und warum es auch jetzo so verbreitet und aufgeklärt ist, als wir es wirklich finden. Die Geschichte der Menschheit hingegen lehrt uns nicht so wohl was der Mensch in verschiedenen Zeitaltern that oder litt, sondern was er war, oder noch jetzo ist. — Die Universalhistorie ferner beschäfftigt sich einzig und allein mit solchen Völkern und Menschen, die sehr vieles gewirkt, und entweder viel Gutes oder viel Böses gestiftet haben, und sie vernachläßigt hingegen solche Nationen, die entweder stets in ihren Gränzen

ein-

eingeſchloſſen blieben, oder ihren Nachbaren
höchſtens einige Sclaven wegfingen, oder
einige Unglückliche erſchlugen, um mit ihren
abgezogenen Kopfhäuten triumphirend in
ihre Dörfer einziehen zu können. Die Geſchichte der Menſchheit hingegen würdigt
gerade die Wilden und Barbaren aller
Erdtheile, die in den Schickſalen des ganzen Menſchengeſchlechts nicht die geringſte
bemerkbare Veränderung hervorgebracht
haben, ihrer vorzüglichen Aufmerkſamkeit,
weil oft eine einzige kleine Horde von Wilden und Barbaren zur Kenntniß der menſchlichen Natur mehr Beyträge liefern kann,
als die glänzendſten Nationen, die mehr
als einen Erdtheil unterjocht und verwüſtet
haben. Die Univerſalhiſtorie endlich folgt
der Zeitordnung ſo genau, als möglich,
weil ſonſt die Kette der aus einander ent-
ſtandenen und in einander gegründeten Begebenheiten gänzlich würde unterbrochen
werden. Dieſe chronologiſche Ordnung
kennt die Geſchichte der Menſchheit gar nicht.
Sie ſtellt vielmehr in allen ihren Abſchnitten, Nationen, Handlungen und Begebenheiten zuſammen, die durch Zeit und
Raum unendlich von einander getrennt
waren.

Aus

Vorrede.

Aus dem, was ich bisher gesagt habe, läßt sich leicht abnehmen, was Geschichte der Menschheit sey, und in wieferne sie den Namen einer neuen Wissenschaft verdiene. Die Geschichte der Menschheit ist eine Wissenschaft, in welcher nach einleitenden Betrachtungen über den gegenwärtigen und vormaligen Zustand der Erde, und über die ältesten Wohnsitze der Menschen die allmälige Verbreitung derselben über alle Theile der Erde, samt den ursprünglichen Unterschieden der Völker in der Bildung des Cörpers, und in den Anlagen des Geistes und Herzens aus einander gesetzt, und dann die verschiedenen Grade der Cultur, die Nahrungsmittel und Getränke, die Wohnungen, und Kleidungen, der Putz, und merkwürdige Gewohnheiten, die Erziehung der Kinder, und Behandlung der Weiber, die Regierungsformen, und Gesetze, die Sitten, und Begriffe von Wohlstand und Anstand, von Ehre und Schande, endlich die Meynungen, und Kenntnisse aller Völker, besonders der unaufgeklärten, und halbcultivirten beschrieben, und mit einander verglichen werden.

Diese Summe von Kenntnissen verdient allerdings den Namen einer neuen Wissenschaft.

**

ſchaft. Denn manche Abſchnitte waren vor
unſerm Zeitalter gar nicht, und die meiſten
wenigſtens nicht in dem Umfange, nicht
mit dem allgemeinen die ganze Erde umfaſ-
ſenden Blick behandelt worden, womit un-
ſere Zeitgenoſſen ſie zu bearbeiten angefangen haben. Man kann aber weder den Alten, noch den Gelehrten des ſechszehnten
und ſiebenzehnten Jahrhunderts Vorwürfe
darüber machen, daß ſie ein ſolches Gebäude der Geſchichte der Menſchheit nicht aufgeführt haben. Beyden beſonders aber den
Griechen und Römern fehlten die Materialien zu einem ſolchen Werke. Selbſt die
Römer, die ihre Eroberungen in unſerm
Erdtheile viel weiter ausbreiteten, als die
Griechen, kannten doch das innere Teutſchland, die Nordiſchen Reiche, Polen und
Rußland nur durch unſichere oder doch un-
vollſtändige Nachrichten und Ueberlieferungen. Von Afrika haben ſie unſtreitig den
Nord-Weſtlichen Theil ſamt Aegypten genauer erforſcht, als alle neuere Reiſebeſchrei-
ber dieſe Gegenden beſchrieben haben; allein
die gröſſere Hälfte dieſes Erdtheils, die ſüd-
wärts vom Senegal, und den Katarrakten
des Nils liegt, und die zahlloſe Menge von
Völkern, die ſie enthält, blieb ihnen faſt
gänzlich unbekannt. Aſien lernten ſie nur
bis

bis an den Euphrát, höchstens bis an den
Indus kennen, denn von Hindostan hatten
ihnen Alexander's gelehrte Begleiter fast
nichts als die lächerlichsten Fabeln hinterlas-
sen; von den südlich-Asiatischen Reichen
hingegen, und den unzähligen Inseln des
Indischen Ocean's, von dem unermeßlichen
Sibirien, von den Eylanden, die zwischen
Sibirien und America liegen, und von den
merkwürdigen Einwohnern dieser Länder
ahndeten die Griechen und Römer nicht einmal das Daseyn. Nicht weniger unbekannt
blieben ihnen America, die Südländer und
die Inseln, die uns fast eine noch grössere
Mannichfaltigkeit von neuen Sitten und
Gebräuchen, von neuen Meynungen und
Lebensarten u. s. w. als von neuen Thieren
und Pflanzen geoffenbart haben. — In
der letzten Hälfte des vergangenen, und im
Anfange des gegenwärtigen Jahrhunderts
erschienen zwar die Werke der größten Reisenden über die vornehmsten Völker und
Länder der Erde; allein bey aller Aufklärung, und allem Eifer für andere Wissenschaften, und selbst für die wahre Philosophie, fehlte noch immer der Geschmack und
die Kunst, die wichtigsten Urkunden ächter
Menschenkenntniß, die Beobachtungen zu-
verläßiger und einsichtsvoller Reisenden zu

** 2   nüt-

nützen. Man durchlaufe die Werke eines Descartes, Malebranche, Locke, Schaftsbury, selbst eines Bayle und Leibnitz, und man wird gewiß öfter den Namen der unbedeutendsten Griechischen und Römischen Schriftsteller, als der lehrreichsten Reisebeschreiber ihrer Zeit angeführt finden. Man hielt, scheint es, Reisebeschreibungen mehr für eine unterhaltende als für eine unterrichtende Lectur, und den grossen Männern unseres Zeitalters gebührt unstreitig die Ehre, dem lesenden Publico die reichsten Fundgruben nützlicher Kenntnisse in den Reisebeschreibungen entdeckt, und diese Fundgruben zugleich mit dem glücklichsten Erfolge bearbeitet zu haben.

Es ist zwar hier der Ort nicht, der Geschichte überhaupt, und der Geschichte der Menschheit in's besondere eine Lobrede zu halten, ich kann aber doch nicht umhin, einige für junge Leser gewiß nicht überflüßige Bemerkungen herzusetzen. Wenn es wahr ist, daß die Geschichte viele schimpfliche, den Geist sowohl als das Herz des Menschen verengende Vorurtheile ausrottet, daß sie die blinde Anhänglichkeit an den Sitten und Gewohnheiten der Nation, welcher m... angehört, an ihren Meynungen, und

Ver

Verfaſſung, an ihrer Art zu wohnen, ſich
zu nähren, zu kleiden und zu putzen entweder vertilgt, oder wenigſtens ſchwächt: wenn
ferner die Geſchichte zwar nicht die einzige,
aber gewiß die ergiebigſte Quelle der Men-
ſchenkenntniß iſt, in dem ſie uns den Menſchen nicht bloß in einem eingeſchränkten
Winkel, und dem kurzen Zeitraume eines
Menſchenlebens, ſondern in allen Jahrhunderten, in allen Theilen der Erde, auf
allen Stuffen der Cultur, und unter allen
Regierungsformen und Religionen zeigt:
wenn ſie nicht weniger durch die nachah-
mungswürdigen Muſter weiſer Männer als
durch die warnenden Beyſpiele von Thoren
mit Klugheit reden und handeln lehrt: wenn
ſie uns endlich durch die Schilderungen groſ-
ſer Thaten zur Tugend entflammt, und uns
ſelbſt durch das Glück von Böſewichtern
das triumphirende Laſter noch gehäßiger
macht, wenn, ſage ich, alle dieſe Vortheile
der Geſchichte nicht ungegründet ſind, ſo
kann man ſie von der Geſchichte der Menſchheit im vollſten Maaſſe erwarten. Alle übrige
Theile der Geſchichte ſtellen uns, wie z. B. die
Geſchichte der Künſte, Wiſſenſchaften und
wichtiger Erfindungen, nur gewiſſe Seiten
des Menſchen dar, oder ſie ſchildern uns
auch nur einzelne Nationen und Zeitalter.

** 3 Die

Die Geſchichte der Menſchheit allein begreift den ganzen Menſchen, und zeigt ihn,
wie er zu allen Zeiten und in allen Enden
der Erde beſchaffen war. Meinen Erfahrungen nach iſt es unmöglich in irgend einem Abſchnitt der Menſchenforſchenden und
Menſchenbeſſernden Philoſophie einſeitigen
oder zu allgemeinen Behauptungen auszu-
weichen, wenn man nicht mit den wichtigſten Beobachtungen Factis und Grundſätzen
bekannt iſt, welche die Geſchichte der
Menſchheit darbietet.

Unter allen in dieſem Grundriſſe enthaltenen Beobachtungen, die ich als die mei-
nigen anzuſehen das Recht zu haben glaube,
ſcheint mir keine andere auf ſo viele Zeugniſſe und Facta gegründet und ſo reich an
wichtigen Folgerungen für viele Wiſſenſchaften zu ſeyn, als dieſe: daß das gegenwärtige Menſchengeſchlecht aus zween Haupt-
ſtämmen beſtehe, dem Tatariſchen oder
Kaukaſiſchen, und dem Mongoliſchen
Stamm: daß der letztere nicht nur viel
ſchwächer von Cörper und Geiſt, ſondern
auch viel übel gearteter und tugendleerer,
als der Kaukaſiſche ſey: daß endlich der
Kaukaſiſche Stamm wiederum in zwo Racen zerfalle, in die Celtiſche und Slawiſche,
und

unter welchen wiederum die erſtere am reich=
ſten an Geiſtesgaben und Tugenden ſey.
Aus dieſer Beobachtung allein, worauf
mich gerade die Facta hinführten, womit
ich ſie im Buche dargethan habe, und die
ohne ſolche Facta ſchwerlich jemals dem
kühnſten Träumer eingefallen wären, aus
dieſer Beobachtung allein kann man es er=
klären, wie ſich das menſchliche Geſchlecht
allmälig über die Erde verbreitet hat, und
wie die verſchiedenen Nationen von einander
entſprungen und mit einander verwandt ſind:
ferner warum groſſe Geſetzgeber, Weiſe,
und Helden, warum Künſte und Wiſſen=
ſchaften nur unter gewiſſen Völkern entſtan=
den und ausgebildet, warum die letztern
von andern Nationen zwar aufgenommen,
aber mehr verſchlimmert als vervollkommt
wurden, und warum ſie endlich unter an=
dern Völkern aller Bemühungen ungeachtet
keinen Eingang finden konnten: warum
ein einziger Erdtheil und gewiſſe Völ=
ker faſt immer die herrſchenden, und alle
übrigen hingegen die dienenden waren:
warum von jeher die Göttinn der Freyheit
nur innerhalb ſo enger Gränzen wohnte,
und der ſchrecklichſte Despotismus hingegen
ſeinen unerſchütterlichen Thron unter den
meiſten Völkern der Erde aufſchlug: war=

um

um endlich die Europäischen Nationen selbst
im Zustande der Wildheit und Barbarey
sich so sehr von den Wilden und Barbaren
der übrigen Erdtheile durch ihre höhern Tugenden, durch ihre grössere Empfänglichkeit
gegen Aufklärung, durch ihre Verfassung,
Gesetze, und Art zu kriegen, durch ihre Betragen gegen Weiber, Sclaven und über-
wundene Feinde auszeichneten. Diese für
die ganze Philosophie nicht weniger als für
die Geschichte wichtigen Resultate werden
alsdann erst recht einleuchtend werden, wenn
ich meine Untersuchungen ausführlicher werde mitgetheilt haben.

Den gegenwärtigen Grundriß der Geschichte der Menschheit habe ich nach eben
den Regeln ausgearbeitet, nach welchen ich
seinen Vorgänger, den Entwurf der Geschichte aller Religionen verfertigt hatte.
Ich habe nämlich in den Paragraphen selbst
nur die Resultate meiner Untersuchungen
mitgetheilt, deren Beweise, oder Erläute-
rung meine Zuhörer durch den mündlichen
Vortrag erhalten. Ich glaube allenthalben
genug gesagt zu haben, um die Aufmerksamkeit der Zuhörer zu reizen, um ihnen Ver-
anlassung zu geben, sich zu dem, was sie
hören werden, vorzubereiten, und um ihnen

nen endlich die Mühe, dem Faden des Vortrags zu folgen, so viel als möglich zu er-
leichtern. Mehr wollte ich mit Fleiß nicht
sagen, weil ich noch immer überzeugt bin,
daß alle Lesebücher, die mehr als die Haupt-
sätze enthalten, worüber der Lehrer reden
will, so wohl dem Lehrer als dem Zuhörer
nachtheilig sind. Der Zuhörer läßt oft in
der Aufmerksamkeit nach, oder setzt gar bey
den geringsten Anlässen eine oder mehrere
Stunden aus, weil er denkt, daß er das
Wesentlichste des mündlichen Vortrags im
Compendio finden werde; und der Lehrer
verfällt leicht in ermüdende Weitschweifig-
keit und Wiederhohlungen, indem er das,
was er für den denkenden Leser schon deut-
lich genug im Buche gesagt hat, noch ver-
ständlicher machen will. Eben die Ursache
aber, weßwegen ich mich in den Paragraphen selbst der gedrängtesten Kürze befliß,
eben diese Ursache bewog mich, in den Noten so ausführlich als möglich zu seyn, und
gleichsam mein ganzes litterarisches Vermögen mitzutheilen. Da man alle Beweis-
stellen, aus welchen ich meine Nachrichten
genommen, und meine Urtheile abgezogen
habe, bey jedem Absatze genau angeführt
findet, so habe ich jetzo nicht nöthig, beym
mündlichen Vortrage die Aufmerksamkeit

** 5   der

Vorrede.

der Zuhörer durch das Hernennen einer
Menge von fremden Namen zu zerstreuen,
die entweder gar nicht, oder doch meistens
unrichtig aufgeschrieben werden. Ich war
mit meinen Quellen und Gewährsmännern
um desto weniger zurückhaltend, da ich nicht
weiß, ob ich Zeit genug haben werde, alles das, was ich gesammlet, und für meine
Vorlesungen ausgearbeitet habe, auch für
das lesende Publicum ausarbeiten zu können. Wenn nur erst die Materialien einer
Wissenschaft einigermaassen vollständig gesammlet, und gehörig geordnet sind, so
kostet die ausführlichere Ausarbeitung alsdann so gar viele Mühe nicht mehr. Wenigstens glaube ich manchen Gelehrten, die
entweder überhaupt nicht so viel Zeit zum
Lesen, oder doch nicht zum Lesen solcher Bücher haben, als man für das Studium der
Geschichte der Menschheit durchgehen muß,
diesen Gelehrten glaube ich dadurch einen
Dienst erwiesen zu haben, daß ich ihnen die
Früchte meiner Lectür, so gut als ich sie
selbst geerndtet habe, vorgelegt, und sie dadurch in Standt gesetzt habe, mit geringerer Mühe jeden Artikel, auf welchen ihre
Neigung sie hinführt, nach ihrer eigenen
Art auszuarbeiten.

Schließ:

Vorrede.

Schließlich will ich noch um derjenigen Leser willen die vornehmsten Werke kurz anzeigen und beurtheilen, wodurch sie sich zum Studio der Geschichte der Menschheit vorbereiten, oder die sie bey diesem Studio nachlesen können.

Solcher Schriftsteller, welche die ganze Geschichte der Menschheit auszuarbeiten die Absicht hatten, gibt es eigentlich nur drey: Iselin, Home, und Falconer. Iselin hat in seiner Geschichte der Menschheit das Verdienst, daß er den Grundriß dieser Wissenschaft zuerst entworfen, und das Teutsche Publicum aufmerksam darauf gemacht hat. Der große Beyfall, womit Iselin's Buch aufgenommen wurde, zeigte die große Begierde der lesenden Welt nach einer Philosophie, die auf Geschichte gegründet ist. Ich empfehle Iselin noch immer allen jungen Leuten, die in diesem Fache ganz neu sind, und sich mit den ersten Grundbegriffen bekannt machen wollen, ohne welche man das Studium des Menschen, und der Völkergeschichte nicht einmal anfangen kann. Nur müssen junge Leser gegen die Aussprüche des vortrefflichen Iselin auf ihrer Hut seyn, indem die meisten von einer zu kleinen Zahl von Datis abgezogen, und eben daher zu

allge-

allgemein sind. Zur Geschichte der Mensch=
heit gehören eigentlich nur das zweyte dritte
und vierte Buch des ersten, und die beyden
ersten Bücher des zweyten Theils; allein
auch in diesen ist alles, was er über die
Stuffen der Cultur, über die Sitten der
Wilden, und über die ersten bürgerlichen
Verfassungen sagt, sehr vieler Berichtigun=
gen und Ergänzungen fähig. Die wichtig=
sten Artikel, die ich mit Recht zur Geschich=
te der Menschheit zu rechnen glaube, blieben
von ihm ganz unberührt, und die beyden
letzten Bücher seines Werks hingegen ent=
halten Betrachtungen, die nicht in die Ge=
schichte der Menschheit, sondern in die Uni=
versalhistorie gehören.

Viel weitläuftiger, als Iselin's Schrift,
sind die Sketches of the History of Man
von Home. Diese Versuche enthalten un=
ter allen Schriften dieses Mannes die mei=
sten grundlosen Hypothesen, unter denen ei=
nige, z. B. die von der Mehrheit der Ge=
schlechter der Menschen, und von einer Men=
ge angebohrner Gefühle und Triebe nicht
einmal einer ernstlichen Widerlegung werth
sind. Die Abhandlungen selbst folgen in
gar keiner natürlichen Ordnung auf einan=
der, und nirgends sind die Schriftsteller,

aus

aus welchen er seine Data nahm, genau angegeben. Dies ist um desto schlimmer, da
Home sehr oft aus unzuverläßigen Autoren
schöpfte, und noch öfter Facta und Zeugnisse, die er in bewährten Geschichtschreibern
gefunden hatte, aus dem Gedächtnisse entstellt oder verstümmelt niederschrieb. Home
berührte fast alle wichtige Hauptstücke der
Geschichte der Menschheit; allein er erschöpf-
te kein einziges, und zog in sein Werk viele
Untersuchungen hinein, die gar nicht hinein-
gehörten. Dergleichen sind im ersten Bande manche Betrachtungen über die Entstehung und Fortgänge der Künste, die Vergleichung von grossen und kleinen Staaten,
von Krieg und Frieden, und die ganze Untersuchung über die Taxen, besonders in
England. Im zweyten Bande sind die Bemerkungen über die Polizey in Rücksicht auf
Arme, und über grosse Städte, noch mehr
aber der weitläuftige Auszug aus der Logik
des Aristoteles, und die Zusätze über
Schottland lauter fremde Auswüchse, die
man auf keine Art als Theile der Geschichte
der Menschheit ansehen kann.

Viel vollständiger, als Iselin und Home waren, ist Falconer in dem bekannten
Werke, dessen Titel man in dem angehäng-
ten

Vorrede.

ten Verzeichniſſe angeführt findet. In dieſem Buche iſt keine einzige wichtige Unterſuchung, die man zur Geſchichte der Menſchheit rechnen kann, ganz übergangen worden; allein es fehlte dem Verfaſſer an der nöthigen Beleſenheit, und an der Gabe, das Geleſene gehörig zu nutzen. Man findet daher im Falconer meiſtens nur unbeſtimmte Gemeinörter über die Einflüſſe des Klima, der Lage, des Bodens, der Bevölkerung, Nahrungsmittel und Lebensart auf den Charakter und die Sitten, auf den Geiſt, die Verfaſſung und Religion von Völkern.

Mehr oder weniger wichtige Beyträge zur Geſchichte der Menſchheit enthalten Ferguſons Eſſai on the Hiſtory of Civil Society, Millar's Obſervations concerning the diſtinction of Ranks in Society, Dunbar's Eſſays on the Hiſtory of Mankind, und die Saggi Politici von Pagano. Unter dieſen vier Schriften ſind die beyden erſten die reichhaltigſten, in welchen man ſchätzbare Bemerkungen über die Anfänge bürgerlicher Geſellſchaften, über die Entſtehung der verſchiedenen Stände, und über die Verhältniſſe und Rechte dieſer Stände, und der beyden Geſchlechter gegen einander findet. Dunbars Verſuche enthalten lauter allgemeine

Vorrede.

meine Declamat. über Sprachen, Civilisation, Klima, Boden, und andere Gegenstände, die sehr interessant geworden wären, wenn er sie mit philosophischem Geiste behandelt hätte. Unter den Aufsätzen des Pagano, die ich in den Göttingischen Anzeigen weitläuftiger beurtheilt habe, sind nur der zweyte und dritte lesenswerth; denn der erstere ist mit nichts als mit leeren Deutungen der Meynungen und Fabeln alter Völker angefüllt *).

Viel lehrreicher, als die Schriften dieser Männer, welche eigentlich die Geschichte der Menschheit, oder Hauptabschnitte derselben bearbeitet haben, sind die Werke eines Goguet, Montesquieu, und Herrn von Pauw. Die Arbeiten dieser drey grossen Schriftsteller schliessen vorzüglich die Grundsätze oder Vor-

*) Es gibt noch viele kleine interessante Schriften, in welchen einzelne Artikel aus der Geschichte der Menschheit untersucht werden z. B. Kraft's Sitten der Wilden, die Geschichte des weiblichen Geschlechts von Thomas, u. s. w. allein auf die Beurtheilung solcher einzelnen Aufsätze wollte ich mich hier nicht einlassen. Herders vortreffliche Schriften, und besonders sein letztes Werk, das in der Fortsetzung die eigentliche Geschichte der Menschheit vortragen wird, sind zu bekannt, als daß sie meiner Empfehlung bedürften.

Vorrede.

Vorerkenntniſſe in ſich, die man ſtets gegenwärtig haben muß, wenn man die Erzählungen alter und neuer Geſchichtſchreiber gehörig nuzen will. Am meiſten aber verdient Goguet von jungen Leuten ſtudirt zu werden. Goguet hat nicht nur weniger Hypotheſen, und mehr Facta als Montesquieu und de Pauw, ſondern er iſt auch der Faſſungskraft noch nicht geübter Denker mehr angemeſſen, und gewiß wird er noch lange der ſicherſte Führer bleiben, der junge Leute in das Studium der Völkerkunde, beſonders in die Geſchichte der alten Völker einleitet. Montesquieu und de Pauw ſind unzuverläßiger in den angeführten Zeugniſſen und Factis, und kühner in ihren Behauptungen, als Goguet; bey allen Fehlern aber, die man dieſen beyden Schriftſtellern auch mit Grund vorwerfen kann, verdienen ſie von allen Liebhabern der Geſchichte und Philoſophie zu wiederhohlten malen mit der angeſtrengteſten Aufmerkſamkeit geleſen zu werden.

Erſtes

Erstes Capitel.

Allgemeine Betrachtungen über die Entstehung der Erde, über ihre wichtigsten Revolutionen, und über ihren vormaligen und gegenwärtigen Zustand.

§. I.

Nach allen den grossen Entdeckungen, die man in unserm Jahrhunderte gemacht, und nach allem den scharfsinnigen Untersuchungen, die man vorzüglich in unserm Zeitalter angestellt hat, ist die Geschichte der Bildung der Erde, und ihrer vornehmsten Revolutionen doch immer noch mit undurchdringlichen Finsternissen bedeckt. Unter den verschiedenen Erklärungen der Entstehung unsers Erdballs, oder wenigstens des Kerns desselben ist bisher die eines Pallas, Saussüre,

A   und

und Soulavie die annehmlichste a). Man
kann aber viel leichter das höhere oder gerin=
gere Alter der verschiedenen Gebürg= und
Stein=Arten, als die Entstehung derselben
angeben b). Mit noch grösserer Zuversicht
kann man die meisten Systeme über die Ge=
schichte der Erde, und unter diesen selbst auch
dasjenige verwerfen, was Büffon mit un=
nachahmlicher Kunst, und für einen jeden
nicht genau unterrichteten mit unwiderstehli=
cher Wahrscheinlichkeit aufgebauet hat c).
Ungeachtet aber die Granit=Gebürge gewiß
nicht durch Feuer entstanden sind, so ist doch
das Feuer eine von den mächtigsten Ursachen,
die unsere Erde umgebildet haben. Vulcane
brachten Berge, Inseln, und ganze Länder=
Flächen hervor, und rissen durch Erdbeben,
die sie veranlaßten, grosse Erdtheile und Rei=
che aus einander d). Die Fluten des Welt=
meers übten ähnliche schaffende und zerstören=
de Kräfte an unserer Erde aus e). Der
Ocean bedeckte einstens die Erde entweder
ganz bis fast an ihre höchsten Bergspitzen,
oder überströmte auch ihre verschiedenen Thei=
le zu verschiedenen Zeiten f). Diese nicht all=
gemeinen Ueberschwemmungen konnten durch
verschiedene Ursachen hervorgebracht wer=
den g). Bey den unläugbaren Spuren ver=
wüstender Ueberschwemmungen ist nichts
schwe=

schwerer zu erklären, als die Erhaltung und
Fortpflanzung der meisten Thier-Arten h).
Fast alle Theile der Erde verkündigen es, daß
die gewaltigsten Ueberschwemmungen von
Süden nach Norden gingen, daß aber die
Bewegung des Meers von Osten nach We-
sten nicht so grosse Veränderungen hervorgebracht habe, als Büffon glaubte i). Vergebens hat man die Richtungen der grossen
Gebürg-Ketten aus den Bewegungen des
Oceans, oder einer einzigen Kraft allein zu
erklären gesucht k. Nicht so plötzliche Revolutionen, als Feuer und Meer, aber gewiß
eben so merkwürdige brachten Flüsse und Bä-
che, Regen und Schnee, Kälte und Wär-
me hervor. Den einen muß man die meisten
Thäler, besonders die fruchtbarsten Thal-Flä-
chen in allen Theilen der Erde, den andern
die allmälige Zerstörung und Verminderung
der Gebürge zuschreiben l). Allem Ansehen
nach wird die Erde nach vielen Jahrtausen-
den eine gleichere und dauerhaftere Gestalt erhalten, als sie bisher hatte m).

a) Pallas Beytr. II. 366. 67. Saussure I. 536.
40. Soulavie I. 437. 445. 452. III. 163. 168.
170. VI. 161. sur les Vegetaux I. 105.

b) Man sehe Script. cit. bes. Soulavie I. 11. 14.
246. 452. et sq. III. 73. u. f. 163. VI. 145.
166.

A 2

c)

c) Man sehe die Epoques de la Nature, und
vergleiche de Luc Lettres I. 213. II. 242.

d) Man sehe die bekannten Schriftsteller über
den Vesuv, Aetna, und die benachbarten Inseln, unter andern de Borch I. 86. über die
Inseln der Südsee, Forster's Beobachtungen S. 10 – 15. über die Inseln zwischen
Asien und America, (die ich in der Folge östliche Inseln, und ihre Einwohner östliche Insulaner nennen werde) und über die Eylande
im Indischen Archipelagus, Pallas Orogr.
S. 11 – 13. 19. Vergl. Pallas Beyträge II.
121. besonders Zimmermann III. 222. u. f.
S. und Forster I. 127 – 129. wo man auch
den Unterschied von ursprünglichen und nicht
ursprünglichen Inseln angegeben finden wird.
Es gibt aber doch auch grosse Strecken von
Gebürgen, und flachen Ländern, wo sich keine Spur von Versteinerung findet. Siehe
unter andern Pallas Orographie S. 11.
Saussure p. 128. u. f. Pallas Reisen passim.

e) Man sehe Buffon Epoques de la Nature,
passim, de Luc II. 242. Ulloa Nachrichten
II. 84. 86. 274. Saussure 151. 52. 167.

f) Man sehe Buffon und Saussure ll. cc. Ulloa
II. S. 77. 274. de Luc II. p. 156 – 163.

g) Script. cit. und Pall. Orogr. S. 7. 14.
de Luc II. 251.

h) Hierüber lese man Zimmermann III. 192.
u. f. S.

i) Pall. Orogr. l. c. u. Beyträge II. 262.
Eine Prüfung der Büffonschen Meynung findet man beym de Lüc I. 390. u. f.

k)

k) Man erinnere sich nur der entgegengesetzten Richtungen der grossen Gebürge.

l) Man denke hier an die Inseln und Barren in und vor den Mündungen aller grossen Flüsse. Ueber die Geschenke des Nils reden ausser den Alten Shaw p. 381. und Maillet I. p. 102. Man vergleiche Maillet IV. 41. Ueber die ungeheuren Flächen an den Ufern des Amazonenflusses Condamine p. 143. des Oronoko I. 76. Gumilla des Mißißippi I. 39. Pages des Plata I. 219. Dobrizhof. Ueber die Küsten des Nordlichen America Ulloa **Nachrichten** I. S. 32. Ueber die Flächen des Nördlichen Sibiriens **Pallas Orographie** S. 7. 13. **Beytr.** III. 156. 157. **Georgi's Beschr. der Ruß. Völk.** S. 1. 2. 307. über die Flächen an den Nördlichen Küsten des Caspischen und schwarzen Meers **Müller** IX. 16. 19. Bruce p. 258. **Pallas Reis.** III. S. 569. Ueber die Flächen von Mesopotamien, **Niebuhr** S. 210. 287. 353. über die von Bengalen und Siam I. 14. Loub. Poivre p. 43. **Tunkiu** Mariny S. 3. Laos p. 329. Mariny. **Malacca** II. 81. **Sonner. Cambodia** V. 283. Voy. aux Ind. Orient. **Sina, Sonner.** II. 6. du Halde I. 39. II. 163. 188. Man kann nicht immer mit Sicherheit schliessen, daß ein Land, das hohe Gebürge hat, auch viele und grosse Flüsse haben müsse Chardin I. 169. III. p. 11. allein man kann fast ohne Ausnahme voraussetzen, daß Flüsse von desto höhern Gebürgen herabkommen, je einen grössern Raum sie durchlaufen. Ueber den Lauf des Amazonenflusses siehe Condamine p. 16. und Friz Lett. Edifiant. VIII. p. 286. Acugna II. 201. 213. Ueber den de la Plata Dobrizhof I. 219.

219. Falkner p. 54. über ben Oronoko unb Mißißipvi Gumilla und Pages II. cc. über ben St. Lorenzfluß I. 148. Zimmermann. — Ueber bie Zerstörungen grosser Gebürge, Popowitsch p. 186. de Luc II. 95. Soulavie IV. 36 – 66. sur les Vegetaux I. 241. Patrin in Pall. Beyträgen IV. S. 168.

m) de Luc II. p. 37.

§. 2.

Wenn man bie ältesten Wohnsitze ber Menschen aufsucht; so muß man nicht einigen unsichern Hypothesen folgen a), auch nicht bloß auf bie höchsten Höhen bes Erdbobens b), ober auf bie verdächtigen Ueberlieferungen einzelner Völker Rücksicht nehmen. Fast alle Sagen und auch bie Geschichte ber ältesten Völker weisen auf ben Kaukasus, und bie Flächen, bie sich südwärts vom Kaukasus fortziehen, als auf bie Wiege bes menschlichen Geschlechts hin c). Von hier aus verbreiteten sich bie Menschen in alle Enben ber Erde; auf bem Rücken und in ben Thälern bes Altai aber bildete ober erhielt sich ein Menschen-Stamm, ber von ben Bewohnern bes Kaukasus und ihren Abkömmlingen in Ansehung bes Cörperbaus, ber Geistes-Fähigkeiten, und ber Gemüths-Art so verschieden ist, baß man ihn für bas Werk ober Ueberbleibsel einer ganz andern Schöpfung halten könnte.   a)

a) Dergleichen ist die Hypothese von Büffon, siehe dessen Epoques de la Nature p. 228. u. f. und die von Bailly, siehe dessen Lettres, und die Histoire de l'Astronomie p. 62. 64. 68. 98. 100. 105. 115. Beyde Hypothesen kann man allein durch die Gestalt und Lage der Länder, welche die ersten Wohnsitze der Menschen gewesen seyn sollen, widerlegen. Ueber die Beschaffenheit des Nord = Oestlichen Sibiriens siehe oben angeführte Schriftsteller. Ueber die Lage und Gröſſe von Thibet und der Mongolen siehe Voyag. au Nord X. 83. Georg. Alphab. Thibet. p. 8. du Halde IV. p. 130. 131. 571.

b) Vergleiche Zimmermann III. S. 250. mit Pall. Beytr. IV. S. 93. und den nachher an= zuführenden Stellen.

c) Ueber die Meynungen der Orientaler von dem Paradiese und der Errettung des Menschen= Geschlechts nach der Sündfluth, Tavernier I. 16. 17. Tournefort. I. 141. 151. Chardin I. 213. 214.

§. 3.

Das feste Land verhält sich ohngefähr zur Oberfläche der ganzen Erde, wie eins zu vier a), und selbst von dieser trocknen Ober= fläche ist uns nur der kleinere Theil bekannt. Von den beyden Halbkugeln kennen wir die nordliche besser, als die südliche, und unter allen Erdtheilen Europa am genausten b). Von Asien ist der unfruchtbarste und ödeste

A 4
am

am beſten, und der fruchtbarſte hingegen am
wenigſten beſchrieben worden c). Afrika iſt
im innern faſt ganz, und auch an den Küſten
größtentheils unerforſcht d). Von Amerika
iſt die gröſſere Hälfte wenn auch nicht von
Kenner = Augen unterſucht, wenigſtens von
Europäern durchwandert worden e). Von
den Südländern kennen wir zwar meiſtens die
Küſten, Gröſſen, und Lagen, aber auch faſt
dieſe nur allein f).

a) Zimmermann III. Theil S. 96.

b) ib. p. 97.

c) Zimmerm. ib. S. 98. Herr Z. ſchätzt Aſien
auf 750000. Quadrat = Meilen, und gibt nach
wahrſcheinlichen Muthmaſſungen oder Datis
den Flächen = Inhalt der vornehmſten Reiche
Aſiens an.

d) Zimmermann S. 105 - 117. Man ſehe ferner Leo Afric. p. 250. et ſq. Guys II. 187.
Römer S. 18. 91. Snellgr. p. 7. 93. 141.
151. Cavazzi II. 101. des Marchais II. 219.
21. Hamilton I. p. 5 - 11. Pyrard I. 17.
Schott im Götting. Mag. VI. St. vom
J. 1783.

e) Zimmerm. III. S. 144 - 148.

f) ib.

§. 4.

In Anſehung der Fruchtbarkeit ſind die
verſchiedenen Erdtheile und Länder noch mehr
ver-

verſchieden, als die Bewohner derſelben es
in Anſehung ihres Cörpers und Geiſtes ſind.
In Aſien, und ſelbſt auf der ganzen Erde
gibt es keine fruchtbarere Länder, als die
Kaukaſiſchen a): beſonders Mingrelien, Georgien, Circaſſien, und die angränzenden Gegenden.   Dieſen folgen Medien und Armenien b), ein Theil von Syrien, beſonders
der Libanon c), faſt ganz Vorder-Aſien, die
Bucharey und noch mehr Kaſchemir d), Meſopotamien, und Bengalen e), faſt alle ſüd-
lich-Aſiatiſche Reiche, beſonders Siam, Pegu, Cochinchina und das Südliche Sina f),
und unter den Inſeln des Indiſchen Archipelagus vorzüglich Java und Sumatra g).
Unfruchtbar hingegen ſind in Aſien der größte
Theil von Sibirien h), das ſo genannte wüſte Arabien i), die groſſen Wüſten auf der
Gränze von Perſien und Hindoſtan, und im
Innern des letzten Reichs k), Thibet l), der
größte Theil der Mongoley oder der ſo genannten groſſen Tatarey, vorzüglich die ungeheure Wüſte Gobi oder Chamo m).   In
unſerm Europa ſind die fruchtbarſten Gegenden faſt allgemein bekannt n), ſo wie die Gränze, wo die Natur auszuſterben anfängt o),
oder die kleinen Wüſten, die keiner hohen
Cultur fähig ſind p).   In Amerika ſind Louiſiana q), Quito r), gewiſſe Gegenden in

Peru

Peru s), Chili t) und Brasilien wegen ihrer
unerschöpflichen Ergiebigkeit berühmt. Labrador hingegen, Californien, grosse Strek-
ken im niedrigen Peru u), Patagonien und
Feuerland v) sind nicht weniger wegen ihrer
unüberwindlichen Dürre oder Rauhheit be-
rüchtigt. Afrika hat vor kurzem einen sehr gelehrten und scharfsinnigen Vertheidiger gefunden w) und wahr ist es allerdings, daß dieser Erdtheil an manchen Stellen, besonders
in Aegypten, der Barbarey, an den Ufern
des Senegal und Gambia, am Vorgebürge
der guten Hoffnung, in Aethiopien, und Madagascar x) mit den reichsten Gegenden der
Erde wetteifern kann; nichts desto weniger
wird es schwer seyn, Afrika von dem alten
Vorwurfe zu retten, daß es der dürreste und
unfruchtbarste unter allen Theilen der Erde
sey. Dieser Vorwurf trifft am allermeisten
eine ungeheure Strecke an der Nordwestlichen
Küste; und dann die Wüsten, die von dem
südlichen Fuße des Atlas anfangen y). So
geseegnet viele Inseln der Süd-See sind, so
erstorben sind die meisten eigentlichen Südländer z).

a) Chardin I. 155. 169. ferner p. 56. 57. Ferrand p. 463. Müller VII. 114. 115. Reinegg in Pall. Beytr. III. 330. 331. Lett.
   Edif. IV. 27. N. E.

b)

b) Chardin I. 257-67. III. 27. Tournef. II.
III. und 140-150.

c) Roque I. 45. und Shaw p. 337. auch Nieb.
Reifen I. 151. 54.

d) Tournef. I. 81. Voy. au Nord V. 129. Bernier II. 270-304.

e) Nieb. l. c. und II. 221. Bernier I. 274. II.
329. Dow Differt. Chardin III. 78. Hamilt.
II. 25. Auch die Fläche des Gebürges Gate
foll fehr fruchtbar feyn. Travels in Europe,
Afia and Africa, auch de la Valle VII. 109.

f) Hamilton II. 60. Poivre p. 44. et fq. du
Halde II. 163. Barbin. II. 3.

g) Forreft p. 316. 326. Poivre p. 62. Marsden
p. 68. 81. Pyrard II. 105.

h) Bruce p. 249. Georg. Ruff. Völk. S. 307.

i) Tavernier I. p. 63-67.

k) Tavern. II. 32. Bernier I. 277.

l) Man vergleiche Stewart Philofoph. Tranf.
Vol. LXIV. p. 470. Pall. Beytr. I. 204.
Georg. Alphab. Thibet. p. 268. 417. 445.

m) Isbrand p. 107-110. Voyag. au Nord X.
260. du Halde IV. 117-138. Spangenberg S. 110. Pall. Beytr. II. 100. 101.
114. 118. Doch gibt es in der Mongoley,
wie in der Kirgififchen Steppe mehrere frucht-
bare Stellen, und merkwürdige Ueberbleibfel
einer ehemaligen Cultur Isbrand p. 97. 107.
Voy. au Nord X. 7. Pall. Beytr. II. 91.
192. 193. 359. Rytfchkow's Tageb. S.
379. 95. Gmelin II. 80.

n) Befonders verdienen die Krimm Chard. I. p.
48. Kleemann S. 107. und die Ukraine
hier

hier genannt zu werden, wenn man diese anders zu Europa rechnet. Voyag. au Nord X. p. 227. Müller IX. 16. 19. S.

o) Muller sur les Ostiakes p. 392.

p) Pallas Beytr. III. p. 192. Kleemann S. 53.

η) Tonti p. 113 - 130.

r) Ulloa I. 136, Voy.

s) id. I. 477. 478.

t) id. II. 37. Frezier p. 203. 207.

u) Curtis bey Sprenger I. 89. Begert an vielen Stellen, dem aber die Lett. Edif. VIII. 64. N. E. wiedersprechen, Raynal IV. 134. 143.

v) Narborough p. 47. 95. — Dobrizhofer I. 169. Sorster's Beobachtungen S. 145.

w) Zimmermann III. 63. u. f. S.

x) Shaw p. 137 - 147. 386 - 407. Maill. I. 96. II. 3 - 5. Smith p. 31. 195. des Marchais II. 10. 215. auch I. 58. 86. Poivre p. 15. 21. 22. Lettr. Edif. IV. 52. 93. 116. 150. Ueber Madera siehe Ovington I. 7.

y) Siehe Zimmermann III. 106. Lett. Edif. IV. p. S.

z) Sorster's Beobachtungen S. 146. 147. und Preville II. 438.

§. 5.

Man würde sich sehr irren, wenn man annähme, daß der reichste Boden auch die meisten Menschen hervorbrächte, oder daß die

Ursa=

Urſachen, welche die Vervielfältigung von
Pflanzen und Thieren am meiſten befördern,
auch der menſchlichen Natur am günſtigſten
ſeyen a). Unter allen Erdtheilen iſt Europa
am meiſten, in Europa aber ſind die frucht:
barſten Gegenden am wenigſten bevölkert b).
Uebrigens iſt es auſſer Zweyfel, daß Europa
noch immer an Menſchen gewinne, und auch
jetzo viel mehr Menſchen nähre, als es in den
glücklichſten Perioden unter der Herrſchaft
der Römer ernährt hat c). Afrika hingegen
hat viel glücklichere Zeiten gehabt, als die
jetzigen ſind, und wird durch Despotismus
und Menſchenraub immer noch mehr entvöl:
kert, ein einziges Vorgebürge ausgenom:
men d). Seit dem dreyzehnten Jahrhunder:
te hat Aſien unter allen Erdtheilen am mei:
ſten gelitten. Nicht nur die Griechiſchen In:
ſeln, und das einſt ſo blühende Vorder:Aſien,
ſondern auch Syrien und Meſopotamien e),
noch mehr Perſien und Hindoſtan f), die
Mongolen, und die groſſen Flächen an der
Oeſtlichen Seite des Caspiſchen Meers g)
ſind faſt gänzlich entvölkert und zu Grunde ge:
richtet worden. In ganz Aſien hat ſeit den letz:
ten Jahrhunderten Sibirien allein gewonnen;
die meiſten Südlichen Reiche hingegen ſind noch
in dem urſprünglichen Zuſtande der rohen un:
verſchönerten Natur, etwa Cochinchna, Si:
na,

na, nach einigen Tunkin, und das kleine
Reich Ponthiamas ausgenommen, wenn an=
ders die Schilderung dieses letztern Länd=
chens nicht eine schöne Erdichtung ist h). Un=
ter den Eylanden des Indischen Archipelagus
sind bis jetzo nur wenige, die durch die An=
kunft der Europäer an Volks=Menge zuge=
nommen hätten i). Amerika hat zwar den
größten Theil seiner ursprünglichen Einwoh=
ner verloren, allein es ist nichts desto weniger
zugleich mehr als wahrscheinlich, daß dieser
Erdtheil jetzo viel mehr, und auch viel bessere
Menschen nährt, als durch die Waffen, die
starken Getränke, und die Krankheiten der
Europäer aufgerieben worden sind k).

a) Man sehe hierüber Zimmermann III. S.
50 - 54.

b) Ueber die Türkischen Provinzen Boscovich
p. 214. 215. 219. Pallas Beyträge III.
193. IV. 253. über Sicilien II. 224. de Borch
über Spanien l. infr. cit. über Sclavonien.
Taube: passim. über Dalmatien I. 83. 84.
Fortis.

c) Ueber die wichtige Frage von der grössern Be=
völkerung der alten oder neuen Welt vergleiche
man die bekannte Schrift von Wallace mit
der viel gründlichern von Hume in den Dis-
cours politiques II. p. 27. und f. Man lese
ferner Pelloutier I. p. 120. et sq. und die
Stellen die er anführt.

d)

d) Zimmermann III. S. 124. u. f. Leo p. 59.
et sq. Snellgrave p. 7. 141. Römer S. 117.
197. 238. Poivre p. 9. 10. 15. Cavazzi II.
91. Roy p. 3.

e) Niebuhr II. 221. 223. 377. Chardin I. 65.

f) Chardin III. 5.

g) Pallas Mongol. Völk. I. 10. u. f. S. 46.
Gmelin I. 383. III. 99. 326. IV. 177.
Steller S. 121. Rytschkow S. 100. 352.
Georg. Russ. Völkersch. S. 119. 169.
297. 401.

h) Von Arracan redet Hamilton II. 30. von
Siam Loubere I. 30. Poivre p. 44. von Cam=
bodia und Tsiampa Recueil des Voy. aux In=
des Orient. V. p. 283. Poivre p. 77. et sq.
Von Malacca Sonner. II. 81. Poivre p. 59.
Ueber Cochtuchina Poivre p. 79. Von Sina,
ausser den oben angeführten Schriftstell. Poivre
p. 107. der aber gewiß übertreibt, von Tunkin,
Lettres Edifiant. XVI. 208. N. E. von Pon=
thiamas Poivre p. 71. u. f.

i) Ausser den oben angeführten Stellen, sehe
man Argensola I. 172. III. 22. Anson p.
178. 180. 200.

k) Ulloa Nachrichten II. 141. Raynal III. 395.
Falkner p. 98. Cranz S. 17. Adair p. 224.
27. 56. 59. 377. Charlevoix Journal p. 302.
Hennepin in Voy. au Nord V. 306.

Zwey=

Zweytes Capitel.

Ueber die ursprünglichen Verschiedenheiten der
Menschen, und deren physische Ursachen.

§. 1.

Unter allen empfindenden Wesen, welche
die Erde trägt, ist der Mensch das bieg-
samste, dauerhafteste, und am meisten verbreitete a). Kein anderes Thier steht unter
dem Einflusse so vieler physischer und morali-
scher Ursachen, deren Zahl wir gewiß noch
nicht wissen, und deren Wirksamkeit wir selten genau bestimmen können b). Man darf
sich daher nicht wundern, wenn einige die
Kraft der physischen Ursachen übertrieben, und
andere sie ganz geläugnet haben c).

a) Man sehe unter andern Zimmermann I. S.
67. 85. und Lett. Edifiant. IV. p. 10.

b) Es gibt manche Wirkungen, die man aus
den bekannten Naturkräften nicht erklären
kann, oder auf deren wahre Ursachen man
gemeiniglich nicht Achtung gibt. Ueber die
Wirkungen der Luft auf den hohen Bergen in
Peru und Chili siehe Ulloa Nachrichten I. 83-
92. und S. 125. Acosta III. c. 9. über die
Phänomene, die man auf dem Berge Langur
in Thibet bemerkt Georg. Alphab. Thib. p.
447. über einige Gegenden in den Maremme
bey

bey Siena Lettres ecrites d'Italie II. 161. 63.
über die Luft in einigen Gegenden von Rom
ib. V. 38. et 73. In Arica in Peru II. 599.
600. Feuillee in Gambron Ives p. 198. u.
andere.

c) Man sehe unter andern, Montesquieu Esp.
des Loix XIV. 2. der seine Facta und Bemerkungen meistens aus Chardin's Reisen genommen hat, Hume Essai XXIV. und Helvetius de l'Esprit III. 28.

§. 2.

Alle Völker der Erde machen zwar nur
ein einziges Geschlecht, oder eine einzige Art
(species) von Geschöpfen aus, allein in diesem einzigen Menschen-Geschlecht muß man
zween ganz verschiedene Stämme, in jedem
Stamm mehrere Raçen a) in jeder Raçe unzählige Varietäten b) und endlich eine grosse
Mannichfaltigkeit von Spiel-Arten annehmen, die aus der Vermischung von Menschen
aus verschiedenen Stämmen und Raçen entstanden sind. Sonderbar scheint es mir, daß
man die Farbe zum einzigen oder vornehmsten
Merkmale wählte, nach welchem man die
Aehnlichkeit und Verschiedenheit von Völkern
zu bestimmen habe.

a) Ich wünschte, daß die Wörter Stamm, und
Raçe schon eine bestimmte Bedeutung gehabt
hätten. Vielleicht würden viele da, wo ich

B　　　　Stamm

Stamm ſetze, lieber Raçe, und !umgekehrt gebraucht haben.

b) In der Folge werden viele Varietäten vorkommen. Man ſehe unterdeſſen über das
Blut und den Schweiß der Grönländer und
Kamtſchadalen, Cranz S. 177. Steller S.
298. 303. über die Lippen gewiſſer Wilden an
der weſtlichen Seite der nördlichen Hälfte von
Amerika III. S. 221. Pall. Beytr. über die
Haut der Negern I. 404. Oldendorp, der
Schwarzen Sclaven in Oſtindien Vogel S.
349. der Habeſſinier Groſe I. 148. II. 114.
175. Dampier III. 48. 49. Ueber die Aus-
dünſtungen der Negern du Tertre II. 511.
Cavazzi II. 69. Barbinais III. 126. Schott
im 6ten Stück des Götting. Magaz. vom
J. 1783. S. 855. Eine viel merkwürdigere
Eigenthümlichkeit wäre es, wenn die Weiber
in gewiſſen Gegenden von Amerika ihre gewöhnlichen Reinigungen entweder gar nicht,
oder viel ſchwächer, als anderswo hätten.
Tonti im fünften Bande der Voyag. au Nord
p. 48. Leri im 16. Bde der Reiſ. S. 260.
Voyage à la Martinique p. 82. 83.

§. 3.

Einer der beyden Völker-Stämme iſt der
Mongoliſche, der ſeit undenklichen Zeiten in
zween groſſe Zweige oder Völkerſchaften getheilt war, nämlich in die eigentlichen Mongolen und in die Calmycken. Die Mongolen
theilte man ſchon lange in zwo Horden: die
Kalchas-Mongolen und die Mandſchuren a)

und

und die Calmncken, die sich selbst Oeröt nen=
nen, in vier Horden: die Choschöten, So=
ongaren, die Derbeten, und Torgöten b).
Ungeachtet beyde Völkerschaften ursprünglich
keine feste Wohnsitze hatten, so scheinen doch
die einen von jeher vorzüglich an den westli=
chen, und die andern an den östlichen Seiten
des grossen Altai=Gebürges umhergezogen zu
seyn. Die Griechen nannten die Mongoli=
schen Völker Massageten. Im vierten und
den folgenden Jahrhunderten brachen sie un=
ter dem Namen von Hunnen in Europa ein,
von welchen die Nogaier und Budschiaken
Ueberbleibsel sind, und sich auch sonst noch
Spuren in einigen abgelegenen gebirgichten
Gegenden finden c). Im dreyzehnten Jahr=
hunderte bezwang Dschingis=Chan mehrere
Reiche im östlichen und westlichen Asien: im
letztern aber nicht mit Mongolischen, sondern
mit Tatarischen Heeren d). In den Wohn=
sitzen der Bezwinger von Sina findet man
viele höchst merkwürdige Reste von Cultur,
die zu mancherley Vermuthungen Anlaß ge=
ben können e).

a) Voyages au Nord X. p. 42. 70. du Halde
II. p. 604. 605. Pallas Mongol. Völk.
I. S. 10.
b) Pall. l. c. u. S. 46. 91.
c) Thunmann S. 27. 28. bes. Ammian. Marcell. XXXI. p. 784. Jornandes p. 644. 661.
B 2 Edit.

Edit. Grot. Ueber die Nogaien u. f. w. Pall.
S. 94. Fischer S. 148. Kleemann S. 162.
u. f. Voy. au Nord X. p. 464. Georgi S.
121. über die Reste von Mongolen in Dalma=
tien Fortis I. 45.

d) Pall. l. c. und Fischer S. 146. Nur in
Hungarn liessen die Ungarn ihre Sprache zu=
rück S. 133. 162. u. f. Fischer, woher auch
die grosse Verwandschaft der Hungarischen
Sprache mit der Finnischen kömmt.

e) siehe Note n. in §. 4. Cap. I. Beyträge
von Pallas I. 165. 66. IV. 207. Steller
S. 247. Fischer Einleit. S. 20. Pallas
Mongol. Völkersch. I. S. 43.

§. 4.

Die Mongolen und Calmycken weichen
zwar in einigen Kleinigkeiten von einander ab,
sind aber sonst in Ansehung des Cörperbaus,
der Sprache, Sitten und Verfassung so ver=
wandt, als die ähnlichsten Brüder nur seyn
können a). Die Mongolen und Calmycken
unterscheiden sich aber von den Tataren gänz=
lich durch die Kleinheit und Bildung des gan=
zen Cörpers, durch die Figur des Haupts,
und aller Theile desselben, durch gänzliche
oder fast gänzliche Baartloosigkeit, durch die
Form von Beinen, selbst durch die Farbe des
Gesichts b). Von den Calmycken stammen
zunächst die Buráten, oder Bratschki's, und
von den Mongolen, besonders den Dauriern
die

die Tungusen ab c). Die erstern sind die
ausgeartetsten, die letztern, die edelsten unter den Mongolischen Völkern, die sich nicht
weit von ihrer alten Heimath entfernt haben d).

a) Pall. Mongol. Völkersch. I. 171.

-b) Man vergleiche die Schilderungen, die Ammian, und Jornandes von den Hunnen und
dem Attila machen, ll. sup. cit. mit folgenden Beschreibungen der Calmycken: Bruce p.
241. Pall. Mongol. Völkersch. I. S. 98.
u. f. Georgi's Beschreibung der Russ.
Völk. S. 405. u. f. Gmelin I. S. 77.
Voy. au Nord X. p. 254.

c) Fischer S. 20. 40. 723. ferner id. S. 111.
115. 465. 528.

d) Georgi S. 420. Pall. S. 171. letzterer S.
13. Erst. S. 306. 309. 332. Auch Georg.
Reisen. S. 265.

§. 5.

Von den Buräten entsprangen die Samojeden a), Ostiaken b), Lappen c), Finnen,
und alle übrige Finnische Völkerschaften, die
Esthen, Lieven, und Ingrier d), die Tscheremissen e), Tschuwaschen f), Morduanen
oder Mordwinen g), Wotiäken h), und Wogulen i), unter welchen Finnischen Völkern
sich einige mit Slawen, andere mit Sibirischen
Tataren vermischt haben.

a)

a) Voyag. au Nord III. p. 100. Isbrand Ides
p. 175. Georg. Beſchreib. der Ruſſ. Völk.
S. 276. 277. 278.

b) Georg. S. 71. Isbr. p. 40. 72. Fiſcher S.
120. 137. 139.

c) Fiſcher l. c. Georgi S. 3. 4. Maup. und
Regn. S. 311. 329. 378. Im 6ten Bd. der
Sammlung der Reiſen.

d) Mallet Introd. p. 25. Georg, S. 16. 23.
25.

e) ib. S. 28.

f) ib. S. 38. Fiſcher S. 123. 124.

g) Georg. S. 46.

h) ib. S. 53. Müller III. S. 315. 319.

i) Georg. S. 65. Pallas Reiſen II. S. 259.
Fiſcher S. 125.

§. 6.

Aus den Eigenthümlichkeiten der ange=
führten Völker erhellt, daß die ſo genannte
groſſe Tatarey der menſchlichen Natur nicht
günſtig ſey. Dies ſcheint mehr von dem
öſtlichen als von dem weſtlichen Theile zu gel=
ten a). In Daurien finden ſich zwar einige
mildere Gegenden b); im Ganzen genommen
aber iſt das Klima auch in dieſem Lande un=
gewöhnlich rauh, und hat ſelbſt in unſerm
Jahrhundert ſchreckliche Wirkungen in den
dahin verpflanzten Ruſſen geäuſſert c).

a)

a) Man vergleiche nur die Nachrichten von den Heerden der Kirgisen (I. S. 399. Pallas Reisen) mit denen der Calmycken Gmelin III. S. 398. und der Mongolen I. 176 – 179. Pallas von den Mongolischen Völker-schaften.

b) Pallas l. c. S. 179. und Beyträge II. 171. auch) Isbr. p. 96. 101. 104. 211.

c) Georgi's Reisen S. 436. Isbr. Ides S. 90. Pallas Beyträge IV. S. 206.

§. 7.

Von den Tungusen allein oder vorzüglich stammen die Koräken, Tschuktschen, und Kamtschadalen a), so wie die Bewohner der Oestlichen, d. h. der Aleuthischen, Andreanoffschen, und Fuchs-Inseln und der Kurilischen Eylande ab b). Von diesen Völker-schaften ist Amerika unläugbar auf mehrern Wegen besetzt worden c). Selbst die Eski-mos und Grönländer sind nicht Europäischen sondern Mongolischen Ursprungs d). Nur im südlichen Amerika könnte man Spuren von Menschen finden, die aus einem ganz andern Stamm entsprossen zu seyn scheinen, als woraus die übrigen Amerikaner entstan-den sind e).

a) Steller S. 11. 243. 47. 249. 50. 286. 297. 298. Georgi's Russ. Völkersch. S. 346. 51.

b)

b) Ueber die Oeſtlichen Inſeln, **Pallas Beytr.**
I. 256. 289. 307. Georg. S. 360. Steller
S. 252. Ueber die Kurilen S. 355. 56.
Steller S. 7. und **Pallas Beytr.** IV. 117.
138.

c) Ueber den erſten Weg **Pall. Beytr.** I. 247.
IV. 108. Steller 240. 50. 51. Vergleiche
Robertſ. I. 280. u. f. und Müller III. 115.
Ueber den zweyten Weg die in Nota b. ange=
führten Schriftſteller. Man ſehe ferner fol=
gende Stellen über die Aehnlichkeit und Ge=
ſtalt der Amerikaner Robertſ. I. 299. not. u.
461. 62. Not. 42. 44. 45. Gumilla I. 103.
104. 109. Ulloa Nach. II. 92. Zimmerm.
zweyfelte III. 239. 253. u. f. Man verglei=
che **Pall. Beytr.** III. 284. Fiſcher S. 114.
Forſt. Beob. S. 325. Cranz S. 333. 337.

d) Ueber die vermeyntliche Bevölkerung von
Amerika durch die Normänner ſehe man Mallet Introd. S. 169. u. f. Ueber die Eskimos
Charlev. p. 30. 178. Voy. au Nord III. 309.
Curtis bey Sprengel. I. S. 101. u. f. Ellis S. 136. u. f. in der Teutſch. Ueberſ. über
die Eskimos und Grönländer, Cranz S.
333. und die über die Kurilen angeführten
Schriftſtell. man vergleiche Blumenbach p. 82.

e) Gumilla I. 103. 4. II. 208. du Tertre II.
P. 374.

§. 8.

Mongoliſcher Abkunft ſind ferner die Ja=
paneſen a), Sineſen b), und die Einwohner
von Corea c) nicht weniger alle Völker, die
zwi=

zwiſchen Hindoſtan und Sina wohnen d),
unter welchen ſich die Tunkineſen und Malayen beſonders auszeichnen e). Abkömlinge der letztern, oder ein Gemiſche von Malayen, Sineſen und Japaneſen ſind die röth-
lichen oder bräunen Bewohner der Oſt-Indiſchen und Süd-See-Inſeln f).

a) Voyag. aux Ind. Orient. II. p. 98. Müller
   III. S. 171. Kämpfer I. S. 110. II. 204.
   205.

b) Le Comte I. 214-217. 232. 33. du Halde.
   II. 95. Parennin in den Lettres Edifiant.
   XXIV. p. 63. 64. Sonner. II. 27. Voy.
   des Holland. aux Ind. Orient. I. 365. III.
   441. Barbinais III. 30. 31. 66. Kämpfer I.
   S. 101. Dampier II. 99. 101. Letzterer weicht
   von den übrigen Schriftſtellern in einigen
   Puncten ab.

c) du Halde IV. p. 531. 532.

d) Marin. S. 3. 366. Loubere I. p. 56. Valentyn IV. 2. S. 1. von den Siameſen beſonders Loubere I. p. 27. 82. 84.

e) Von den Tunkineſen Dampier III. 48. 49.
   Tavernier III. 80. Voyag. aux Ind. Orient.
   II. 98. Von den Malayen II. 235. Voy. des
   Holl. aux Ind. Orient. Valentyn VII. p. 310.
   Dampier III. 156. Marsden p. 35. et ſq. und
   S. 161. u. f.

f) Ueber die Einwohner von Paulo Timor an
   der Küſte von Malacca Kämpfer I. S. 9.
   Dampier V. 62. 67. über die in Bencoolen
   III. 221. ib. Ueber die Malayen in Achim
                      und

und dem übrigen Sumatra id. III. p. 156.
in den Philippinen Damp. II. 3. 4. Pages I.
166. 187. Forreſt p. 291. 300. Gentil II.
144. in Java Valentyn V. 53. Rec. des Voy.
des Hollandois aux Ind. Orient. I. 333. 46.
54. Vermiſchter ſind die auf den Molucken
Valent. I. P. II. p. 15. II. p. 347. u. 138. —
Argenſola I. 21. 23. II. 400. Sonner. II.
p. 87. Vielleicht auch die Einwohner von
Borneo I. 209. Argenſ.-die Macaſſaren Voy.
des Holland. III. 181. Valent. II. 346. die
auf Celebes, Valent. l. c. p. 347. die Forʒ
moſaner Pſalman. p. 105. Voy. des Holl. V.
69. 75. die Marianen, oder die Bewohner
der Ladroniſchen Inſeln Gobien p. 47. 48.
Dampier I. p. 378. Weniger die urſprünglichen Bewohner der Süd-See-Inſeln Forſt.
Voy. I. 259. 305. II. 15. 111. Beobacht.
S. 242-53. 309. 518. Marion p. 52. 135.
138. 139. 242. Preville I. 382. 460. II. 464.
über die Einwohner der neuen Philippinen
Lettres Edifiant. XV. 296. 303.

§. 9.

Aus der Mongolen entſprangen auch die
Thibetaner a), und die niedrigſte Caſte in
Hindoſtan b), Ceylan c), und den Maldiven d), die höhern Caſten hingegen in dieſen
ländern ſind unläugbar Kaukaſiſchen oder
Tatariſchen Urſprungs e). Aus der niedri-
gern Caſte oder von den älteſten Einwohnern
Hindoſtans ſind die Schwarzen oder Negern
in Tunkin, in den meiſten Oſt-Indiſchen

und

und vielen Süd-See-Inseln, vorzüglich die
Negern in Neu-Guinea und Neu-Holland
entsprungen, die sich hin und wieder mit den
Abkömmlingen der Malayen, und selbst der
Araber und edlern Hindus vermischt haben f).
Von den höhern Casten der Hindus oder auch
von Arabern muß man die schönern, und
weissern Einwohner einiger Ost-Indischen g)
und vieler Süd-See-Inseln ableiten h).

a) Stewart in den Philosoph. Transf. p. 470.
472. Chardin II. 121. Georg. Alphab. Thibet. p. 453.

b) della Valle VII. 291. 299. 300. 313. 314.
Torreen S. 448. Gentil I. p. 90. Hamilton
I. 310. Roger. I. c. 2. Pyrard I. 276. 77.
321. II. 38. Sonner. I. 23. 25. 31. 32.
46. 47. Argensola I. 379. Grofe I. 245. 340.
Ovingt. II. 274. Chardin III. 396. Ives p.
22. Tavern. II. 41. Rose in Sprengels
Beytr. III. 149. Tieffenthaler I. 186. 334.
336.

c) Wolf I. 156. 169. II. 29. 36. 39. Argensola I. 379. Knox p. 61. 62. Pyrard II. 79.
88.

d) Pyrard I. 79. 81.

e) Gentil. I. 64. und in den Memoires de l'Academie des Sciences vom J. 1773. Grofe I.
91. 340. Pyrard I. 241. 271. 274. 325. 326.
Georgi's Russ. Völf. S. 461. Pallas
Beytr. III. S. 85.

f) Marion p. 139. Rhodes p. 3. 4. Marsden p.
260. Damp. V. 82. Forst. Beobacht. S.
203. 204. Vergl. Beytr. II. S. 238. Beschreib.

ſchreib. von Bat. I. S. 105. über die Pa-
pus in Neu=Guinea Forreſt p. 95. Sonner.
II. S. 98. Damp. V. 105. 124. Voy. des
Holland. IV. 642. 635. Ueber die Neu=Hol-
länder Marion p. 31. Damp. I. 464. II. 169.
170. IV. 133. Preville II. 306. Forſter's
Beobacht. 418. 517. Ueber die Schwarzen,
und Schwärzlichen Menſchen in Neu=Zeeland
Marion p. 52. 135. 138. 139. in Mallioolo
II. Forſt. Voy. 206. 209. 226. 27. in Tanna
I. 275. ib. in den neuen Philippinen Lettres
Edifiant. l. ſ. c.

g) Z. B. die auf den Nicobariſchen Inſeln und
auf dem Eylande Bali. Man vergleiche Travels in Europ. Aſ. and Am. I. 475. Forreſt
p. 170. mit den Voy. aux Ind. Orient. I.
417. II. 120. Im Innern von Java gibt es
Spuren von Coloniſten aus Hindoſtan I. 346.
Voy. des Holl. die man aus Valent. V. 66.
leicht erklären kann.

h) Ueber die ſchönen Einwohner der Süd=See=
Inſeln Forſt. I. 259. 305. II. p. III. 242–
253. 309. 518.

§. 10.

Die Oeſtliche Küſte von Afrika von den
Nil=Fällen an bis an das Vorgebürge der
guten Hoffnung iſt von den höhern und niedern Caſten aus Hindoſtan, von Arabern,
und Malayen beſetzt worden. Reſte dieſer
Colonien findet man noch in Madagaſcar a)
und den ſo genannten Comro=Inſeln b) bey-
ſam-

ſammen, und die Abkömlinge dieſer Menſchen
von verſchiedenen Stämmen und Racen laſſen ſich auch auf dem feſten Lande von Afrika
unterſcheiden c). Das Zahlreichſte Geſchlecht
iſt das der Negern d) aus deren Miſchung
mit andern die Caffern e) und Hottentotten f) entſtanden ſind. Die Habeßinier ſind
ohne Zweyfel Arabiſchen Urſprungs g).

a) Flacourt p. 22. 47. 48. 55. 83. Cauche p.
10. 11. 45. 75. Voy. à l' Isle de France I.
190. Gentil II. 499. 502. Sonner. II. 47.

b) Groſe I. 23. Torreen S. 440.

c) Marmol III. 129. u. f.

d) id. p. 107. 117. 129. II. 499. Lobo p. 26.

e) Sparrmann S. 354. Damp. II. 393.

f) Sparrm. 172. Damp. II. 255. Cowley p.
292. Beſchryy. I. 159. 281. Voy. à l' Isle de
France II. p. 68. Pages II. 22.

g) Hamilton I. p. 29. Lett. Edifiant. IV. 28.
35. 117. 143. Maillet II. 20. 174. Groſe I.
184. Niebuhr I. 449. II. 175.

§. 11.

Im Nord-Weſtlichen Afrika hat ſich eine groſe Menge von Völkern niedergelaſ-
ſen a); unter welchen jetzo die Araber und ſo
genannten Mauren die Zahlreichſten ſind b).
Die Weſtliche Küſte von Afrika enthält auſſer den Europäern lauter Neger-Völker, die
aber

aber nicht alle einerley Ursprung haben. Die
meisten gleichen freylich den Malabaren, oder
den häßlichen Negern an der Oestlichen Seite c); viele aber sind, die Farbe ausgenommen,
den Habeßiniern und Arabern vollkommen
ähnlich d).

a) Eine merkwürdige Nachricht erzählt Shaw
p. 39.

b) Höst S. 63. 100. 131. Shaw p. 241. Sprengels Beytr. I. S. 47. Projart I. 219.
Oldendorp I. 272. Adanson p. 38. Moore
p. 21. 51.

c) Oldendorp I. 404. de Bry VI. p. 16. 17.
des Marchais I. 53. 279. II. 69. 87. de Manet II. S. 157. Projart I. 132. Römer S.
18. 19. Forst. I. 34.

d) des Marchais I. 53. 138. 279. Adanson p.
22. 23. Lab. II. 309. V. 185. vergleiche Argensola II. 400. Sprengels Beytr. I. 51.
u. f. und III. S. 138. u. f. — Ueber die
Gemeinschaft zwischen der Westlichen und
Oestlichen Küste von Afrika des Marchais II.
219. 21. Snellgr. 7. 93. 141. 152. Cavazzi
II. 91.

§. 12.

Der zweyte Haupt-Stamm des Men-
schen Geschlechts ist der Kaukasische oder Tatarische, der sich auf dem Kaukasus gebildet
oder erhalten hat. Dieser Völker-Stamm
ist zwar jetzo auf dem Kaukasus selbst nicht

mehr

mehr ganz rein und unvermiſcht a); Nichts
deſto weniger ſind die Kaukaſiſchen Völker,
und beſonders ihre Weiber die ſchönſten auf
der ganzen Erde b). Eben dieſe Völker und
ihre Abkömlinge unterſcheiden ſich von den
Mongoliſchen Nationen durch Gröſſe und
edlere Bildung des Cörpers, durch eine ſchö-
nere Form des Geſichts, und aller ſeiner
Theile, durch einen ſtärkren Bartwuchs,
und durch herrlichere Anlagen des Geiſtes
und Herzens c). Schon von undenklichen
Zeiten her war der Kaukaſiſche Stamm in
zwo Racen getheilt: die Gothiſche oder Celtiſche, und in die Sarmatiſche, Slawiſche
oder Wendiſche. Beyde Racen zeigen durch
Sprachen d) eine nahe Verwandſchaft, waren aber in vielen andern Stücken von jeher
ſehr von einander verſchieden e). Die Gothiſche oder Celtiſche Race breitete ſich über
Pannonien, Illyrien, Griechenland, Italien, Teutſchland, Gallien, Britannien,
und Scandinavien aus f), und trieb die Finniſchen Völker immer höher gegen Norden
hinauf g). Auch ging eben dieſe Race in
Vorder-Aſien über h) und drang vielleicht
in einzelne vom Kaſpiſchen Meere öſtlich
liegende Gegenden ein i). Gewiß aber ver-
miſchten ſich Celtiſche Völker mit Sarmati-
ſchen Nationen k). Die Slawiſche Race be-
ſetzte

ſetzte Armenien l), Syrien m), Arabien und
Aegypten n), Perſien o), Hindoſtan p),
die Buchareys und angränzenden länder q)
einen groſſen Theil von Sibirien r), Rußland, Pohlen, Sclavonien, und in ſpätern
Zeiten Illyrien, und einen groſſen Theil von
Teutſchland s). Aus der Vermiſchung der
Sibiriſchen Tatarn mit den alten Mongoliſchen Einwohnern dieſes landes ſind viele
Völker entſtanden, wovon die einen mehr,
die andern weniger mongoliſirt ſind. Dergleichen ſind die Kirgiſen t), die Baſchkiren u), die Turaiſchen v), Tomskiſchen auch
Tobolskiſchen w), die Barabinziſchen x),
Tſchulymſchen y), Teleuthiſchen z), Kiſtim-
ſchen, Tulibertiſchen und Abinziſchen aa),
die Wercho-Tomskiſchen bb), und Birius-
ſiſchen cc) Tatarn, endlich die Sajaner,
Beltiren und Jakuten dd). Unter den Mongolen haben ſich Ueberlieferungen von einem
gemeinſchaftlichen Urſprunge der Mongolen
und Tatarn erhalten ee). Dieſer gemeinſchaftli-
che Urſprung aber läßt ſich eben ſo wenig beweiſen ff), als man die groſſen Unterſchiede dieſer Stämme erklären kann.

a) Man ſehe Ferrand p. 463. 464. Voyages au
Nord X. p. 401.

b) Tavernier I. p. 147. Voyages au Nord X.
p. 400. 401. Kleemann S. 99. 105. 162.
Tour-

Tournefort II. p. 127. Chardin I. 136. 171.
Georgi S. 130. Bruce p. 271. 284. Wenn
Hippokrates die Anwohner des Phasis und
die Scythen seiner Zeit richtig schilderte; de
aquis et locis c. 8. et sq. so waren diese Völ=
ker von ihren Nachkommen gänzlich verschie=
den.

c) Siehe unter andern Pallas Mongol. Völk.
I. 185. Tavern. I. 48. Tournef. II. 54.

d) Pezron p. 322.

e) Popowitsch S. 65. u. f. Anton S. 49.
Pelloutier I. p. 13. u. f.

f) Man sehe Pezron p. 74. 155. 169. 173. 234.
243. 259. 60. 278. 79. 284. 332. Ueber die
Abstammung der Griechen von den Celten.
Pellout. I. 27 - 82. der Ligurier p. 90. der
Umbrier und Tuscier 93. 102. der Römer
105. der Insulaner des Mittelländischen
Meers 118. der Gallier und Teutschen 118.
127. der Hispanier, Pannonier, Illyrier
und Thracier 27. u. f. S. 170 - 174.

g) Leibniz in Miscell. Berolin. I. p. 11. 13.
Tacit. Germ. c. 25. 43. und Gebauer p. 26.
27.

h) Pezron p. 243. 298 - 302. Pellout. II. p. 79.
113.

i) id. I. p. 136. 205. Man vergleiche hiemit
die Nachrichten neuer Reisenden über Ka=
schemir. Bernier II. 165. 279. 281. und
Voyag. au Nord X. p. 165.

k) Die Bastarnen, Veneder u. s. w. Pellout.
I. p. 13. 14. 55. vielleicht auch schon die Il=
lyrier zu der Römer Zeiten Anton S. 29.
Fortis I. 45.

C   l)

l) Siehe Anton S. 3. u. f. Chardin III. 84. Georgi S. 453. 457. Lüdecke I. 198.

m) Ruſſel p. 78. 86. Vielleicht muß man die Druſen ausnehmen I. 358. 360. 379. Niebuhr.

n) Nieb. Reiſ. I. 51.

o) Man ſehe Chardin II. 179. III. 45. 48. Groſe I. 125. Georgi S. 159. Hamilton I. 159.

p) Man ſehe unten den Artikel von Ehe.

q) Ueber die Bucharen Georg. Ruſſ. Völkerſch. S. 145. 147. Voyag. au Nord X. p. 116. 120. 133. 163. Ueber die Chiwaner, Taſchkenter, Karakalpacken und Turkomannen Georg. Ruſſ. Völk. S. 161 – 165. Voyag. au Nord X. p. 19. 204. über die weſtlichen und öſtlichen Turkomannen Georg. S. 130. Voy. au Nord X. 170.

r) Georg. Ruſſ. Völk. S. 86. u. f.

s) Popowitſch l. c. und Anton S. 7. u. f. auch S. 155.

t) Georg. Ruſſ. Völk. S. 199. u. f.

u) Georg. l. c. 167. und Isbrand Ides p. 188. Fiſcher S. 123. 124.

v) Georg. l. c. S. 112.

w) ib. S. 115. 117. Müller VI. 273. 364. 383. auch S. 342.

x) Georg. S. 188. 190.

y) ib. p. 227. 228.

z) ib. p. 240. und Gmelin I. 268.

aa) Georgi S. 248. 249.

bb) ib. S. 252.

cc)

cc) ib. S. 253.

dd) ib. S. 257. 58. Ueber die Jakuten ib. S.
261. u. f. Steller S. 302. Fischer S. 124.

ee) Georg. S. 86.

ff) Siehe Pallas Mongol. Völk. I. S. 3.
Leibniz in Miscell. Berol. I. p. 3. Marsd. p.
253. 254. Sonderbar ist es, daß Leibnitz l. c.
p. 7. und Pelloutier die Hunnen zu den Sarmaten rechnen. Pellout. I. p. 14.

§. 13.

Das Erste Unterscheidungs=Zeichen der
verschiedenen Stämme und Racen von Men=
schen ist die Cörperliche Grösse. In Anse=
hung der Cörperlichen Grösse nennt man ein=
zelne Menschen und ganze Nationen Zwerge
oder zwergmäßig, klein, von mäßiger Statur,
größ, riesenmäßig, und Riesen a). Nichts
ist falscher, als die gewöhnlichen Gemein=
Oerter von den Wirkungen der Kälte und
Hitze auf den Menschlichen Cörper. Unge=
wöhnliche Grösse ist zwar nicht auf einen ein=
zigen Stamm, oder einen Erd=Gürtel ein=
geschränkt; doch merkt man auch hier den hö=
hern Adel des Kaukasischen Stamms. Un=
ter den Slawischen Völkern in Asien gibt es
allerdings einzelne grosse Männer b) und
unter den Slawischen Nationen in Europa c)
mehrere, die man zu den grossen zählen kann,
allein eben diese zeichneten sich doch nicht so

sehr

sehr durch Cörperliche Grösse aus, als die
Celtischen Völker, besonders der alten Zeit d).
Unter den Völkern von mongolischem Stamm
sind einige im südlichen Asien, und die mei=
sten Bewohner der Ost=Indischen und Süd=
See=Inseln groß; in Amerika hingegen woh=
nen die größten Menschen fast alle ausser dem
heissen Erd=Gürtel e). Man irrte sich
sehr, wenn man glaubte, daß die Patago=
nier die einzigen vorzüglich grossen Menschen
in Amerika seyen f). Von mittlerer Grösse
sind alle Slawische Völker in Asien und Afri=
ka, und unter denen von Mongolischem
Stamm die Bewohner der Mongolen, der
meisten südlich=Asiatischen Reiche, und eini=
ger Asiatischen und Süd=See=Inseln g).
Nicht grösser sind die Völker vermischten Ur=
sprungs in Afrika, und fast alle Amerikani=
sche Völker und Wilde, die im heissen Erd=
Gürtel eingeschlossen sind h). Kleine Völ=
ker wohnen ganz allein im kalten Erdstriche i)
und diese sind alle von Mongolischer Abkunft k).
So wenig Riesen=Völker in Patagonien
wohnen, so unerwiesen ist das Daseyn der
Quimos in Madagascar, oder eines gewis=
sen Pygmäen=Geschlechts auf den Gebürgen
der Halb=Insel Indiens l).

a) Man sehe Zimmermann I. S. 99 - 110.
b) Bruce p. 155.

c)

c) **Taube** I. S. 64.

d) Liv. Lib. 38. c. 17. Caefar VI. 21. Mallet
p. 211. Pellout. I. 196. 197.

e) Man fehe die oben von diefen Völkern ange=
führten Schriftfteller, und I. 378. Damp.

f) Ueber die Patagonier fehe man vorzüglich
auffer den bekannten Stellen eines de Pauw
und Frezier. Gumilla I. 256. 58. Falkner
p. 109. Charlev. III. 239. 259. Narborough
p. 82. über die übrigen groffen Völker in Ame=
rika Ulloa Nachrichten II. S. 93. Charlev. I.
p. 155. Dobrizhofer, paſſim.

g) **Torreen** S. 489. Dampier III. 156. V.
p. 62.

h) Ulloa l. c. und I. 233. 34. Reif. **Barrere**
S. 89.

i) Voyages au Nord III. 365. über die Ein=
wohner von Terreneuve: über die Eskimos,
Ellis l. f. c. über die Finnifchen Völkerfchaf=
ten, die oben angeführten Schriftfteller, fer=
ner **Maupertuis** S. 329. Vergleiche **Hog=**
ſtröm S. 158.

k) Man erwäge **Gmelin** III. 216. **Cranz** S.
343. Martin p. 35. 36. und über die Be=
wohner der Orkney=Inseln Wall. p. 108.

l) Gentil II. 507. Grofe I. 233.

§. 14.

Ein anderes wichtiges unterfcheidendes
Merkmal ganzer Völker ift der verfchiedene
Grad der Cörperlichen Stärke. Nicht
nur unverwerfliche Zeugniffe einzelner berühm=

ter

ter Schriftsteller a) sondern auch die ganze
alte und neuere Geschichte und selbst die
Eroberungen der Mongolischen Völker beweisen es, daß diese in Ansehung der Kräfte des
Cörpers unendlich weit unter den Celtischen
und Europäisch-Slawischen Nationen seyen.
Es gibt unter den Mongolischen Völkern,
wie unter den Slawischen Nationen in Asien
einzelne Beyspiele von fast unglaublicher
Stärke und Gewandtheit b); allein aus diesen kann man nichts für die Nationen selbst
schliessen. Die Mongolischen Völker hatten
von jeher c) wie die Slawischen d) in Asien
allerley cörperliche Uebungen, allein diese
brachten in ihnen nicht so ausserordentliche
Wirkungen, als in den alten und mittlern
Celtischen Völkern e) und unter den Griechen hervor f). Das Reiben, oder vielmehr das Ziehen und Drücken der Muskeln
und fleischigten Theile ist g), wie das Salben h) zu allgemein, als daß es der Stärke
des Cörpers nachtheilig seyn könnte; allein
die wollüstigen oder doch warmen Bäder der
Slawischen Völker i) der unmäßige Gebrauch
des Opiums, und anderer geistigen Getränke oder Arzneyen k) und noch mehr die un-
thätige Ruhe l) fast aller Mongolischen und
der meisten Slawischen Völker mußten nothwendig den Leib schwächen m). Am unbe-
stimm-

ftimmlichften und dem Anfcheine nach am wi-
derfprechendften find die Wirkungen des Klima auf den Menfchlichen Córper. Die ftärk-
ften Menfchen und Völker wohnen nicht immer in den mildeften Himmelsftrichen, oder
auf Gebirgen n) fondern vorzüglich im heiffen Himmelsftrich, in welchem aber auch zugleich die ungefundeften und entkräftendften
Gegenden find o), die freylich nicht auf alle
Völker in gleichem Maaffe wirken p). Nahrungs-Mittel bringen eben fo wenig als Klima in allen Ländern und Nationen gleichför-
mige Wirkungen hervor; und eben deßwegen
müffen die bekannten Gemein - Plätze über
den Genuß animalifcher und vegetabilifcher
Speifen auf mannichfaltige Art eingefchränkt
werden. Man würde fich aber eben fo fehr
irren, wenn man behauptete, daß animali-
fche Nahrungs-Mittel fchädlich wären, als
daß mit vegetabilifcher Diät ungewöhnliche
Stärke unvereinbar wäre q): weßwegen man
auch die Schwäche der Hindus nicht ihrer
Enthaltung von Fleifch-Speifen zufchreiben
darf r). Abhärtung ift etwas ganz anders,
als Stärke, indem die eine ohne die andere
da feyn kann. Abhärtung ift allerdings in
einem gewiffen Grade eine Folge von Uebung
und Lebens-Art; vielmehr ift fie aber eine
Eigenthümlichkeit gewiffer Stämme, Racen
und Klimate s).   C 4   a)

a) Ueber die Mongolischen Völker Pall. II. cc.
in seiner Gesch. der Mongol. Völker=
schaften: über die Kirgisen, Georg. Russ.
Völk. S. 209. Ueber die Feuerländer I. 172.
Dobrizhofer.

b) Irwin p. 381. Loubere I. p. 212. Cranz
S. 177. Sonner. II. 30. Lett. Edifiant.
VII. 172.

c) Pall. Beytr. I. 321. 23. du Halde II. 53.

d) Niebuhrs Reis. II. S. 53. 303. dessen
Beschreibung von Arabien S. 212. Russel p. 89.

e) Pellout. I. 448 - 481. St. Palaye I. 26. 61.
148. 149. Tacit. c. 46. de Mor. Germ. Caes.
de Bell. Gall. IV. 1.

f) Thucyd. I. 6. Plat. de Republ. V. 330. Lucian. de Gymnas. II. 887. 893. 94. 905. 907.
Siehe auch meine Geschichte der Wissen=
schaften im 2ten Bande an mehrern Stel=
len.

g) Niebuhrs Reis. II. S. 340. Pages I. 164.
Preville I. 153. Grose I. p. 114. Toreen
S. 458.

h) Man sehe vorläufig Forst. Beob. S. 417.
Niebuhrs Beschr. von Arabien S. 131.
Die übrigen Zeugnisse werden unter dem Arti=
kel von Kleidung und Putz vorkommen.

i) Anquet. I. 355. Savary p. 124. et sq. Die
Celtischen Völker unterschieden sich nicht nur
von ihren ausgearteten Brüdern den Griechen,
Römern u. s. w. sondern auch von den Sla=
wischen Nationen durch kalte Bäder I. 257.
Pellout.

k)

k) Marsden p. 241. Unten den Artikel von Nah-
rungs = Mitteln.

l) ib.

m) Doch gibt es Ausnahmen. Siehe **Taube**
I. 64. über die Sclavonier.

n) Lett. ecrit. d'Ital. l. ſ. c. über die Bewohner
gewiſſer Abhänge des Aetna, Voy. à la Mart.
p. 13. über den Montagne peleé in Martinique u. ſ. w.

o) über Hindoſtan II. 31. Bernier, über Siam
Loubere I. 195. 273. über die Weſt = Indiſchen Inſeln Voy. à la Martinique p. 75.
Oldendorp I. S. 66. 238. Ueber Carthage-
na und Portobello Ulloa's Reiſ. I. 39. 82.
86. Einige Wirkungen des Klima auf Thiere
leſe man beym **Niebuhr** Beſchreib. von
Arabien S. 81. **Proſart** I. 35. 61. II. 95.
Römer S. 296. Snellgr. p. 31. Loubere I.
118. Dobrizhof. I. 253. 257. Ueber die Pferde in der Mongoley **Pall. Mongol. Völk.**
I. 178. 179. in Sina III. S. 29. Barbinais.

p) **Oldend.** l. c. Benez. p. 5. des Marchais
III. 9.

q) Man ſehe unten den Artikel von Nahrungs-
Mitteln.

r) Man vergleiche Chardin III. 82. mit Travels in Europa, Aſia and Africa II. 67.

s) Ueber die Congoer I. 220. Cavazzi, die Chilienſer Frezier p. 116. die Lappländer, **Maupertuis** S. 349. Ueber die Sclavonier,
Taube I. 64. und Ruſſen, **Müller** VII. S.
22. 23. **Weber** I. 22. 23. 129. 153. Hiemit
vergleiche man die Zeugniſſe der Alten über

C 5   die

die mollis et candida corpora der Celtischen
Völker I. 199. Pelloutier.

§. 15.

Zu den Unterscheidungs = Zeichen von
Stämmen und Völkern gehört auch Fett=
heit oder Hagerkeit. Im Durchschnitt ge=
nommen sind die Tatarischen Nationen a)
hager, und die Mongolischen b) so wohl als
die vermischten c) fett. Fettheit wurde un=
ter mehrern Völkern gestraft, und unter an=
dern für eine grosse Schönheit gehalten, die
man sich durch künstliche Mittel zu verschaffen
suchte d). Es gibt nur wenige Völker, un=
ter welchen anhaltender Mangel von Nah=
rungs = Mitteln die Ursache von Magerkeit
ist e).

a) Ueber die Kaukasischen Völker, und über die
Tataren in Sibirien, Gmelin I. 195. Geor=
gi S. 94. 130. über die Bucharen ib. S. 154.
über die Truchmener S. 130. über die Hin=
buß S. 461. Russen ib. 474. Perser, Char=
din III. 84. Araber, Niebuhr's Beschreib.
S. 51. Syrer, Russel p. 86. Ueber die Ar=
menier sind die Schriftsteller nicht überein=
stimmend, Georgi S. 453. nennt sie hager,
Chardin hingegen l. c. und Lüdecke I. 198.
nennt sie untersetzt und fett.

b) Die Negern Adanson p. 38. Gentil II. 499.
die Amerikaner, besonders die südlichen Ul=
loa Nachr. II. S. 92. Gumilla I. 103. die
Sine=

Sinesen II. 95. du Halde die Japanesen,
Kämpfer I. S. 110. die Formosaner, Psal‐
manaz. p. 107., die Macaſſaren, Valent. III.
181. die Einwohner der Marianiſchen oder
Labroniſchen Inſeln, Gobien p. 47., der Phi‐
lippinen, II. 144. Gentil. Man ſehe ferner
die oben angeführten Beyſpiele von den Finni‐
ſchen Völkern. Eine merkwürdige Ausnah‐
me macht das Stamm‐Volk ſelbſt. Pallas
Mongol. Völkerſch. I. S. 17. 309.

c) Pall. Mongol. Völk. l. c. und Forſter I.
p. 295.

d) Pellout. I. 199. u. f. ſiehe unten Artikel von
Nahrungs‐Mitteln.

e) Sparrm. 191. 278.

§. 16.

Eins der wichtigſten Kennzeichen von
Stämmen und Völkern iſt Schönheit oder
Häßlichkeit, entweder des ganzen Cörpers
oder des Geſichts. Die entgegengeſetzten Ur‐
theile verſchiedener Zeitalter und Nationen
machen die Schönheit des Cörpers und ſeiner
vornehmſten Theile eben ſo wenig willkührlich,
als Weisheit und Tugend. Nur der Kau‐
kaſiſche Völker‐Stamm verdient den Namen
des Schönen a) und der Mongoliſche mit
Recht den Namen des Häßlichen, ungeach‐
tet es unter den Mongoliſchen Nationen meh‐
rere von Cörper ſchön gebildete gibt b). Die
Haupt‐Urſache der Schönheit iſt das Klima,
deſſen

deſſen Wirkungen zwar durch ungünſtige phyſiſche und moraliſche Urſachen geſchwächt, aber da, wo es am mächtigſten iſt, nie ganz getilgt werden können c). Man kann daher nicht ohne Grund behaupten, daß Schönheit in gewiſſen Gegenden eine einheimiſche Blume, und anderswo Häßlichkeit ein unausrottliches Unkraut ſey.

a) Man ſehe auſſer den ſchon angeführten Zeugniſſen über die Schönheit der Kaukaſiſchen, und über die Häßlichkeit der Finniſchen Völker Lucian. Imag. II. p. 463. Satyr. Petron. p. 239. Habeſci p. 209. und vergleiche dieſe Stellen mit den Memoir. conc. les Chinois IV. 170. und Voyag. aux Ind. Orient. IV. 642.

b) Man ſehe Kämpfer von den Japanerinnen II. S. 205. und die von den Amerikaniſchen Wilden und den Inſulanern des Indiſchen Archipelagus angeführte Stellen.

c) Man ſehe Shaw über die Arabiſchen und Mauriſchen Weiber p. 241. über die Sicilierinnen de Borch I. 125. 126. II. 124. über die Einwohner von Maltha ib. I. 232. und Lettres ecrites d' Italie III. 66. beſonders Chardin I. 56. über die Einwohner von Mingrelien. Ueber die Kinder von Ruſſen und Calmykinnen oder Kamtſchadalinnen Steller S. 299. Pallas Mongol. Völkerſch. I. S. 99.

§. 17.

§. 17.

Viel wandelbarer, als mehrere der ange=
führten Merkmale iſt die Farbe, woburch
die Völker der Erde ſich von einander unter=
ſcheiden. Die Haupt=Urſache derſelben iſt
das Klima, und wenn dieſes einmal ſeine
Wirkung vollendet hat, die Abſtammung,
viel weniger Nahrungs=Mittel. Schmuß
verändert nur den Schein der Farbe a), und
Lebens=Art kann die Wirkung des Klima
entweder verſtärken oder vermindern b). Un=
geachtet man in verſchiedenen und ſo gar in
denſelbigen Erdtheilen ganz verſchiedene Far=
ben von Menſchen findet; ſo kann man doch
das Geſetz, nach welchem die Haut des Men=
ſchen heller oder dunkler gefärbt wird, ſehr
beſtimmt ausdrücken. Der Hauptſitz der Far=
be iſt das Netzhäutchen c): ſtreitig aber war
es unter berühmten Schriftſtellern, ob dies
Netzhäutchen mehr durch innere oder äuſſere
Urſachen oder vielmehr ob es am meiſten von
innen oder von auſſen gefärbt werde d). Die
weiſſe und braune Farbe ſind die beyden ur=
ſprünglichen Haupt=Farben des Menſchen=
Geſchlechts. Jene iſt dem Kaukaſiſchen, die=
ſe dem Mongoliſchen Stamm eigen. Die
weiſſe Farbe des erſtern erhält ſich ſo gar in
Syrien e), Perſien f), Hindoſtan g), Ara=
bien h), und im Nord=Weſtlichen Afrika,

in

in Sicilien und Malta i). Sie war von
jeher und ist auch noch jetzo um desto blenden=
der, je mehr sich die Gothischen und Slawi=
schen Völker dem kalten Erd=Gürtel nähern k).
Merkwürdig sind die räthselhaft scheinenden
Veränderungen, welche die Versetzung in
andere Klimate in der Farbe der Franzosen l),
Spanier m), Portugiesen n) und Araber o)
hervorgebracht hat. Die weiße Farbe ver=
wandelt sich um desto schneller durch alle
Schattirungen der braunen in die gelbe, ro=
the und glänzend schwarze Farbe, in je heisse=
re länder weiße Menschen verpflanzt, und je
mehr sie mit Völkern von dunklern Farben
vermischt werden. Das erstere erhellt nicht
nur aus den Beyspielen der südlich=Europäi=
schen, und der übrigen angeführten Völker,
sondern auch aus denen der Mohren in Afri=
ka p) der Süd=See=Insulaner q) der Tur=
komannen und anderer Tatarischer Natio=
nen r), der Parsis s), der Hindus besonders
der Maratten t), der Einwohner von Mekka,
Gambron und Ormus u), der Araber in der
Wüste v), der Habeßinier w), der Ualofs
und anderer schönen Neger=Völker am Se=
negal x). Merkwürdige Farben=Verwand=
lungen, die aus Vermischung mit nicht weis=
sen Völkern entstanden, findet man von meh=
rern Schriftstellern angeführt y); so wie die

Ur=

I

Ursachen, welche selbst weiße Menschen vor=
züglich an der westlichen Küste von Afrika,
und an den beyden Gestaden der Indischen
Halb=Insel schwarz färbten z). Die braune
Farbe des Mongolischen Stamms litt eben
so viele Veränderungen, als die weiße. Man
lese die Zeugnisse der oben angeführten
Schriftsteller von den Calmycken, Mongolen,
und den Finnischen Völkerschaften im nördli=
chen Asien und Europa, ferner die Zeugnisse
anderer Reisenden von den Japanesen aa),
den Sinesen bb), den Tunkinesen cc), den
Malayen dd), den Siamesen ee), und den
Einwohnern von Laos und Cambodia ff),
den Philippinen und Marianen gg), den For=
mosanern hh) und Javanern ii), den Ein=
wohnern von Celebes, Borneo und den Mo=
lukken kk), den Malabaren und Tamulen,
und den von ihnen abstammenden Negern ll).
Die Amerikaner haben eine Kupferrothe Far=
be, die zwar auch Nüancen aber viel weni=
ger hat, als man nach der Verschiedenheit
der Klimate vermuthen sollte mm). Die
Kinder, die weiße Väter mit schwarzen oder
rothen Müttern, und deren Abkömmlingen er=
zeugen, sind mit bekannten Namen belegt nn).
Monstra in Rücksicht auf Farbe sind die so
genannten Cretins in Wallis, die Albinos oder
Negros Blancos unter den Afrikanischen Ne=
gern

gern oo) wovon sich etwas ähnliches unter
weissen Völkern findet pp) und die Kakerla=
ken in Ost=Indien qq). Zu den merkwürdigsten
Abarten von Farbe gehören die Beyspiele,
die Marcgraf rr) Gumilla ss) und Lucian tt)
anführen.

a) Man sehe Sparrmann von den Hottentot=
ten, und Pages von den Neu=Holländern
II. S. cc. ferner Adair p. 4. und andere.

b.) Man sehe die in der Note e und den folgen=
den anzuführende Zeugnisse.

c) Man sehe die berühmte Abhandlung von
Meckel in den Mem. de l' Academie des
Sciences de Berlin vom Jahre 1753. S. 85.
u. f.

d) Man sehe Meckel passim bes. p. 80. 101.
Pages I. 103. Projart p. 173. Sömmering
S. 28. Labat II. 189. Anquetil I. p. 36.
de Manet II. p. 230. Eben ders. 185. 213.
221. Moore p. 92. 93. Oldendorp I. 406.
Man vergleiche Begert S. 90. Gumilla I.
109. Höst S. 131.

e) Russel p. 78. Arvieux I. 358.

f) Chardin l. c.

g) Niebuhrs Reis. I. 449. 450.

h) Maillet II. 175. Nieb. R. I. 449.

i) Shaw p. 39. 241. Lett. ecrit. d' Italie II.
507. III. 66. 255.

k) Pellout. I. 199. Martin p. 36.

l) Charlevoix p. 173. Travels in Eur. As. and
Afr. I. 450.

m)

m) Ulloa I. 145. 228. II. 34. 49.

n) Pigafetta p. 19. 188.

o) Marmol III. 129. Cauche p. 10.

p) Montagu p. 74. 78. Adanſon p. 38. Pro=
ſart S. 219. Moore p. 21.

q) Forſt. Beobacht. S. 204.

r) Voyag. au Nord X. 171.

s) Groſe I. 125.

t) Georg. Ruſſ. Völf. S. 461. Groſe I. 91.
340.

u) Maill. II. 175. Tavern. I. 301. Pyrard'II.
155.

v) Pages I. 303. 307.

w) Maillet II. 114. Nieb. Reiſ. I. 449. unb
anbere oben angeführte Schriftſteller.

x) Adanſon p. 22.

y) Ueber einen König in Ternate Argenſ. II.
400. über die königliche Familie in Marokko,
Höſt S. 100. über die Portugieſen in Jnbien,
Niebuhr I. 449. in Afrika, de Manet II.
173. Forſter I. 34. des Marchais I. 69. Ue=
ber gewiſſe Juben in Loango, Oldendorp I.
287.

z) Forſt. Beytr. I. 55. Götting. Magaz.
1783. 6tes St. 841. 844. Adanſon p. 26. 27.
Dampier II. 329. 361. Römer S. 7. Ueber
Hindoſtan, Bernier II. 7. 257. 62. Sonner.
I. 22. Gentil I. 479. Ovingt. I. 133.

aa) Kämpfer I. S. 110. über die Farbe ber
Thibetaner, Stewart p. 470.

bb) Osbeck S. 219. Toreen S. 489. Voy.
aux Ind. Orient. III. p. 441. du Halde II. 95.
Le Comte I. p. 214. 215. Dampier II. 99.

D   cc)

cc) Dampier III. 48. 49.

dd) Valentyn VII. 130. Voy. aux Ind. Orient
II. 235. Voyag. à l' Isle de France II. p. 68

ee) Loubere I. p. 27.

ff) Hamilt. II. 203. 204.

gg) Damp. II. 3. 4. Gentil II. 144. Marion
p. 242. Gobien p. 47.

hh) Pſalman. p. 105. Voy. aux Ind. Orient.
V. 69.

ii) Valentyn V. 53.

kk) Voy. aux Ind. Orient. II. p. 120. Forreſt
p. 367. Valentyn II. 137. 346. 47. Argenſola I. 209. Sonner. II. 81. Valentyn V.
53. Argenſ. I. 21.

ll) Man ſehe auſſer den oben über. bie Malaba=
ren, Tamulen und von ihnen abſtammende
Negern angeführte Schriftſteller, Chardin
III. 396. Valentyn II. p. 347. Forſter's
Beob. S. 203. 211.

mm) Pinto bey Robertſ. I. 460. Charlevoix p.
311. Frezier p. 61. 118. Wafer p. 242. Adair
I. p. 4. Ulloa Nachr. II. 91. Reiſ. I. 39. 82.
Bouguer p. 101. Gumilla I. 169. Dobrizhof.
I. 101. II. 16. 17. Begert, S. 89. Zarate
I. 35. Falkner p. 26. Cranz S. 177. Ol=
dendorp I. S. 23. Voy. au Nord V. 14.
Forſt. Voy. II. 499. Biet p. 331. Fermin p.
215. Es wäre eine ſehr merkwürdige Erſchei=
nung, wenn ſich an der weſtlichen Küſte von
Amerika unter 55° 43' N. B. eine weiſſe
und blonde Nation gefunden hätte, wie Zim=
mermann I. 187. aus des Buache Memoir.
ſur les Pays de l' Aſie et de l' Amerique à
Paris 1775. anführt. Durch ein ſolches Fac=
tum

tum würde die Sage der Amerikaner, die
mit den Tschucktschen und Koraken Gemein=
schaft haben, bestätigt werden: daß nämlich
in ihrem Lande weiſſe und bärtige Menſchen,
Ueberbleibſel von verſchlagenen Ruſſen, wohn=
ten.

nn) Ueber die Kinder von Schwarzen und Weiſ=
ſen und deren Nachkommen de Manet II. 236.
Barbinais III. 125. 126. Ulloa Reiſ. I. p. 28.
de Pauw I. 186. 199. Twiſſ p. 332. 333.
Ueber die Kinder von Europäern und Ameri=
kanerinnen, oder von Amerikanern und weiſ=
ſen Weibern Twiſſ l. c. Ulloa Nachrichten
II. 142. 143. Gumilla I. 114. Ueber die groſ=
ſen Miſchungen von Völkern aus verſchiede=
nen Farben überhaupt Frezier p. 61. Vo=
gel S. 116.

oo) Gumilla I. 132. 133. de Manet II. S. 55.
Snellgr. p. 59. Wafer l. c.

pp) Preville I. 219. Plin. VII. 2.

qq). Valentyn II. 146. 147.

rr) p. 12.

ss) I. 151.

tt) Lucian. I. p. 29. Man ſehe auch Klumen-
bach p. 76. 113.

§. 18.

Auch durch Haarwuchs und Bart unter=
ſcheiden ſich die Mongoliſchen und Tatari=
ſchen Völker. Die erſtern haben im Durch=
ſchnitt entweder langes, ſtrackes a), und
dickes oder auch kurzes und wolligtes Haar b),

D 2 deſ=

deſſen Farbe durchgehends ſchwarz, und nur
in den Finniſchen Stämmen roth oder röth=
ligt iſt c). Das Haar der Celtiſchen und
Slawiſchen Völker iſt mannichfaltiger von
Farbe, feiner, und oft gekräuſelt d); doch
gibt es auch Beyſpiele, daß das Haar dieſer
Völker ſich der Wolle der Negern zu nähern
anfängt e). Die Mongoliſchen Völker reiſ=
ſen ſich ferner meiſtens alle Haare am ganzen
Leibe aus f), eine Verunſtaltung, die nur
allein durch religiöſe Bewegungs = Gründe
unter wenigen Tatariſchen Nationen einge=
führt wurde g). Auch ſchoren von jeher die
Mongoliſchen Völker ihr Haupt viel mehr h)
als es die Tatariſchen wenigſtens in alten
Zeiten thaten i). Eins der allgemeinſten
Merkmale der Mongoliſchen Nationen iſt ent=
weder gänzliche Bartloſigkeit, oder wenig=
ſtens ein äußerſt dünner, und ſpät ſich zeigen=
der Bart k), da hingegen ein ſtarker Bart=
wuchs von jeher der Stolz der Celtiſchen und
Slawiſchen Racen war, und noch iſt l).
Die Beyſpiele von bärtigen Völkern ſind in
dem Mongoliſchen Stamm nicht viel häufi=
ger m), als die von ſchwachbärtigen im Ta=
tariſchen n).

a) Ueber das Haar der Calmycken und Mongo=
len Pall. I. 309. Mongol. Völk. und Voyag.
zu Nord X. p. 70. 71. der Tunguſen, Isbrand
P. 59.

p. 59. der Kamtſchadalen, Steller S. 250.
der Tunkineſen, Damp. III. 48. 49. der Ein=
wohner von Guam und Timor, I. 378. ib.
V. 62. der Malayen. ib. III. 156. Ueber die
Haare der Amerikaner, Barrere S. 144.
beſ. Ulloa Nachr. II. 98. Bouguer p. 101.
Dobrizhof. II. 6. 25. Gumilla I. 103. 109.
Cranz S. 177. Wafer p. 242.

b) Ueber die Wolle der Negern, die vorher über
dieſe Claſſe von Menſchen angeführten Schrift=
ſteller: über das Haar der Papus aber, der
Neu=Holländer und deren Nachbaren, Forreſt
p. 95. Damp. II. 169. 255. Forſter's Obſerv.
p. 240. Voyag. aux Ind. Orient. IV. 635.
Sonner. II. S. 98. Die Wolle verliert ſich
bey der Miſchung der Negern mit andern
Völkern Damp. II. 255. Pages II. 22.

c) in den Eskimos 179. Charlev. in den Wo=
gulen, Pall. Reiſ. II. S. 259. in den Oſtia=
ken und Samojeden, Isbr. p. 40. 175. den
Lappen, Regnard S. 311. bisweilen auch
in den Calmucken, Pall. l. c. S. 100. und
Sineſen Voy. aux Ind. Orient. III. p. 441.
Noch ſeltener iſt braunes Haar unter den Ameri=
kanern, Barrere l. c.

d) Ueber die Haare der alten Celtiſchen Völker,
Pellout. I. 325. der Bewohner des Kaukaſus,
Georgi's Ruſſ. Völk. S. 130. der Bucha=
ren, Voyag. au Nord X. p. 116. und Georg.
l. c. p. 169. der Ruſſen, ib. S. 494. der
Caſaniſchen Tatarn, ib. S. 474. des Königs
von Perſien, Solimans des dritten, Chardin
IV. p. 253. eines Druſiſchen Emirs, Arvieux
I. 358. der Kabylen auf dem Atlas, Shaw p.
39. der Otaheiter, I. 259. Forſt. Voyag.

e)

e) Das Haar der Fuhls und Wuluffs, Spren-
gels Beytr. III. S. 138. der Araber in der
Wüste II. 22. Pages der Habeßinier I. 148.
Große.

f) Die Calmycken I. S. 309., Pall. Mongol.
Völk. die Samojeden Georgi S. 277. Russ.
Völk. die Kamtschabalen, Steller S. 250.
die Japanesen, Kämpfer II. S. 4. die Ta-
lapoinen in Siam, Hamilton II. 192. die
Weiber der Nicobaren II. 186. Damp. Nur
die Javanesen machen eine Ausnahme Voy.
aux Ind. Orient. I. 354. und die Baschkiren,
Isbrand p. 188. die Amerikaner hingegen erhalten den ganzen Cörper glatt Ullos, Boug.
und Dobrizhof. III. ccc. ferner Charlevoix p.
311. Begert S. 90. Charlev. Hist. I. 468.
Leri p. 198. Wafer p. 242. Ueber die Negern
Sömmering S. 9. und de Bry VI. c. 6.
p. 17.

g) Die Aegyptischen Priester Iuven. VI. 533.
die Galler in Hierapolis Lucian. III. p. 481.
die Araber, Nieb. Beschr. von Arabien S.
68. die Perser, IV. 61. Pall. Beytr. die
Türken Russel p. 86. Anders denken die Süd-
See-Insulaner, Forst. Beob. S. 516. und
die Bewohner der Maldiven Pyrard I. 80.
Sonderbar ist es, daß die Weiber aller Slawischen Völker in Asien und Afrika sich die
Haare an der Schaam ausreissen, Georg.
S. 100. Russ. Völk. ib. S. 457. Höst S.
122. Russel l. c. da die Calmyckinnen sie hier
gerade nähren. Georg. S. 100. l. c.

h) Pall. Mongol. Völk. I. S. 311. Isbrand
p. 185. Lange p. 265. Voy. au Nord X. 70.
71. de Bry VI. c. 6. Hennep. 298. Lett.
Edif.

Edif. VI. 242. N. E. **Cranz** S. 185. Gob.
p. 43. des Marchais I. 201. 281. — Falkner
p. 131. Ulloa I. 232. Dobrizhof. II. 27 – 29.
Ulloa II. 97. **Nachr.** jetzo auch die **Sinesen**
Osbeck S. 219. die es sonst nicht thaten I.
233. Le Comte.

i) Die **Celtischen** und **Scythischen Völker** nährten meistens das **Haar** Pellout. I. 323. die
Franken ib. p. 332. u. f. Grotii Hist. Goth.
522. 627. die **Norbischen Völker** Barthol. 54.
59. **Mochsen** S. 302. die **Spartaner** und
ältesten **Griechen** Plutarch. I. 213. Gog. II.
Ch. VI. a, 3. **Andere Tatarische Völker** schnit-
ten es ab Plut. I. p. 11. Lucian. II. 557.
Pellout. I. 330 – 33. Die **Art**, wie man es
trug, war auch sehr verschieden script. cit.
Jetzo scheeren sich alle **Morgenländische Völker**
das **Haupt** I. 160. **Nieb. Reis.**, selbst die
Braminen, **Sonner.** I. Bd, 11 und 12te
Kupfertafel. Die **Banianen** hingegen Bruce
p. 254. die **Malbiven** Pyrard l. c. die **Ceyla-**
nesen S. 62. Knox die **Gebern** I. 161. Tav.
die **Otaheiter** und **Neu-Seeländer** Forst. I.
141. Voy. behalten die alte **Sitte** bey, und
unter diesen schneiden sich meistens die **Weiber**
und **Sclaven** die **Haare** ab.

k) **Von den Hunnen**, Ammian. Marcell. XXXI.
p. 784. **Von den Mongolen**, **Calmycken**,
Tungusen und **Buräten**, **Pall. Mongol.**
Völk. I. 100. 171. **Georg. Russ. Völk.** S.
247. **Müller** II. S. 125. Voy. au Nord X.
p. 70. 71. **Von den Thibetanern** Georg. Alph.
Thib. p. 453. den **Woqulen Lepechin** III.
S. 21. **Von den Sinesen**, script. sup. cit.
und Voyag. aux Ind. Orient. I. 165. II. 99.

Java-

Javanesen ib. I. 354. den Malayen I. 9.
Kämpfer den Philippinen Forrest p. 300.
Cauche p. 10. den Macassaren, Valent. II.
55. 137. den Kamtschadalen 250. 51. Stel=
ler den Oestlichen Insulanern S. 360. Ge=
org. l. c. Von den Negern Malabarischen
Ursprungs de Bry l. c. Einige haben Bärte
Loyer p. 115. die Neu = Holländer sind wie=
der baartlos Damp. II. 169. Einige Schrift=
steller haben die Bärtigkeit der Amerikaner be=
hauptet, Hennep. Voyag. au Nord V. p.
333. Carver p. 225. und andere, allein ihre
mehr als mongolische Baartlosigkeit wird durch
folgende Zeugnisse ausser allem Zweyfel gesetzt.
Man sehe Robertf. I. 460. Ulloa Reif. I.
234. Nachr. II. 98. 119. Bouguer 101. Dobrizhof. II. 6. 25. Charlev. p. 311. Gumilla
I. 103. 109. Pages I. 34. **Cranz** S. 177.
Marcgr. I. p. 13.

1) Die **Celtischen Völker** Pellout. I. 336. die
Spartaner I. 213. Plut. **Mich. Mof. Recht**
IV. 361. **Nieb. Beschr. von Arab.** S. 68.
Arvieux III. 204. **Kleemann** S. 159. **Gme=
lin** I. 311. **Georg. Ruff. Völk.** S. 464.
Voy. au Nord X. 116. Lett. ecrit. d' Ital.
II. 507. Tournef. II. 54. Tavern. I. 48. **Forst.
Beobacht.** S. 205. Auch die Söhne von
Tatarischen Vätern und Mongolischen Müt=
tern werden bärtig Ulloa I. 234. Voy. au
Nord X. 188. 204.

m) Die **Kurilen Georg. Ruff. Völk.** S. 355.
die Eskimos Charlevoix p. 179. und andere,
einige Caraiben Gumilla I. 103. 109.

n) Martin p. 36. und **Georg. Ruff. Völk.**
S. 461.

§. 19.

§. 19.

Ueber die Formen der Köpfe werden wir dereinst von Herrn Camper befriedigende Aufschlüsse erhalten. So viel uns aber ein anderer vortrefflicher Zergliederer über die Negern = Köpfe gesagt hat a), und auch sonst in den Werken von Reisenden über diesen Gegenstand beyläufig erwähnt worden ist b), so muß man annehmen, daß die Mongoli= schen Völker sich auch hier von den Tatari= schen merklich auszeichnen. Unter den er= stern haben die Amerikaner am meisten die ursprüngliche Gestalt ihrer Köpfe zu verschö= nern gesucht c). Noch mehrere Mongoli= sche Nationen fahren bis auf den heutigen Tag fort, ihre Stirn anders zu bilden, als die Natur sie ihnen gegeben hatte d). Meh= rere Nachrichten, als über Köpfe und Stirne, findet man über die Gesichter mongolischer Völker, die zwar sehr von einander abwei= chen e), aber alle wieder von den Umrissen der Gesichter der Kaukasischen Nationen ver= schieden sind f).

a) Sömmering S. 8 = 24.

b) Ueber die Köpfe der Mongolen und Calmyk= ken, Pallas Mongol. Völk. I. S. 99. Voy. au Nord X. 254. der Neu = Holländer, Damp. II. 169. 170. der Lappen Regn. S. 311. der Samojeden S. 277. Georg. der Tura= linzi=

D 5

linzischen Tatarn, **Georgi** S. 112. der Grön=
länder , **Cranz** S. 177. der Feuerländer ,
Forst. II. 499. Von diesen unterscheiden sich
die Einwohner von Mindanao II. 3. 4. Damp.
die Koräken und Tschuktschen X. 346. 351.
Voy. au Nord die Armenier sind in Ansehung
des Kopfs mongolisirt I. S. 198. **Lüdecke.**

c) Voyag. au Nord X. p. 14. 15. 113. Charlevoix p. 187. 323. Den Amerikanern sind in
diesem Stück noch die Drusen ähnlich I. 358.
Artieux und vormals die Langköpfe in Asien.
Hippocr. de aquis et locis c. 7.

d) Merkwürdig scheint mir die Bildung der
Stirn einiger Völker in Louisiana II. 97. Ulloa, der Caraiben I. 23. Oldend. der Me=
stizen in Quito I. 228. Ulloa Reisen, der Be=
wohner der Erd=Enge Darien. Wafer p. 242.
Ganz anders bildete diesen Theil des Cörpers
die Natur oder die Hand des Menschen unter
andern Wilden in Louisiana Voyag. au Nord
V. 14. 15. auf Mindanao Damp. II. 3. 4.
in Sina du Halde II. 95. Le Comte I. 214.
In Arracan II. 274. Ovingt. Unter gewissen
Caraiben Labat II. 72. in Patagonien Narborough p. 105. auf Mallicolo Forst. Beob.
p. 240. in Paraguay Charlevoix I. 193. in
Neu=Holland II. 169. Dampier.

e) Man lese zuerst die Nachrichten über die Ge=
sichter der Mongolischen Stamm = Völker ,
und deren nächsten Abkömmlinge, Voy. au
Nord X. p. 70. 116. **Gmelin** I. 77. III.
344. **Georg.** S. 94. 130. und die 76. 77.
und 84. Fig. bes. **Pall.** I. 97. **Mongol.**
Völk. ferner der Kamtschadalen, **Steller** S.
250. **Georg.** 66te Kupfertafel der Tschukt=
schen

schen und Koräken, Georg. S. 346. 351.
der Kurilen S. 355. der Oestlichen Insulaner
S. 360. der Lappen und Ostiaken Georg.
4. 71. der Samojeden ib. 277. der Grönländer, Cranz S. 177. der Amerikaner Robertí.
I. 460. Wafer p. 242. Adair p. 5. Narborough p. 105. — Hiemit vergleiche man zuerst die Schilderungen der Gesichter der Sinesen du Halde II. 95. der Javaner Valentyn
V. 53. der mongolisirten Turkomannen, Kirgisen, und anderer Tatarn Voy. au Nord X.
p. 171. 204. 401. die Abbildungen einer Wo-
tiäkinn und Katschinskischen Tatarinn, Georgi Fig. 21. und 41. — Noch anders gebildet sind die Jakuten ib. Fig. 50. die Tungusen II. 125. Gmel. und S. 309. Georgi, die
Malayen Dampier III. 156. die Einwohner
von Timor und Guam ib. V. 62. die Tunkinesen III. 48. 49. Dampier und Tavernier
III. 80. die Siamesen I. 27. Loubere die
Javaner, I. 354. Voy. aux Ind. Oriental.
die Hottentotten I. 307. Pages die Negern II.
255. Damp. die Bewohner der Küste Natal
ib. II. 293. die Neu-Holländer II. 169. 170.
Dampier: die Papus IV. 642. Voyag. aux
Ind. Orient. die Mallicolesen Forst. Voy. II.
206.

f) Man lese die Beschreibungen des Gesichtes
der Hindus Anquet. I. p. 36. Pages I. 263.
der Otaheiter I. 259. Forst. der Ceylanesen
Knox p. 61. der Habeßinier, und anderer
schönen Negern II. 175. Maill. und die oben
angeführten Schriftsteller: gewisser Casten in
Madagascar II. 499. Le Gentil, der Perser,
und besonders des Königs Soliman des dritten Chardin IV. p. 253.

§. 20.

§. 20.

Die Augen der Mongolischen Völker sind zwar in Rückſicht auf Farbe, Gröſſe und Lage ſehr von einander unterſchieden a), allein bey allen dieſen Verſchiedenheiten werden ſie nie den Augen der Kaukaſiſchen Nationen ähnlich b). Mehr nähern ſich beyde Stämme in Anſehung der Bildung der Naſe c), die aber auch in den Mongoliſchen Völkern auf die ungleichſte Art geſtaltet iſt d).

a) Ueber die Augen der Calmucken und Mongolen Pall. l. c. der Kamtſchadalen Steller S. 250. der Tunguſen, Isbrand p. 59. der Samojeden ib. p. 175. Georgi S. 277. der Nogaier ib. S. 121. der Lappen ib. S. 4. der Kirgiſen ib. S. 203. Voy. au Nord X. p. 204. der Sineſen, Damp. II. 99. Le Comte I. 214. der Japaneſen, Kämpfer I. S. 110. der Einwohner von Arracan, Kaſchgar und Thibet Oringt. II. 274. Bernier II. 279. 281. der Siamſen I. 118. Loub. der Javauer Voy. aux Ind. Orient. I. 354. welchen Valentyn widerſpricht V. 53. der Ternater Valentyn Vol. I. P. II. p. 15. der Einwohner von Manila, I. 166. Pages. — Ueber die Augen der Amerikaner Robertſ. I. 460. namentlich der Feuerländer II. 499. Forſt. Voy. der Patagonier Narbor. p. 105. der Caraiben, Oldend. I. S. 25. Gumill. I. 103. 109. der Bewohner der Erd-Enge Darien Wafer p. 242. der Californier, Begert S. 90. der Wilden in Louiſiana, Voy. au Nord V. 14. 15. der Eskimos, p. 179. Charlev. — Ueber

der die Augen der Negern, Sömmering S.
9. der Hottentotten Pages II. p. 22. der
Papus, Sonner. II. 98. der Neu = Hollän=
der, Damp. I. 464. Forst. II. 170. dessen
Beobacht. S. 517. der Tannesen ib. S.
418.

b) Ueber die Augen der Georgianer und Kasche=
mirier, Chardin I. 136. II. 121., der Bu=
charen, Voy. au Nord X. p. 116. vieler Ta=
taren in Sibirien III. S. 344. Müller, der
Griechen, Guys I. 112. der Araber und ih=
rer Abkömmlinge selbst in Ternate und Min=
danao, Forest p. 291. Argensola II. p, 400.
der Habeßinier, Maill. II. 175. und der schö=
nen Neger, des Marchais I. 53. der Sicilier
und Malthefer, Lett. ecrit. d' Ital. II. 507.
III. 66. Selbst die Kaukasischen Völkerschaf=
ten, Georg. S. 130. die Sibirischen Tata=
ren ib. S. 94. und die Hindus ib. S. 461.
haben nicht alle ähnliche Augen.

c) Ueber die Nasen der Bewohner des Kauka=
sus, Georg. S. 130. der Kaschemirier, Hin=
dus, Bucharen, Araber, Otaheiten und schö=
nen Negern scr. cit. und über die letztern noch
Labat II. 309. V. 185. der Kirgisen Voy. au
Nord X. 204. der Russen, Georg. S. 474.
vieler Tatarn in Sibirien, III. S. 344. Mül=
ler, der Nicobaren und Bewohner der Insel
Bali Damp. II. 186. Valent. II. p. 254.

d) Ueber die Nasen der Calmycken und Mongo=
len Voy. au Nord X. 70. 254. der Kamtscha=
dalen S. 250. Steller, der Ostiaken und Sa=
mojeden Isbr. p. 40. 175. Georgi S. 277.
der Koräken und Tschuktschen Georg. S.
346. 351. der Lappen, Regnard S. 311.
der

der Japánesen I. 110. Kämpfer, und Mül=
ler III. 171. der Thibetaner, Arracaner und
Siamesen, ll. cc. der Tungusen S. 59. Isbr.
der Tunkinesen und Malayen Damp. III. 58.
156. Tavern. III. 80. der Macassaren und
Amboinesen Valent. II. 138. 346. der Java=
nesen ib. V. 53. der Sinesen du Halde II. 95.
Dampier II. 99. Forst. Beob. S. 516. der
Ceyláncsen und Malabaren Argenf. I. 378.
der Philippinen II. 3. 4. Damp. Gentil II.
144. Pages I. 166. — Ueber die Nasen der
Negern Sömmer. S. 9. Moore p. 92. de
Bry VI. p. 16. des Marchais I. 279. der Ma=
begassen I. 190. Voy. à l' Isle de France, der
Hottentotten I. 159. Beschr. Damp. II. 255.
der Papus, Sonner. II. 98. der Mallicole=
sen und Tannesen, Forst. Voy. II. 206. 412.
Beob. S. 241. der Neu=Holländer, Damp.
II. 169. Ueber die Nasen der Abiponen, Do=
brizhof. II. 23. der Caraiben, II. 374. du
Tertre, der Brasilier, XVI. Bd. Samml.
von Reis. S. 260. der Grönländer, Cränz
S. 177., der Wilden auf der Erd=Enge Da=
rien, Wafer p. 242. am Oronoko Gumilla I.
109. der Mestizen in Quito Ulloa I. 228.
Reis. der Patagonier Narborough p. 105.

§. 21.

Auch in dem Munde, den Lefzen a), und
vorzüglich in den Ohren b) der meisten Mon=
golischen Völker findet man die deutlichsten
Kennzeichen ihres Ursprungs. Ja die Na=
tur zeichnete sie sogar durch die Bildung der
Füsse c) und Beine vor ihren edlern Brüdern
aus.

aus. Wahrſcheinlich wird man dereinſt eben
ſo groſſe innere Unterſchiede unter den beyden
Haupt = Stämmen entdecken, als ich äuſſere
in die Augen fallende Merkmale angegeben
habe.

a) Ueber den Mund und die Lefzen der Calmyk=
keh, Vovag. au Nord X. 254. Pall. Mon=
gol. Völk. I. S. 99. der Kamtſchadalen,
Steller S. 250. der Samojeden, Isbrand
p. 175. Georg. Ruſſ. Völk. S. 277. Ker=
güelen p. 118. der Tſchuktſchen und Koräken,
Georgi S. 346. 351. der Siameſen I. 84.
Loub. der Malayen Damp. III. 156. der
Tunkineſen, ib. III. 48. der Marianen, I.
378. Damp. der Sineſen, du Halde II. p. 95.
II. 99. Dampier, der Philippinen, II. 3. 4. ib.
— der Amerikaner überhaupt, und beſonders
derer am Oronoko, Robertſ. I. 460. Gumilla
I. p. 109. der Grönländer, Cranz S. 177.
— der Negern, des Marchals I. 279. Moore
p. 92. Sömmering S. 9. Groſe I. p. 23.
der Portugieſen in St. Jago I. 34. Forſt. der
Hottentotten, Damp. II. 255. der Papus II.
98. Sonner. gewiſſer Neu = Seeländer I.
210. 11. Forſt. Anders ſind die der Otaheiter
ib. der Habeßinier und ſchönen Negern II. cc.

b) Ueber die Ohren der Calmycken Voy. au Nord
X. 254. der Nogaier, Georg. S. 121. der
Samojeden ib. S. 277. der Sineſen du Hal=
de II. 95. der Einwohner von Arracan, und
der Malabaren, Ovingt. II. p. 274. Groſe I.
245. der Siameſen, Loubere I. 27. der Ame=
rikaner, Robertſ. I. p. 460. Nur die Tungu=
ſen, Georg. S. 309. Ruſſ. Völk. und die

Pala=

Patagonier Narbor. p. 105. unterſcheiden ſich
von ihren Brüdern.

c) Ueber die Beine und Fûſſe der Calmÿcken
und Mongolen, Pall. Mong. Völk. I. S.
97. der Kamtſchabalen S. 250. Steller, der
Samojeden, Georg. S. 277. der Lappen
Regnard S. 311. der Sineſinnen und Pe-
ruancrinnen, Damp. II. 99. Ulloa I. 447.
der Strauſfûſſe in Paraguay, Charlev. I.
155. der ſchwarzen Malabaren, I. 36. Anquet. der Negern und Creolen in Martinique,
Voy. à la Martin. p. 58. Sömmering S.
26. — Die weiſſen Hindus ll. cc. die Otaheiter und Neu-Zeelânder haben etwas aus-
gezeichnetes in Fûſſen und Knieen, Forſt.
Reiſ. I. 390.

§. 22.

Die Vorſehung ſchenkte den Kaukaſiſchen
Völkern nicht nur grôſſere Vorzûge des Côr-
pers, ſondern auch des Geiſtes. Die leßtern
band ſie aber eben ſo wenig als die erſtern
gerade an die ſchônſten Klimate. Schon die
Alten ſahen es ein, und ſagten es auch, daß
ſelbſt die fruchtbarſten Lânder die Krâfte des
Geiſtes, und die mânnlichen Tugenden
ſchwâchten a). Nichts deſtoweniger iſt der
gûnſtige Einfluß des Klima auch auf die See-
lenkrâfte von Völkern unlâugbar b). Noch
unwiderſprechlicher aber lâßt es ſich darthun,
daß die edelſten Menſchen-Naturen in gewiſſen Gegenden und Klimaten unvermeidlich

ver-

verdorben und herabgewürdigt werden. Vor=
züglich gefährlich sind einzelne Strecken an
der Küste von Afrika c), Aegypten d), Hin=
dostan e), noch mehr die südlich=Asiatischen
Reiche, besonders Siam, Sina und mehre=
re Inseln f), am meisten Westindien, und
verschiedene Gegenden im südlichen Ameri=
ka g).

a) Aristot. Polit. VII. 7. Liv. L. 38. c. 17.
Cicer. Or. cont. Rull. II. c. 35. Man ver=
gleiche Chardin III. p. 52. 69. 278.

b) Man sehe unter andern Charlev. p. 125.
174. 175. Ulloa Reis. I. 436. II. 573. Soulavie II. 453. 463. 65. Schnider von War=
tensee II. S. 136. Briefe eines Reisenden
Franz. I. S. 200. u. f. Hacquet II. S.
207. Schrank I. S. 223.

c) Römer S. 226. 228.

d) Pocock I. 177. Maill. II. S. 106. u. f.

e) Ives I. p. 23. Chardin I. 57. Bernier II.
p. 31.

f) Loubere I. 273. Conquete de la Chine p.
237. Barbinais III. 29. Dampier III. 197.
Valentyn II. 344. Gentil II. 94.

g) Oldendorp I. 66. 69. 233. Ulloa Reis. I.
39. Goge I. p. 8. Piso p. 11.

§. 23.

Fast unglaubliche Feinheit gewisser a)
äussern Sinne findet man mehr in Mongoli=

E   schen

ſchen b) als in Kaukaſiſchen Völkern c), und
ſie ſcheint daher zum Theil ein Geſchenk der
Natur zu ſeyn d). Es gibt unter wilden e)
wie unter aufgeklärten Völkern merkwürdige
Beyſpiele, daß Menſchen, die ſonſt durch die
heftigſten Eindrücke wenig gerührt werden, die
ſanfteſten Wohl‑Gerüche nicht ertragen kön‑
nen. Mit der gröſten Feinheit und Schärfe
der Sinne iſt in den Mongoliſchen Nationen
eine faſt gänzliche Gefühlloſigkeit gegen Schön‑
heit der Form und Ordnung, und Ebenmaaß
verbunden f). Auch ſcheint es, als wenn
ihre Einbildungskraft eine gewiſſe Wendung
hätte, die man unter den genievollſten Na‑
tionen vergebens ſuchen würde g).

a) einige Sinne ſind gewöhnlich ſehr ſtumpf
Rouſſeau ſur l' inegal. parmi les hommes p.
m. 28. 29.

b) Ueber die Feinheit der Sinne der Calmycken,
Pall. Mongol. Völk. I. S. 100. der Tun‑
guſen, Georgi's Ruſſ. Völk. S. 248. der
Caraiben Labat II. p. 36. der Peruaner Ul‑
loa Voy. I. p. 411. der Nord‑Amerikaner
Charlevoix p. 239. 304.

c) der Araber, Nieb. Beſchr. von Arabien
S. 380. der Spanier, in Neu‑Spanien Pa‑
ges I. p. 87. der Hochſchottländer I. 347.
Pennant Voy. to the Hebrides.

d) Sömmering über die Negern S. 13. 14.

e) Charlevoix l. c. und Lettres ecrites d' Italie
V. 73. 77.

f)

f) Man sehe unter andern Charlevoix I. 241.
257. Nouvelles Obfervat. fur ft. Domingue
I. 75. Voyag. à la Martinique p. 66. 67.

g) Charlevoix p. 304. Georgi's Reif. S. 248.

§. 24.

Der ganze Mongolifche Stamm ift in
Rückficht auf Fähigkeiten des Geiftes fehr
weit unter dem Kaufafifchen, es finden fich
aber unter den Völfern des erften wie des
zweyten Stamms groffe Unterfchiede. In
Afien find die Buráten die dümmften a), viel
gelehriger find die Calmycfen b), und noch
mehr einige füdlich = Afiatifche Völfer, befön=
ders die Peguaner c), die Tunfinefen d), die
Malayen e), die Sinefen f) und die Japa=
ner g). Auch den niedern Caften der Hin=
dus flebt die Genielofigfeit des Mongolifchen
Stamms an h). Noch geiftlofer, als die
Mongolifchen Nationen in Afien find und wa=
ren die urfprünglichen Bewohner von Ameri=
fa; und hier gibt es unwiderlegliche Beyfpie=
le, daß ein feindfeeliges Klima dem Men=
fchen Genie wie Tugend rauben fönne i).
Die Dummheit der Amerifaner war fo auf=
fallend und allgemein anerfannt, daß fehr vie=
les dazu gehörte, um die Spanier zu über=
zeugen, daß die Amerifaner Menfchen feyen,
und Chriften werden fönnten k); und doch

E 2   ha=

haben auch diese schwachen Amerikaner in gewissen Stücken eine Gelehrigkeit, wodurch
sie die fähigsten Europäer übertreffen l).
Die Negern sind freylich den verworfenen
Amerikanern überlegen m), allein sie stehen
doch auch wieder viel tiefer unter den Europäern, als sie die Amerikaner übertreffen n).
Unter den Nationen vom Kaukasischen Stamm
scheinen von jeher die Celtischen viel reicher,
als die Slawischen von der Natur begabt
worden zu seyn o).

a) Pallas Mongol. Völkersch. I. S. 272.
  Georg. Reis. S. 308.

b) Pall. l. c. S. 103.

c) Loubere I. 104. Sonner. I. 40. Man vergleiche damit, Loubere I. 184. über Siam,
  und Tavernier II. 183. über die Einwohner
  von Azem.

d) Tavern. II. 83. III. 83.

e) Marsden p. 143. 170. Valentyn VII. 311.
  über die Macassaren und Philippinen Valent.
  IV. 163. II. 130. Gentil.

f) du Halde I. 23 – 91. Le Comte I. 112. 13.
  et sq. Barbin. I. 349. 439. II. 19. 156. Sonner. II. 21. 25. Anson S. 411.

g) Kämpfer II. S. 235. 404. u. f.

h) Sonner. I. 85. Ives p. 52. Ovington I.
  288. 291. Grose I. 109.

i) Man sehe besonders über die Creolen und Mestizen Voy. à la Martin. p. 36. Ulloa I. 31.
  32.

32. Voy. ib. p. 229. id. 445. 451. **Kalm**
II. S. 251. u. f.

k) Man sehe Lett. Edifiant. IX. 26. 391. Dobrizhof. II. 72. 73 - 75. id. I. 183. 185. Coreal I. 132. Auf eine ähnliche Art dachten
die Holländer über einige von ihnen unterjochten Völker, Tavern. III. 21. Ueber die Stu-
pidität der Amerikaner sehe man noch folgen-
ge Stellen: Gage III. 133. Ulloa Nachricht.
II. 129. 163. **Barrere** S. 94. 140. 141.
Marcgraf p. 14. du Tertre II. 385. **Ulloa's
Reis.** I. 335. Condamine l. c. Bouguer p. 99.
Labat II. 128. Charlev. I. 261.

l) Lett. Edifiant. IX. p. 390. Charlev. I. 241.
Frezier p. 465. Ulloa Voy. I. 229.

m) Voyag. à la Martinique p. 44. Ulloa Nachr.
II. 118. Gumilla I. 182. Marsden p. 216.
Man sehe auch **Menzel** I. 554. 567. 596.

n) **Sprengels Beytr.** I. S. 48. **Oldendorp**
I. 272. de Bry VI. c. 16. 18. 44. **Sömmering** S. 13. u. f.

o) Dies kann man freylich nicht allein aus den
Schimpf-Namen schliessen, welche die Teutschen vormals den Slawen oder Wenden ga-
ben. S. 35. Anton.

§. 25.

Endlich unterscheiden sich die Mongolischen Völker von den Tatarischen durch eine
traurige Leerheit an Tugenden, und durch
mehrere fürchterliche Unarten. Die meisten
Mongolischen Nationen vereinigen mit einer

E 3

aus

aus Schwäche entstehenden Reizbarkeit, und
einer unglaublichen Empfindlichkeit gegen die
geringsten Beleidigungen eine empörende Ge-
fühllosigkeit gegen die Freuden und Leiden anderer, selbst ihrer nächsten Anverwandten, eine unerweichliche Härte, Selbstsucht und Fil-
zigkeit, und einen fast gänzlichen Mangel aller
sympathetischen Triebe und Gefühle. Sie
vereinigen ferner mit mehr als weibischer Feigheit, und Furcht vor offenbaren herannahen-
den Gefahren und Tod eine unbegreifliche Ruhe und Gleichgültigkeit in den schrecklichsten
Martern, Krankheiten und dem gegenwärtigen Tode: mit Lieblosigkeit gegen ihre eigenen Kinder eine übermäßige Zärtlichkeit gegen Thiere, und selbst das eckelhafteste Ungeziefer: endlich mit viehischer Unflätterey, Gefräßigkeit, und Schaamlosigkeit entweder den
unmäßigsten Hang zur sinnlichen Liebe, oder
auch die gröste Kälte, und daher entstehende
Verachtung des weiblichen Geschlechts a).
Die kränkliche Reizbarkeit trift man in allen
Finnischen Stämmen in Asien und Amerika
an b), die übelgeartetsten aller dieser Wilden
sind die Buräten c), von denen sich die Tungusen d), die Calmycken und Mongolen e),
die Koräken, Tschuktschen, und Kurilen f),
besonders die Japanesen g) auf mehrere vor-
theilhafte Arten unterscheiden. Die Kamt-

scha-

schabalen sind verächtlicher h), aber weniger
hart, als die Lappen i). Eins der nichts=
würdigsten Völker Asiens sind die Sinesen k),
welche die Tunkinesen, Siamesen, und Hin=
dus wenn auch nicht in andern Stücken, we=
nigstens an Redlichkeit übertreffen l). Die
Malayen, und die meisten ihrer Abkömmlin=
ge werden nicht nur von Asiaten, sondern
auch selbst von Europäern gefürchtet m).
Die Seelen der Schwarzen in Neu=Guinea,
Neu=Holland u. s. w. sind nicht weniger häß=
lich als ihre Leiber n).; hingegen könnte man
es fast allein an der Gemüths=Art der Be=
wohner der Nicobarischen und Bali=Inseln
merken, daß sie edlern Ursprungs, als ihre
Nachbaren seyen o). Nirgends ist die Nichts=
Würdigkeit oder Verdorbenheit der Mongo=
lischen Natur allgemeiner, und genauer beob=
achtet worden, als in den Einwohnern von
Amerika, deren Schilderungen den Menschen=
freund abwechslend mit Bedauren, Schau=
der und Entsetzen erfüllen p). Die Gemüths=
Arten der Negern sind eben so sehr verschie=
den, als ihre Abstammung, weßwegen auch
die Beschreibungen ihrer Sitten so widerspre=
chend sind q). Selbst die Sclaven=Händler
bestimmten die Preise von Negern nicht bloß
nach dem Maaße ihrer Cörperlichen Kräfte,
sondern auch nach dem Verhältniß ihrer Ge=

E 4　　　　　　leh=

lehrigkeit und Gutartigkeit r). Die furchtbar=
sten unter den Negern von Malabarischer Ab=
kunft sind die Gager, Anziker, Dahomes und
Galler, die wie alle ihre schwarzen Brüder den
Amerikanern in Rücksicht auf Gemüths=Art auf
eine verwunderuswürdige Art ähnlich sind s).

a) Unter den Celtischen Völkern gibt es nur ein=
    zelne so nichtswürdige oder verwilderte Men=
    schen, als es im Mongolischen Völker=Stamm
    ganze Nationen gibt. Man sehe unter an=
    bern Raynal IV. 57. Bruce p. 147.

b) Hogström S. 173. Georgi S. 4. 184.

c) Georgi's Reis. S. 298. Pall. Mongol.
    Völk. I. S. 172.

d) Georg. l. c. und dessen Russ. Völk. S.
    307. u. f. Gmelin II. 370. 645.

e) Pallas Mongol. Völk. I. S. 102. u. f.
    Conquete de la Chine p. 296. 298. 438. Ei=
    nen merkwürdigen Zug erzählt Tott von ei=
    nem Nogaier II. 251.

f) Steller S. 25. 26. Georgi's Russ. Völk.
    355. 361. 369. 373. Ueber die Eskimos,
    Account of a Million p. 8.

g) Kämpfer l. c. Pfalmanaz. p. 166. Voyag.
    des Holland. V. 380. 424. 425.

h) Steller S. 286. 291. 314. 333. 350. Ihnen
    sind die östlichen Insulaner ähnlich). Pallas
    Beytr. I. S. 311. -

i) Hogström S. 155-157 173.

k) du Halde II. p. 89. Valentyn II. 264. V.
    249. 257. Barbinais I. 309. II. 4. Toreen
    S. 30.

S. 30. 310. 397. 493. 496. Anſon p. 395. Conquete de la Chine p. 237. 253. 296. 297. 423. 428.

l) Ueber die Siameſen, Loubere I. 273 – 278. auch) 218. 228. 231. 232. Ueber die Tunkineſen Mariny p. 66. Tavernier III. 78. 83. - über die Einwohner von Laos Mariny S. 345. 358. Ueber die Hindus, Ives p. 48. Hamilton I. 135. Georgi's Ruſſ. Völk. S. 463. Chardin III. p. 437. Grofe I. 106. 203. 242. 247. Ovington I. 286. II. 23. Grofe I. 85. 89. 107. Pallas Beyträge III. S. 93. Travels in Europa, Aſia u. ſ. w. I. S. 333. Sonnerat I. S. 24. Dow III. p. 8. Niebuhr II. S. 17. 69.

m) Geſchichte und Beſchreibung von Batavia I. S. 103. Poivre p. 55. Dampier II. 221. III. 138. 201. Valentyn VII. p. 311. Forreſt. p. 383. Hamilton II. 121. 157. Marsden p. 172. u. ſ. 219. 223. 243. 248. 293. Ueber die Philippinen Damp. II. 105. 131. 135. Ueber die Bewohner der Moluttiſchen Inſeln Voyag. aux Ind. Orient. I. p. 522. Valentyn I. P. II. p. 16. Ueber die Formoſaner Pſalman. p. 106. Ueber die Macaſſaren, Javaner, Alfocroeſen, und die Bugunen-Sclaven Valentyn II. 72. 73. 81. IV. 136. V. 55. Voy. aux Indes Orientales I. 355. Sparrm. 616. 617.

n) Forſter's Voyag. II. 304. 428. Preville II. 315. Marion 128. 134.

o) Man ſehe Travels in Europa, Aſia etc. I. p. 476. Forſter's Beobacht. S. 210. 304. 318. 352. Preville I. p. 163. 225. Forſter's Voy. I. 513.

E 5   p)

p) Barrere S. 93. Ulloa Reiſ. I. 335-45.
Nachr. II. 98-127. 341. Dobrizhof. II,
46-51. 121. 155. 156. 276. 426. 469. III.
117. 395. Bouguer p. 99. et ſv. Condamine
p. 31. et ſq. — Namentlich über die Feuerländer Falkner p. 92. die Patagonier ib. S.
109. u. f. über die Chilienſer Frezier p. 110.
113. 116. 130. Dampier I. 166. Feuillée I.
S. 387. über die Braſilianer Leri I. 299.
Piſo p. 13. Marcgrav p. 18. Ueber die Völker
in Paraguay Dobrizhof. l. c. und Charlevoix
I. 245. 247. 191. 192. II. 237. Ueber die
Caraiben und übrigen Wilben am Oronoko,
in Guiana, und auf den Antilliſchen Inſeln
Oldendorp I. S. 25. 30. du Tertre II. 387.
490. Gumilla I. 162. 211. 213. 295. 303.
309. 331. Labat II. 140. VI. 113. du Tertre
II. 490. Deſcript. de la Guyane p. 230. Ueber die Nord-Amerikaniſchen Wilben Charlevoix 99. 240. 249. 306. et ſq. 326. 327.
340. Tonti in Voyages au Nord V. 95-97.
Hennepin ib. p. 342. Barrere S. 94. Ueber die Wilben an der Hudſons-Bay Account
etc. l. c. Ellis p. 190. über die Californier
Veger S. 87. 115. 140. 143. 149. 151. 154.
164. 167. über die Grönländer Cranz S.
180. u. f. S. 213. u. f. 221. 227. 242. 244.
249. 339.

q) ſiehe Kalm II. 541. de Bry VI. c. 9. des
Marchais II. 31. 132. 189. Loyer p. 143-154.
Cavazzi I. 210. 232. II. 38. de Manet I. 167.
285. 325. II. 7. 50. Snellgr. 205. du Tertre
II. 490. 497. 529. 533. 535. Nouvelles obſerv. ſur ſt. Domingue I. 27. Oldendorp I.
276. 299. 411. 415. 416. Bosmann S. 33.
109. 150. u. f. 170. 249. 273. 407. 415. 418.
Ulloa

Ulloa I. 33. **Römer** S. 13. Chatellux p.
221. **Hartsinck** I. S. 276. und 454-56. An=
ders reden Fermin p. 151. 163. 171. **Zim=
mermann** III. S. 141. **Projart** I. S. 57.
64. 72. 76. 145. 240. u. f. **Man** sehe auch
du Tertre II. S. 498. 528. Man vergleiche
ferner Hamilton I. p. 6-11. mit p. 31.

r) Ueber die anerkannten Unterschiede und ver=
schiedenen Preise der Negern des Marchais II.
139. 160. 199. II. 101. Loyer p. 64. 84.
258. **Römer** S. 11. 39. 47. 99. des Marchais I. 87. 103. 158. 281. Cavazzi I. 210.
II.-93. **Oldendorp** I. 411. **Sparrmann**
S. 616. 617. **Dobrizhofer** II. p. 45. weicht
von den meisten dieser Schriftsteller ab.

s) Lobo p. 27. Cavazzi I. 351. **Projart** S.
269-99.

§. 26.

Kaukasische Völker können durch physische
und moralische Ursachen verwildern und aus=
arten, wie nicht nur die Beyspiele der Grie=
chen a) und Römer b), sondern auch der
heutigen Bewohner des Kaukasus c) und
fast aller Europäischen Pflanz=Oerter im heis=
sen Erd=Gürtel beweisen. Allein die Natio=
nen vom edlern Stamm behalten selbst in dem
Zustande der höchsten Verwilderung und Aus=
artung unterscheidende Vorzüge oder Eigen=
thümlichkeiten vor den Mongolischen. Man
wird dies bald finden, wenn man die Schil=
derungen der alten Teutschen d), Hispanier e),

Scan=

Scandinavier f), Scythen g), der heutigen
Hoch=Schottländer h) und anderer Celtischer
Völker mit den Gemälden der Amerikanischen
und Afrikanischen Wilden vergleicht. Nur
die Völker vom Tatarischen Stamm hatten
ächte Tapferkeit i), Freyheitsliebe k) und
andere Leidenschaften und Tugenden grosser
Seelen. Nur sie allein waren gegen Schwä=
chere und Ueberwundene eben so großmüthig
und milde, als sie ihren Feinden furchtbar
waren, und eben daher wurden auch von ih=
nen stets besiegte Völker und das weibliche
Geschlecht anders als von den Mongolischen
Völkern behandelt l). Die meisten Tugen=
den aber, die den Menschen zieren und ver=
edeln, fänden sich von jeher in höhern Gra=
den in den Celtischen als in den Slawischen
Völkern m). Die Kaukasischen Völker sind
weder so unzüchtig als viele Mongolische n),
noch auch so kalt, und der unnatürlichen Liebe
so sehr ergeben, als mehrere Mongolische Na=
tionen o). Wiederum haben die Slawischen
Völker in Asien und Afrika p) einen viel stär=
kern Hang zur sinnlichen Liebe, als die Celti=
schen Völker in Europa, und unter diesen
sind die südlichen wiederum sinnlicher, als
die nördlichern q). Zwar bildeten sich einige
Wilde von Mongolischem Stamm ein, daß
sie den Europäern überlegen seyen, im Gan=

zen

zen genommen gestanden sie aber doch die gröſ-
ſern Vorzüge der edlern Völker ein, und dies
Geſtändniß findet man am deutlichſten, in
der Sitte: beſſern Menſchen ihre Weiber und
Tóchter anzubieten r), und in der auch ſchon
von andern bemerkten Ergebenheit und Treue,
welche die Weiber Mongoliſcher Völker allenthalben den ſtärkern Europáern vor ihren
eigenen Landesleuten bewieſen haben oder noch
beweiſen s).

a) Ueber die von den Römern ſchon lange unterjochten Griechen ſiehe Cicer. Epiſt. ad Quin-
tum Fr. I. Ep. I. 2. über die heutigen Griechen Pocok II. p. 232. Spon II. 355. 356.
Chandler p. 121. Lüdecke I. 45. 198. Guys
I. 9. 102. 280. 375.

b) Ueber die Römer ſehe man meine Geſchichte des Verfalls der Sitten in Rom, und
Montesquieu von dem Verfall des Reichs
der Römer, Dreyer I. p. 55. ex Luitprando.

c) Chardin I. 61. 64. 126. 164. 172. Georg.
Ruſſ. Völk. S. 135. Lamberti p. 175.

d) Tac de Mor. Germ. c. 7. 8. 14. 18. 19. 21.
31. Schütz. S. 239-246. S. 254. u. f.
Caeſ. de Bello Gall. I. 23. 36. 44. 47. II. 15.
IV. 2. VI. 21. 23.

e) Iuſt. L. 44. 2. Tacit. Annal. IV. 45. Ueber
die heutigen Spanier Clarke p. 334 - 341.
Ueber die Gallier III. 19. Caeſ. de Bello Gall.
IV. 5. VI. 20.

f) Maillet 133-137. 162-176. 250. 251. Bartholin. p. 7. 25. 41. 67. 89. 94. 121. 456.
457.

457. Ueber die Helden Oßians I. 284. Home.

g) Iuſt. II. 2. 3.

h) Pennant p. 194. und deſſen Voy. to the Hebr. I. 347. die heutigen Engländer findet man am beſten geſchildert in Wendeborn's Werk Th. 2. S. 249. u. f.

i) Maill. Barthol. ll. cc. Pellout. I. 414–435.

k) ſiehe unten den Artikel vom Gouvernement: vorläufig Pellout. I. S. 499. u. f.

l) Man ſehe Pellout. I. 538–49. Grotii Hiſt. Goth. p. 33. Proleg. Ueber den Werth und die Behandlung der Weiber unter den Celtiſchen Völkern ſehe man den Artikel vom weiblichen Geſchlecht, und von den Ehe-Geſetzen, vorläufig Pellout. I. 512. u. f. St. Palaye I. p. 76–143.

m) Man vergleiche die Schilderungen der Parther und Scythen Tacit. Annal. II. 3. und Iuſt. II. 2. Lib. 41. 4. der alten Slawen Procop. in Grotii Hiſt. Gothor. p. 402. Anton S. 32. u. f. Möhſen's, Geſchichte der Wiſſenſchaften S. 69. u. f. der heutigen Dalmatier Fortis I. p. 51–81. und Illyrier, Taube I. S. 66. der heutigen Ruſſen, Weber paſſim: beſ. I. 153. Georgi Ruſſ. Völk. S. 474. 494. Müller VII. 22. 23. der Coſaken, Fiſcher S. 826. 860. Ueber die Türken Tott I. 247. et ſq. II. 13. Ueber die Tatarn in der Crimm und in Sibirien, Georg. S. 94. Kleemann S. 148. 149. Gmelin I. 193. II. 645. III. 345. Ueber die Armenianer Lüdecke I. S. 198. Chardin II. 127. Ueber die Bucharen X. 116. 120. Voyag. au Nord.

Ueber

Ueber die Araber Pages I. 309. Shaw p. 7.
10. 238. 439. Norden p. 234. Maillet I. p.
25. Niebuhr I. 292. II. 5. Höft S. 123.
Irwin p. 23. 133. 140. 148. 152 - 160. 191.
199. 205 - 13. 299 - 328. Arvieux III. 180.
190. 192. 305. 337. della Valle I. 372. Ue=
ber die Hindus, Ives, Bern., Sonner. II. cc.

n) Die Negern de Bry VI. 9. die Sinesen III.
69. du Halde die Calmycken, Pall. Mongol.
Völk. I. S. 102. die Kamtschabalen Stel=
ler S. 287. die Kurilen, Georg. S. 369.
Die Völker, die der unnatürlichen Liebe erge=
ben waren, oder noch sind, werden unten ge=
nannt werden.

o) Von den Amerikanern ist es bekannt. Etwas
ähnliches hat man an den Malayen S. 233.
Marsd. und Siamesen bemerkt. Loubere I.
214.

p) Von den Hindus, siehe auch. cit. Von den
Arabern Irwin p. 133. den Persern Chardin
I. 229. 236. III. p. 6. den Aegyptiern Maill.
II. 115. den Algierern Tassy p. 86. den Si=
biriaken Gmelin I. 148. 220. den Otaheitern,
Forst. Voy. I. 457.

q) Ueber die Griechen Guys I. p. 102. Ueber
die Bewohner des Kaukasus, Georg. Russ.
Völk. S. 135. 172. Chardin I. 61. Ueber
die Portugiesen und Spanier im südlichen
Amerika Coreal I. 54. Frezier p. 402. 465.
531.

r) Man sehe unten den Artikel von Ehe=Geset=
zen: vorläufig: über die Tunkinesen Hamilt.
II. 215. über die Eskimos Ellis p. 235. über
die Negern, Römer S. 66. Snellgr. p. 210.
Loyer p. 71.

s)

s) Man sehe unter andern Steller S. 226.
298. über die Weiber in Hindostan Pyrard
II. 38.

Drittes Capitel.

Ueber die verschiedenen Grade der Cultur von Völkern.

§. I.

Die gewöhnlichen Eintheilungen und Erklärungen von wilden, barbarischen,
halbcultivirten, und ganz gebildeten Völkern
sind eben so unrichtig oder unbestimmt a),
als die Beschreibungen eines ursprünglichen
Standes der Natur erdichtet b), oder die
Meynungen derjenigen ungereimt sind c),
die diesen Stand der Natur für die wahre
Bestimmung des Menschen halten. Es gibt
allerdings viele Völker, die bis zur tiefsten
Stuffe der Verwilderung hinabgesunken sind.
Dergleichen sind gewisse Wilde zwischen Arracan, und Pegu, in Malacca, und auf den
Philippinen d), die Neu-Holländer e), die Bewohner von Californien und Cinaloa f), die
Feuerländer g), und die wilden Hottentot-
ten h). Hieher gehören auch die Fennen des
Tacitus i) und die Hylophagen und Ichtyo-
pha-

phagen des Diodor k). Hingegen sind die Er=
zählungen dieses Schriftstellers von den Un=
empfindlichen gewiß fabelhaft, ungeachtet
Monbaddo sie nicht unwahrscheinlich findet l).
Die Ueberlieferungen der Alten von Wilden,
die den Gebrauch des Feuers nicht gekannt
hätten, müssen so verstanden werden, wie
man dergleichen von den Einwohnern von
Otaheite und den gesellschaftlichen Inseln sa=
gen kann m).

a) Man sehe Ferguson p. 124. Falconer p. 258.
   Robertſ. I. S. 337. u. f.

b) Man vergleiche Rouſſ. sur l'ineg. parmi les
   hommes p. 39. 54. 61. mit Ferguson p. 4.

c) Rouſſ. l. c.

d) Travels in Europ. Aſia etc. I. p. 220. Son=
   ner. II. S. 83. 87.

e) Dampier II. 169. Preville II. 438-447.

f) Begert S. 103. 106. 131. 147. 149. 171.
   Robertſon I. 307. 325. 482.

g) Forſter's Travels II. p. 498.

h) Travels in Europ. Aſia etc. I. 220.

i) Tacit. de moribus Germ. c. 46.

l) Monbaddo I. S. 219. u. f.

m) Man sehe Goguet I. p. 68. Hackesworth I.
   466. 484. Forſt. I. 421. Man vergleiche un=
   terdeſſen Kalm II. S. 434.

F   §. 2.

§. 2.

Unter dem Namen von Wilden begreift man die Jäger = und Fischer = Völker aller Erd = theile. Die roheſten Jäger ziehen am Hud = ſons = Meerbuſen umher a). Weniger roh ſind die Jäger = Horden in Canada, Louiſia = na, und den übrigen ſüdlichern Provinzen von Nord = Amerika: beſonders die Natchez und Taeuças, die aber faſt ganz ausgerottet ſind b). Dieſen ſind die Jäger = Völker in Guiana, Paraguay, Braſilien, Peru und Chili ähn = lich c). In Aſien ſind die Wogulen das ein = zige Völkgen, das man den Jägern zuzählen kann d).

a) Ellis p. 181.

b) Charlevoix p. 116. 119. 130. 198. 200. 330. 331. Robertſ. I. 335. Carver p. 249. Petit p. 13. Adair p. 406. 7. Tonti in Voyag. au Nord V. p. 113. 116. 121. 127. 130.

c) Labat VI. p. 123. Frezier p. 125. Marcgrav p. 28. Ulloa I. 337.

d) Pall. Reiſ. II. 257.

§. 3.

Zu den Fiſcher = Völkern gehören gewiſſe Horden in Neu = Seeland a), die Kamtſcha = dalen b), die Grönländer c), die Moski = tos d), die meiſten Völker in Guiana e), gewiſſe Lappen, Oſtiaken, Samojeden, und

Tun =

Tungusen f), in gewissem Verstande auch
die Isländer g), die Saporogischen und Ja:
ikschen oder jetzo so genannten Uralskischen
Cosacken h). Die meisten Negern in Afrika,
und fast alle Südlich=Asiatische Völker leben.
auch vorzüglich von Fischen, oder mehr von
Fischen, als Fleisch; man kann sie aber doch
nicht unter die Fischer=Nationen rechnen,
weil sie den Feld= oder Garten=Bau, und.
mehrere andere Handwerke oder Handthierun=
gen zu gleicher Zeit treiben oder verstehen.

a) Forſter's Voy. I. 169. Beobacht. I. S. 204.

b) Steller S. 103. 133. 316. 321.

c) Cranz S. 71. 96. 215. 227. Diesen sind die
   Eskimos an der Hudsons=Bay vollkommen
   ähnlich. Ellis 137. 181.

d) Dampier I. p. 15.

e) Gumilla I. 265. III. 2. 28. 30. Oldendorp
   I. S. 26. Barrere S. 100.

f) Hogström S. 109. Müller ſur les Oſtiakes
   p. 398. 99. Georg. Ruſſ. Völk. S. 279.
   313.

g) Olaſſon I. 10. II. 36.

h) Georg. l. c. S. 516.

§. 4.

Allen Erfahrungen nach wird es dem auf=
geklärten Menschen viel leichter, sich an die
Lebens=Art von Wilden, als dem Wilden,

sich

sich an die Lebens=Art aufgeklärter Völker zu
gewöhnen a). Fast alle Celtische Nationen
haben sich gleichsam von selbst, und mehr
durch die Beyspiele als Lehren anderer aus=
gebildet; bey den Wilden hingegen von Mon=
golischer Abkunft kostete es unendlich mehr
Mühe, sie zu cultiviren, und es wurde ein
solcher Eifer, als die Jesuiten in Paraguay b),
und die Evangelischen Brüder in Grönland c)
und anderswo angewandt haben, erfordert,
um solche fast unverbesserliche Geschöpfe aus
dem Zustande der Wildheit herauszureissen.

a) Charlevoix p. 173. 178. 179. 322. 23. 394.
95. Dobrizhofer I. p. 101. u. f. Voyages au
Nord V. 13. Ellis p. 133.

b) Charlevoix I. 239 – 57. 344. Dobrizhofer
Vol. III.

c) Cranz S. 1040 – 1096.

§. 5.

Von den Wilden unterscheidet man Bar=
baren, unter welchen man vorzüglich Hirten=
Völker versteht. Wenn man den Wohnsitzen
von Hirten=Nationen nachspürt; so bemerkt
man, daß die Lebens=Art der Nomaden nicht
allen Klimaten angemessen sey. Ganz Euro=
pa war vormals mit Hirten=Völkern besetzt a),
und in diese Schäfer=Zeit verlegte man entwe=
der das goldene Welt=Alter, oder man ließ
jene

jene gleich auf dieses folgen b). Jetzo zie=
hen in unserm Erdtheile Nomadische Völker
entweder nur auf solchen Gebirgen umher,
wo die Natur eine jede andere Art von Anbau
unmöglich macht c), oder auch in solchen
Thälern, aus welchen der Despotismus die
fleißigen Ackerleute vertrieben hat. Im nörd=
lichen Europa und Asien nomadisiren Lap=
pen d), und die übrigen Finnischen Stämme:
die Ostiaken und Samojeden e), die Tungu=
sen, Buräten, Koräken, Jakuten und Tschukt=
schen f). In der Mongoley sind noch im=
mer die Calmycken und Mongolen g), die
Nachkommen der Hunnen h), und die Brü=
der der Nogaier i), die merkwürdigsten. An
der Oestlichen Seite des Kaspischen Meers
hausen die Kirgisen k), die Truchmenen, Ka=
rakalpacken und Chiwaner l): im südlichen
Sibirien, die Baschkiren m), Tscheremissen,
Morduinen, Wötiäken und Tschuwaschen n),
in Syrien und Persien die Kurden, Turko=
mannen und Araber o), welche letztere auch
über Aegypten und das Westliche Afrika ver=
breitet sind p). Ausser den Arabern sind,
so viel man weiß, in Afrika keine andere Hir=
ten=Völker, als die Hottentotten und Caf=
sern q).

a) Pellout. II. c. 5. p. 259.

F 3   b)

b) Dicaearch. ap. Porphyr. IV. 2. de Abſtinent.
   Animalium.

c) Z. B. Hoch=Schottland und die Hebriden,
   Johnſon p. 233.

d) Regnard S. 307-310. Hogſtröm S. 91.
   97. 106. 107. 183. Georgi S. 5.

e) S. auch die in dem vorletzten §. angeführten
   Schriftſteller.

f) Pallas Mongol. Völk. L. 175. Georg.
   Ruſſ. Völk. S. 204. 312. 315. 347. Georg.
   Reiſ. S. 308. Gmelin's Reiſ. L. 282. II.
   474.

g) Pall. Mong. Völk. L. S. 175. u. f. auch
   S. 158. 159. 143-145. Georg. L. c. S.
   303.

h) Ammian. Marc. XXXI. p. 784. u. f.

i) Tavernier L. S. 148.

k) Rytſchkow L. 113. Georgi S. 207. Pall.
   Reiſ. L. S. 388-400.

l) Rytſchkow's Topogr. L. 12. VI. 19. 21.
   25.

m) Lepechin II. 23. 35. 175. 242. Pallas
   Reiſ. II. S. 76.

n) Rytſchkow L. 141-151. Georg. L. c. S. 2.
   28. 38. 47. 53.

o) Chardin III. 346. Niebuhrs Reiſ. II. 331.
   415-20.

p) Nieb. Beſchr. von Arab. S. 380. Shaw
   169. Arvieux III. 147. 153. 236-239. 254.
   262. Mich. Moſ. Recht IV. p. 80.

q) la Caille p. 259. Sparrmann paſſim,
   Beſchryv. L. 183. 324. 327. 343-45. 350-
   58. 363.   §. 6.

§. 6.

Wenn man die Denkungs=Art aller Wil=
den und Barbaren betrachtet a), so muß ei=
nem der Ursprung des Ackerbaus fast unerklär=
lich scheinen. Weiber b) und Sclaven c),
waren unstreitig die ersten Erdbauer. In der
Folge zwangen siegende Völker die überwun=
denen d), und Könige oder Mächtige ihre
Unterthanen oder Geringere e) zu den Arbei=
ten des Feldbaus. Allmälich übernahmen
auch freye Männer ohne Zwang einen Theil
der Feld=Arbeiten f), die mit dem Fortgan=
ge der Cultur dem stärkern Geschlechte immer
mehr und mehr zufielen g). Lange säete und
erndtete man gemeinschaftlich h), oder ein je=
der baute ein gewisses Feld, ohne dadurch ein
anderes Recht als an die gewonnenen Früchte
zu erhalten i). Die Entstehung des Acker=
baus wird überhaupt begreiflicher, wenn man
weiß, wie einfach er unter vielen Völkern
war oder noch ist k). Die Verachtung der
Handwerker dauert viel länger, als die des
Feldbaus l). Fast alle Gemeinplätze über
die Wirkungen des Feldbaus brauchen Ein=
schränkung: selbst dieser, daß er die Sitten
mehr mildere und höhere Aufklärung veran=
lasse, als der Zustand des Wilden und Bar=
baren m).

a)

a) Herod. II. c. 167. Arist. Polit. II. 8. Plutarch. I. p. 216. 217. Maill. p. 217. Schmidt Gesch. der Teutsch. I. S. 25. 360. Pellout. II. S. 345. u. f.

b) Ueber den Zustand und die Beschäfftigungen der Weiber unter den Celten, Pellout. l. c. in Loango, Whida, und unter den Hottentotten Projart I. S. 59. des Marchais II. 180. Beschryving I. 253.-257. am Oroupko Gumilla II. 234 241.

c) Pellout. l. c. Tacit. de Mor. Germ. c. 25. Loyer p. 133. des Marchais II. 58. Labat II. p. 308. de Manet II. S. 44.

d) Arist. l. c.

e) de Luca p. 111. Lamb. p. 152. Chardin paſſim. Flacourt p. 167. de Bry VI. 30. des Marchais I. 331. II. 80.

f) Man sehe unter andern Barrere S. 112. Moore p. 90.

g) Goguet II. P. I. p. 78. Gumilla I. 265. 297. Adair p. 406. Robertſ. II. p. 315.

h) Script. ec.

i) Tacit. de Mor. Germ. c. 26. Caeſ. IV. 1. de Bello Gall. des Marchais I. 331. II. 65. 80. Römer S. 95. Adanſon p. 145. 159. 169. 170. Bosmann S. 164.

k) Unter den Peruanern Robertſ. l. c. In Madagaſcar Flacourt p. 168. In Syrien, Paläſtina und Meſopotamien Ruſſel p. 16. Niebuhrs Beſchreib. von Arabien S. 155. Kortens Reiſ. S. 570. u. f. In Aegypten, Maillet II. p. 7. In der Barbarey, Shaw p. 138. In Rußland, Pall. Reiſ. I. S. 3. 4. II.

II. 8. 9. In Spanien, Clarcke p. 285. Zu
den geschicktesten Feldbauern gehören die Si=
nesen und Japaner, Georg. Reis. I. S. 9.
und die ehemaligen Perser, Chardin III. p.
101. 102.

l) Maillet l. c. Mich. Mos. Recht I. 200.
Meine Geschichte der Wiss. 2 Theil, im
Anfange.

m) Falconer p. 353 - 375. Man vergleiche die
Calmycken ll. cc. oder die Nordischen Völker
Mallet p. 136. 217. 225. 244. 245. Keisler
p. 226. 231. mit den heutigen Sclavoniern,
Taube I. 12. 34. 44. 48. 52. 68. 70. 93.
III. 76.

§. 7.

Zu den halb aufgeklärten Völkern ge=
hören mehrere Süd=See=Insulaner a), meh=
rere Völker in Afrika b), die Peruaner und
Mexicaner c), alle grosse Mahomedanische
Nationen, unter denen bisher die Perser die
aufgeklärtesten waren d), die südlich=Asiati=
schen Nationen: vorzüglich die Hindus e),
die Sinesen f), die Siamesen und Tunkine=
sen g), und die Japaner h). Aufgeklärte
Völker waren in der alten Zeit einzig und
allein die Griechen und Römer, und sind jet=
zo die Christlichen Bewohner Europens, de=
ren Unterschiede mehrere Schriftsteller zu be=
stimmen gesucht haben i). Nationen brau=
chen nicht vorher aufgeklärt zu seyn, um im
höchsten Grade verdorben zu werden.

F 5　　　　　　　　a)

a) Forſt. I. 261. Preville I. 347. 349. 421-52.
II. p. 140. Marion p. 60. 61. 165. ferner
Forſt. Voy. I. 325. 431. 567. II. 61. 149.
𝕭𝖊𝖔𝖇𝖆𝖈𝖍𝖙. S. 379. 383. 398. 430-38. Cook
I. p. 201.

b) de Bry VI. 33. Adanſon p. 40. 158. 164.
Cavazzi I. 117. 441. II. 58. 60. 63. 𝖉𝖊 𝖒𝖆=
𝖓𝖊𝖙 II. 57. 58. 𝕻𝖗𝖔𝖏𝖆𝖗𝖙 I. S. 95. Labat
II. 305. 333. 𝕭𝖔𝖘𝖒𝖆𝖓𝖓 S. 150. 406. 417.

c) Ulloa Voy. I. 385. et ſq. 391. 477. 𝕹𝖆𝖈𝖍𝖗.
II. 168. Raynal IV. p 31. 44. Zarate I. 62.
Robertſon II. 305. et ſq. ferner 274-302.

d) Chardin II. 97-119. III. 137-163. 208-
214. 261. III. 257. 284. 𝕹𝖎𝖊𝖇𝖚𝖍𝖗 II. 117.

e) Poivre p. 38. 39. Ovington I. 288. 291.
Bernier II. 39. 75. 91. Groſe I. 89. 𝕾𝖔𝖓𝖓𝖊=
𝖗𝖆𝖙 I. 85-93. 94. 106. 𝕹𝖎𝖊𝖇𝖚𝖍𝖗 II. 32.
Lett. Edifiant. XIV. 52. Anquet. I. 24. 233.
54. Dow I. 25. Gentil I. 112. 215. 235. 576.

f) du Halde I. 23. 35. 39. 85. 91. 107. 109.
115. II. 86. 205. 209. 217. 246. 302-9.
371. III. 46. 317. 332. IV. 297. 𝕾𝖔𝖓𝖓𝖊𝖗. I.
112. 23. II. 21. Barbinais I. 349. 365. 439.
II. 19. 156. Memoires concer. les Chinois II.
438-573. Isbrand 129. 438. 𝕻𝖆𝖑𝖑. 𝕭𝖊𝖞𝖙𝖗.
II. 117. 𝕺𝖘𝖇𝖊𝖈𝖐 S. 191. Lett. Edif. XXI.
469. 476. XXII. 149. 150. le Comte I. 99.
103. 126-165 260-70. 357-95. II. p. 4-
40. 58. 87. Mairan p. 7. 12. 29. 34. 171.

g) Loubiere I. 180. 190. 195. 207. 214. 216.
𝕶𝖆̈𝖒𝖕𝖋𝖊𝖗 I. S. 42. 𝕿𝖆𝖛𝖊𝖗𝖓𝖎𝖊𝖗 II. 183. III.
83-87. 194. Rhodes p. 38. 41. 62. 95. 176.
182. Mariny 243. 275-79. 363. 𝖀𝖊𝖇𝖊𝖗 𝖇𝖎𝖊
𝖅𝖔𝖗𝖒𝖔=

Formofaner Pfalman, p. 157. Ueber die Ma=
layen Marsd. p. 143. 153. 157.

h) **Kämpfer** II. 235., 404.

i) Zuletzt Ferguſon p. 299. **Goguet** III. II.
Ch. 2. p. 82.

Viertes Capitel.
Von Nahrungs=Mitteln und ſtarken Getränken.

---

§. 1.

Die gewöhnlichen Ausſprüche über den frü=
hern Genuß von Erd=Gewächſen a),
und über die Wirkungen vegetabiliſcher und
animaliſcher Nahrungs=Mittel auf die Ge=
müths=Art von Völkern b) rühren von Män=
nern her, denen nicht alle Facta gegenwärtig
waren, welche die Geſchichte darbietet. Es
fanden ſich vormals und finden ſich noch jetzo
viele Völker, vorzüglich aber doch Nationen
von Mongoliſcher Abkunft, die nichts oder
faſt nichts, als Fleiſch, und zwar ohne alle
oder doch ohne eine gehörige Bereitung aßen.
Dies thaten oder thun noch jetzo in Aſien
die Hunnen, Calmycken, und Thibetaner c),
die Buräten, Tunguſen, Kamtſchadalen und
Oeſtlichen Inſulaner d), die Oſtiäken und
Samojeden e), deren Lebens=Art die Ruſſen
auf

auf Nova Zembla, und im Oestlichen Oeean
nachzuahmen gezwungen wurden f), die Wo=
gulen g), Circaßier, Mingrelier, und Ab=
caſſas h), endlich gewiſſe Stämme in Baby=
lon i): in Europa die Alanen, alle Celtiſche
Völker und die Crimmiſchen Tatarn k), auch
die Einwohner von St. Kilda l): in Ameri=
ka die Eskimos m), die Grönländer n), die
Nord=Amerikaniſchen Wilden o), die Pe=
ruaner p) und Feuerländer q): in Afrika,
vorzüglich die Aethiopier und Galler r): in
den Südländern und den Inſeln der
Süd=See die Neu=Seeländer, und die
Bewohner der freundſchaftlichen und Socie=
täts=Inſeln s).

a) Claud. Neapol. ap. Porphyr. de Abſtin. Ani-
mal. I. §. 13. Monbaddo I. p. 257.

b) Falconer p. 236. u. f.

c) Ammian. Marc. l. c. Pallas Reiſen I. 319.
deſſen Mongol. Völkerſch. I. 126. Stewart
p. 472. Georg. Alphab. Thibet. p. 445.

d) Georg. Ruſſ. Völk. S. 368. Steller S.
134. 141. Pall. Mongol. Völk. I. 171. 180.
Georgi's Reiſ. S. 303.

e) Muller ſur les Oſtiakes p. 396.

f) Steller in Pall. Beytr. I. S. 297. Mül=
ler III. S. 163.

g) Pallas Reiſ. II. S. 258. Rytſchkow S.
292.

h)

h) de Luca l. f. c. Tavernier I. 144. Lamberti
p. 273.

i) Herodot. I. 200.

k) Voyag. au Nord X. p. 395. Cluver. p. 122.
Pellout. I. 214. 467. Barthol. p. 461. Goguet
II. VI. Chap. 3. p. 381. Plat. de Rep. III.
210. Plutarch VII. 393. Ammi. XXXI. 791.

l) Maftin p. 17.

m) Charlevoix p. 178.

n) Cranz S. 81. 179.

o) Hennep. 319. 384. 406. Lett. Edifiant. VI.
180. N. E. Charlevoix p. 118. 330. 338.

p) Robertf. II. 325.

q) Forfter II. p. 504.

r) Lobo p. 27. 90. Lett. Edifiant. IV. 71. 142.

s) Forfter I. 420. II. 216.

§. 2.

Wiederum gab es, und gibt es noch jeßo
viele Völker, die ganz allein oder gröften-
theils von den Gewächsen der Erde leben.
Hieher gehören die Kreter, Spartaner, und
Römer in gewissen Zeitpuncten a), die Türken, Araber, und Perser b), die Mahome-
daner, und noch mehr die Braminen in Hindoftan c), die Sinesen, gewisse Javaner und
die Japaner d), die meisten Otaheiten und
Marianen e), endlich die Aegyptier, Mohren, Negern, Hottentotten, und Einwohner
von Sennaar f).

a l)

a) Gog. III. VI. Ch. 3. Art. 1. Plin. XVIII. 7.
Valer. Max. II. 5. 5.

b) Ruſſel p. 119. 138. Lüdecke S. 115. Chardin II. p. 117. III. p. 23. 76. 83. 84. 101.
Niebuhr's Beſchr. S. 51.

c) Rogers l. c. 18. Tavern. II. 169. Groſe I.
151. Bernier II. 25. Toreen S. 475. Niebuhr II. S. 30.

d) Voy. aux Indes Orient. I. 346. Le Comte I.
177. Georg. Ruſſ. Völk. S. 10. 11.

e) Gobien p. 46. 47. Forſt. I. 315.

f) Lett. Edif. IV. 15. Maill. II. 8. 109. Shaw
p. 188. des Marchais I. 293. Projart I. S.
11. 14. de Mänet I. 79. 87. Beſchryv. I.
p. 258. die Mabegaſſen II. 402. Gentil machen eine Ausnahme.

§. 3.

Die allgemeinſte animaliſche Speiſe be-
ſteht in Fiſchen, die in den heiſſeſten Gegenden von Afrika und Aſien faſt nicht anders als
ſtinkend oder verfault genoſſen werden a).
Nach den Fiſchen werden Schweine b) und
Hunde c), und auſſer dieſen auch Kameele,
Mauleſel, Pferde und Heuſchrecken gegeſ-
ſen d). Die Südlichen Völker ziehen geräu-
chertes und geſalzenes, die nördlichen hingegen friſches Fleiſch vor e). Die Bereitung
animaliſcher Speiſen iſt wiederum ſehr verſchieden. Nur wenige kochen f), die mei-

ſten

sten trocknen entweder ihr Fleisch, oder bra-
ten es auch, und zwar auf sehr von einander
abweichende Arten g).

a) Die Negern, Schott im 6ten Stück des
Gött. Magaz. 1783. Moore Trav. p. 77. 98.
Römer S. 54. Bosmann S. 154. die Einwohner von Siam Loubere I. 106. von Pegü: Sonner. II. S. 91. von Arracan II.
275. Ovington: der Philippinen Gentil II.
43. der Maldiven, Pyrard I. S. 67. 141.
die Wilden in Louisiana Pages I. 9. die Neu-
Seeländer Forst. I. 219. die Kamtschadalen,
Grönländer, und andere Nordische Völker II.
cc. die Griechen in spätern Zeiten, Athen.
VII. 2. die Portugiesen in Goa Voyag. aux
Ind. Orient. III. p. 650. die Ursache dieser
Erscheinung gibt Wilson an (S. 145. u. f.)
in dessen Werke über den Einfluß des Klima
überhaupt vortreffliche Betrachtungen über
die Wirkungen animalischer und vegetabilischer
Speisen vorkommen.

b) in Sina, Memoir. conc. les Chinois IV.
321. in Pegu: Voy. des Holland. III. 70. 71.
in den Philippinen und Ladronen Gentil II.
29. Damp. I. 384. In den Süd-See-Inseln, Forster's Beob. S. 166. Im Südlichen Amerika, und auf den Antillischen Inseln, Oldendorp I. S. 83. Ulloa Voy. I.
41. 48. 485. Gage III. 303. Pyrard II. 148.
Unter einigen Völkern hingegen werden
Schweine als unrein oder schädlich verab-
scheut. Cranz S. 193. Gumilla I. 185. des
Marchais II. p. 37.

c) In Aſem, Tavern. II. 184. Tunkin, ib. III. 92. Sina, du Halde II. p. 164. Guinea, des Marchais II. 163. ben Süd-See-Inſeln, Forſt. ll. cc.

d) Leo p. 18. Pall. Mongol. Völk. I. 126. Höſt S. 135. Lett. Edifiant. XVIII. 311. Frezier p. 116. Dobrizhof. I. 146. Hogſtröm S. 135. Falkner p. 101. Niebuhr's Beſchreib. S. 172. Haſſelquiſt S. 455. Shaw p. 188.

e) Steller und Müller ll. cc. Gmelin IV. S. 147. Beſchryv. II. 293. Lett. ecrit. d' Italie V. p. 77. Sloane p. 15. Barbin. III. 192. Oldendorp I. S. 260.

f) Die Nord-Amerikaner Charlev. p. 330. die Koräken und Kamtſchadalen, Steller S. 303. 322. die Caſaniſchen und andere Tatarn, Georg Ruſſ. Völk. S. 100. die Calmycken, Pall. Mongol. Völk. I. S. 126. Auch die Südlichen Amerikaner ll. cit.

g) Man vergleiche das Verfahren der Einwohner von Ulietea, einer Inſel in der Süd-See, Cook I. 369. und der Otaheiter Preville I. p. 314. mit dem Verfahren der Caraiben, Labat II. p. 156. der Braſilianer Piſo p. 17. der Chilienſer und Bewohner der Erd-Enge Darien Frezier p. 116. 131. Wafer p. 273. der Buräten, Tunguſen, Jakuten, und Kurilen Isbr. p. 62. 84. Steller S. 322. Gmelin III. S. 74. 75. der Hottentotten, Beſchryv. I. 262.

§. 4.

§. 4.

Unter den vegetabilischen Nahrungs-
Mitteln verdient der Maiz die erste Stelle a).
Diesem folgen Cartoffeln und andere Wurzeln b), der Reis c), und die Hirse d). Die
Geschichte der in unserm Europa am meisten
bekannten Getraide-Arten ist noch immer mit
vielen Dunkelheiten bedeckt e). Ursprünglich aß man Aehren und Körner entweder roh
oder geröstet, oder man zerstieß, oder zermalm-
te sie, und nahm das Mehl entweder roh,
oder gebraten, oder gekocht zu sich: von welchen Speisen und Bereitungen man noch jezo
die Muster unter vielen Völkern antrifft f).
So wohl Wein, als einige unserer Getraide-
Arten wachsen in viel südlicheren Gegenden,
als man gemeiniglich annimmt g).

a) Ulloa Voy. I. 62. Pages I. 53. Wafer p.
257. Frezier p. 116. Charlev. l. c. Labat
Afrique II. p. 314. de Bry VI. c. 12. Georg.
Russ. Völk. S. 100.

b) Lab. V. c. 2. Afr. ferner id. I. 396. II. 398.
III. 42. Barrere S. 41. Oldendorp I.
177-180. Psalman. p. 173. Loubere I. 58.
Damp. III. p. 26. Tonti V. 159.

c) Montesq. XXIII. 4. In der Türkey, Persien,
Arabien, der Barbarey, Aegypten und Hindostan: die im 2ten §. angeführten Schriftsteller, und dann noch d' Arvieux I. 71.
Chard. III. 76. 84. 372. in Ceylan Knox p.
31.

G

31. 87. Tunkin Rhodes p. 84. Lett. Edif-
XVI. 234. Cochinchina und Sina Poivre p.
83. le Comte I. 168. in Sumatra und den
Philippinen Marsden p. 67. 68. Gentil II. 25.
In Guinea, Bosmann S. 154. Von Caro-
lina ist es bekannt.

d) in Sina le Comte l. c. In Sennaar und
Aethiopien Lett. Edif. l. c. in Arabien, Nieb.
Beschr. S. 51. Mingrelien und den übrigen
Kaukasischen Ländern, Chardin I. 57. in den
Steppen der Nogaiischen Tatarn Ferrand p.
458. In Brasilien p. 212. Baro: in Guinea,
de Manet II. S. 63.

e) Gog. I. Part. II. Art. II. und P. II. L. II.
Sect. II. Ch. I. Art. I. — Heyne de origi-
nibus panificii frugumque inventarum initiis
in den Opusculis I. p. 330. et sq.

f) Unter den Nogaiern, und den Tataren in Sibirien, Kleemann S. 55. Gmelin I. S.
195. Isbrand p. 191. in Syrien, Hasselquist
S. 191. im Südlichen Amerika nicht nur unter den Indianern, sondern auch unter den
Portugiesen und Spaniern, Barrere S. 41.
Ulloa Voy. I. 62. 150. in Nord-Amerika,
Charlev. l. c. und Adair p. 407. In Mingrelien Chardin I. p. 57. Unter den Negern Römer S. 232. de Manet II. S. 63. Projart I. S. 11. In Persien und Hindostan
Chard. III. p. 81. 84. In der Barbarey und
in Arabien Tassy p. 56. Shaw p. 231. Höst
S. 107. 132.

g) Man vergleiche Chardin III. p. 76. mit Ha-
milton I. 112. Gentil II. 25. 670. Projart
I. S. 16-19. ferner Tavern. III. p. 75. mit
Valentyn II. 147. und Barrere S. 40.

§. 5.

§. 5.

Unter den fruchtbaren Bäumen verdienen
die Palm-Arten am ersten erwähnt zu werden a). Der Sago b) und Brodfrucht-
Baum c) ist viel weniger verbreitet. Mehrere Völker nährten sich mit Eicheln d), oder
Castanien e), oder mit der Rinde bekannter
Bäume f), oder mit ihrem ausgeschwitzten
Safte g), oder auch mit dem Mark, den
Wurzeln oder den Früchten von Bäumen,
die uns nur noch wenig bekannt sind h). Anderswo ißt man Moos i), oder auch Bee-
ren k), oder die Wurzeln und Zwiebeln von
bekannten Pflanzen l). Das trefflichste Obst
wächst weder im heissen, noch im kalten Erd-
Gürtel m). Gewöhnlich nimmt der Genuß
hitziger Gewürze mit der Hitze des Klima zu n).
Das an keine Zeit gebundene Fressen von
Wilden ist weniger verwundernswürdig, als
das schnelle Essen der Morgenländischen Völker von Slawischer Abkunft o).

a) Labat Afr. III. p. 13. u. f., Niebuhr I.
240. II. 226. Hamilt. I. 78. Tavern. I. 95.
Chardin III. 23. Pages I. 278. Hasselquist
S. 540 Gumilla I. 229. Ueber den Plantain
und Bananier Dampier I. 397. Labat III.
306. 400. Ulloa I. 150. Voy. Marion p. 193.
de Manet II. 79. Projart I. 20. 21. Ueber
den Cocos-Baum Labat III. 42. Forst. Voy.
II. 44. Oldendorp I. 186. Grose I. 47.
Damp. l. c.

G 2   b)

b) Dampier I. 394. Valentyn II. 156. Forreſt p. 40 - 44.

c) Preville I. 186. Forſt. Voy. II. 109. Beob. S. 195. Vor allen andern des jüngern Forſt. Abhandlung vom Brobfrucht = Baum.

d) Man ſehe des Broſſes in den Memoir. de l' Academie des Inſcr. Vol. 35. p. 97. und Lett. Edifiant. VI. p. 214. N. E.

e) Sparrmann S. 531. Boswell. paſſim.

f) Rytſchkow S. 292. auch 257. 258. Hog= ſtröm S. 135. Steller S. 322. Charlevoix p. 330. Forſt. II. p. 407.

g) Haſſelquiſt S. 570. de Manet I. S. 44.

h) Dergleichen iſt ein Baum in Habeßinien, aus deſſen Mark und Wurzeln man feines Mehl macht, Lobo p. 143. der Baum Algarrova am Rio de la Plata Falkner p. 30. die Frucht Melori auf den Nicobariſchen Inſeln Dampier II. 187. 199.

i) Sparrmann S. 529.

k) Gmelin II. S. 467.

l) Marion p. 68. Gmelin I. 381. II. 469.

m) Man ſehe die über die verſchiedenen Erdthei= le, und beſonders über Aſien im erſten Capi= tel angeführten Schriftſteller, und dann noch Ruſſel p. 13. 16. Chardin III. 23. Lüdecke I. 53. 54. Travels in Europ. Aſ. etc. II. 207. 215. Gentil II. 57.

n) de Bry VI. c. 12. Frezier p. 442. Ulloa Voy. I. 150. Chardin III. 81.

o) Vegert S. 125. und andere gleich anzuführ= rende Schriftſteller: Ueber das Geſchwind=
Eſſen

Effen der Morgenländer Haffelquift S. 51.
Lüdecke I. 116. Chardin III. 76. 89. 372.

§. 6.

Die mäßigsten Völker sind die Slawischen
in Asien und Afrika a); die gefräßigsten hin=
gegen alle Völker mongolischen oder vermisch=
ten Ursprungs in allen Klimaten, und selbst
im heissen Erd=Gürtel. Diese Gefräßigkeit
bezeugen glaubwürdige Schriftsteller nament=
lich von den Nogaiern, Tungusen, Baschki=
ren, und Kirgisen b), von den Grönländern,
Lappen, und Finnen c), von den Hindus,
den Tunkinesen und Einwohnern von Laos d),
von den Negern und Hottentotten e), und
von den Nördlichen so wohl als Südlichen
Amerikanern f). Es gibt allerdings Gegen=
den, wo der Appetit von neuen Ankömmlin=
gen um vieles vermehrt, oder eine viel grös=
sere Menge von Lebens=Mitteln erfordert wird,
um die Kräfte des Cörpers zu erhalten g).

a) Chard. l. c. Maill. II. 29. 108. Haffelquift
S. 106.

b) Tott II. 91. Georg. Ruff. Völk. S. 181.
321. 414. Lepechin II. S. 66.

c) Cranz S. 225. Georg. l. c. S. 9. 17.

d) Grofe I. 247. Rhodes p. 89. 90. Mariny
347. Damp. III. 26.

G 3   e)

e) Loyer p. 89. 148. de Bry VI. c. 12. Eine Ausnahme führt Cavazzi I. p. 29. an. Beschryv. I. 258.

f) Von den Abiponen und andern Völkern in Paraguay versichert es Dobrizhof. I. S. 249. u. f. II. S. 289. u. f. von den Völkern am Oronoko, Gumilla II. p. 12. von den Wilden in Nord = Amerika Charlev. p. 303. und Hennepin p. 295. Von den Californiern Begert S. 129.

g) Marion p. 68. besond. Dobrizhof. II. 250. Gage I. III. 112. ein Teutscher Officier in Schlözers Briefwechsel III. S. 149. u. f.

§. 7.

Eben diese gefräßigen Völker verschlingen mit viehischer Gierigkeit die unverdaulichsten und ekelhaftesten Dinge, an welche edlere Menschen sich nicht eher wagen, als bis der äusserste Hunger alle Regungen von Ekel getödtet, und den Menschen selbst zu einem reissenden Thiere herabgewürdigt hat. Weil solche Nachrichten, als ich jetzo vortragen werde, sich mit geringerer Ueberwindung lesen, als hören lassen, so werde ich in diesem Paragraph etwas umständlicher, als gewöhnlich seyn. Die Calmycken fressen stinkendes Aß, und die Nachgeburt von Thieren, Murmelthiere, Mäuse, Ottern, Raubvögel, Füchse und Wölfe, aber keine Hunde und Wiesel a).

Die

Die Jakuten verzehren Raubthiere, und die
Nachgeburt ihrer Weiber ist ihnen ein lecker-
bissen; worauf sie ihre Freunde einladen.
Frösche und Schweine hingegen verabscheuen
sie b). Die Tungusen und Koráken fressen
geschleimten Thon, und die erstern auch Läuse
und den Roß ihrer Kinder c). Die Samojeden verschlingen Aeser von Pferden, Katzen,
Hunden, Wallfischen u. s. w. und die Kamtschadalen unverdauliche Schwämme. Die
Weiber der letztern fraßen sonst auch die Nachgeburt, um desto geschwinder wieder zu ge-
bähren d). Die Tschuktschen und ihre Gäste
saufen den Urin ihrer Weiber, und die Bewohner der Fuchs-Inseln fressen ausser Läusen
und dem Rotze von Kindern rohes Wallfisch-
Fett. Auch waschen sie sich mit ihrem Urin,
und trocknen sich dann mit den Lippen ab e).
Die Lappen kauen Taback, stecken ihn hinter's
Ohr, und kauen ihn von neuem wieder f).
Die Tunkinesen fressen Tiger, Löwen, Schlangen, Fleder-Mäuse, Elephanten, stinkende
und ungereinigte Fische g): die Sincsen tod-
te Hunde, Pferde und Ratzen h): die Arracaner und Siamesen nicht nur eben diese Aeser,
sondern auch, gleich den Formosanern, Eingeweide mit allem, was darinn ist i). Die
sonst reinlichen Bewohner der Inseln Boshee
im Indischen Ocean nehmen die Unreinigkei-

　　　　　ten

ten aus den Mägen von Ziegen als die gröſten
Leckerbiſſen zu ſich k). Die Negern freſſen
Krokodile, Adler, Strauſſen, Fluß = Pferde
und Schlangen, rohes und ſtinkendes Büffel:
und Elephanten = Fleiſch, und ungereinigte
Eingeweide, Kröten, Raßen, und Würmer,
ſelbſt die inficirteſten Cadaver, ferner Kreide
und Erde l): die Buſch = Hottentotten freſſen
ſich in Ameiſen und Holz = Würmern fett m);
und lieben, wie die Negern, das Elephanten:
Fleiſch, das ſie zerſchneiden, und an der Son=
ne dörren. Die Weiber der Amerikaner ſu=
chen einander die Läuſe ab, um ſie zu verzeh=
ren n), und aus den Unreinigkeiten in den
Mägen von Renntbieren, vermiſcht mit Thran,
oder Bären = Fett machen die Grönländer ei=
ne groſſe Leckerey o). Eben dieſe ſchmelzen
Fiſche mit Thran, indem ſie dieſelben zer=
kauen, und in einen Keſſel ſpeyen. Um
nichts umkommen zu laſſen, ſtreichen ſie ihren
eigenen Schweiß mit dem Finger in's Maul.
Die Californier freſſen nicht nur p) Läuſe,
ungeſäuberte Gedärme, Schlangen, Eidexen,
alle Arten von Ungeziefer, und ſo gar Wür=
mer aus faulem Holze, und verdorbenes mit
Würmern angefülltes Korn, ſondern auch
trockne Kleyen, Leder, und Riemen, unver=
daute Körner von Pitochajas, die ſie aus
dem Unrath von Menſchen wieder hervorſu=

chen,

chen, endlich Ratten und Mäuse, die sie auf eine Viertel-Stunde in's Feuer werfen, und alsdann noch blutig hinunterschlucken. Die Brasilianer verzehren ausser Ratzen, Nabel, und Nachgeburt nicht nur, wie die Chilienser die blutigen Herzen ihrer Feinde, sondern auch die Leichname, und selbst die zerstossenen Knochen ihrer Kinder und Anführer q). Die Caraiben und andere Völker am Oronoko haben eben den unnatürlichen Appetit, den man so oft an Negern bemerkt hat, und der ihnen Wassersucht und Magen-Krämpfe zuzieht r). Sie fressen Kreide, oder feinen Thon, und bereiten aus der einen oder dem andern mit faulendem Maize vermischt, Kugeln, die sie mit Schildkröten-Fett beträufeln, und alsdann mit der grösten Begierde kauen s). Von der Menschenfresserey aller Völker der Erde werde ich unten handeln.

a) Pall. Mongol. Völk. I. S. 126. u. f.
b) Georgi S. 266. und Gmelin II. S. 478.
c) Georgi S. 323. Steller S. 324.
d) Isbr. p. 174. Steller S. 350.
e) Pall. Beytr. I. S. 258.
f) Regnard S. 324.
g) Mariny p. 58. Dampier III. p. 33. 37.
h) du Halde II. 164.

G 5   i)

i) Ovington II. 275. Loubere I. 112. 115.
Voyag. aux Ind. Orient. V. 82.

k) Dampier II. 127.

l) de Manet I. 91. Projart S. 45. Moore
p. 77. Adanson p. 71. 149. de Bry VI. c. 12.
Bosmann S. 549. Cavazzi I. 445. II. 95.
Loyer p. 148.

m) Sparrmann S. 278. 325. 339.

n) Carver p. 103.

o) Cranz S. 193.

p) Begert S. 66. 115. 118. 120. 122. 155.

q) Piso p. 14. Marcgrav p. 30. Boro p. 212.
230. 233. 235.

r) du Tertre II. 375. Voy. à la Martinique p.
85.

s) Gumilla I. p. 271.

§. 8.

Faſt alle Völker, ſelbſt die allerwildeſten
und dümmſten a) haben Mittel erfunden,
wodurch ſie ſich auf eine Zeit lang berauſchen
oder betäuben können. Dieſe Mittel beſtan=
den bey einigen in Blättern und Kräutern,
die man entweder rauchte, oder kaute, oder
zerſtieß b). Die Slawiſchen Völker, welche
die weſtliche Hälfte des Südlichen Aſiens,
und die Nordweſtliche Seite von Afrika be=
ſitzen, haben von jeher mehr das Opium c)
und die Süd=Oeſtlichen Nationen, und de=

ren

ren Colonieu mehr den Genuß von Betel ge:
liebt d). Auch die Morgenländischen Völker
saufen Wein im Uebermaaß e), sie ziehen
aber den stärkern Zucker:, und Reis: Brante:
wein oder noch heftigere Getränke vor f).
Brantewein saufen auch die Russen in Si:
birien, und die in den heissen Erd:Gürtel
verpflanzten Europäer in ungeheuren Quanti:
täten g). Sehr gewöhnlich sind im heissen
Erd:Gürtel Palm: und Honig: Wein h).
Fast ist kein Kraut, oder Erd:Gewächs i),
und noch weniger ein vegetabilisches Nah:
rungs:Mittel, aus welchem man nicht be:
rauschende Getränke gemacht hätte k). Eini:
ge bereiteten dergleichen aus Brod, oder Malz,
oder Mehl l), andere aus Obst m) oder aus
Sagu, Cassave und Cartoffeln n), oder aus
Hirse o), oder aus Pferde: Milch p). Das
ekelhafteste Gesöff ist die Chica der Amerika:
ner q), wovon Maiz die Grundlage ist.
Nur wenige Völker blieben mit hitzigen Ge:
tränken gänzlich unbekannt r). Der Hang
zu warmen Getränken scheint den Mongoli:
schen Völkern in Asien und Amerika besonders
eigenthümlich zu seyn s).

a) Einige Betrachtungen hierüber lese man beym
Goguet Vol. I. Liv. II. Art. III. Robertson
I. 397. Histor. of the Boucan. I. 240. II.
367.

b)

b) Ueber die alten Scythen und Maſſageten leſe
man Pellout. I. p. 572. Herod. IV. 71. Ueber die Amerikaner Wafer p. 221. Cranz S.
229. Gumilla I. 285. Condamine p. 73. Ueber die Sibiriſchen Völker Isbr. p. 43. Gmelin I. 276. Georgi S. 215. Ueber die Hottentotten Beſchryv. I. 271. über die Türken,
Araber, Perſer und Bucharen, Niebuhrs
Beſchr. von Arabien S. 57. Georgi S.
152. Ruſſel p. 82.

c) Arvieux III. 19. 21. 269. Georgi Ruſſ.
Völk. S. 152. Haſſelquiſt S. 203. Char-
din III. 93. Ruſſel p. 82. Groſe I. 122. Höſt
S. 111. Tott I. p. 160. Ueber die kühlenden
Getränke dieſer Völker Arvieux III. 269.
Chandler p. 69. Chardin III. 82. Niebuhr
S. 51. Beſchr. von Arabien.

d) Dampier I. 403. III. 65. Loubere I. 69.
Ives p. 29. Groſe I. 237. Tavernier III. 82.

e) Kleemann S. 170. Chardin II. 252. Groſe
I. 151. Relat. de la Mingrel. p. 150. Man
vergleiche Lett. ecrit. d' Italie V. 77. Der
Wein war und iſt noch jetzo in mehrern Ländern verboten, Mich. Moſ. Recht IV. S.
70. u. f. Memoires concern. les Chinois II.
p. 423.

f) Groſe I. 151. Pall. Beytr. III. 87. Chard.
III. p. 93. 94. Loubere I. 66. Mariny p. 90.
Pſalman. p. 174. Lett. Edif. XXII. 185. Isbr.
p. 120. Barbinais II. 12. 15. Pococke I. 181.
Haſſelquiſt S. 203. de Manet I. 167. Moo-
re p. 61. Ueber die traurigen Wirkungen des
Branteweins in nördlichern Gegenden findet
ſich ein Beyſpiel beym Ellis p. 187. 188.

g)

g) Bruce p. 106. 107. Gmelin I. 162. 367.
II. 173. 218. 247. 363. III. 357. 432. IV.
S. 477. Ulloa Voy. I. 35. 235. Labat I. 415.

h) In Siam, und Afrika, Loub. und Lab. II.
cc. des Marchais II. 165. Adanson p. 71. in
Habeßinien IV. 74. Lett. Edif. Lobo 91. am
Oronoko Gumilla I. 232. Honig = Wein tran=
ken oder trinken auch noch jetzo die Madeaassen
Cauche p. 50. die Hottentotten, La Caille
p. 333. die Circaßier de Luca p. 112. die
Vaschkiren, Lepechin II. S. 68. die alten
Nordischen Völker Barthol. p. 543.

i) Ueber die Getränke der Amboinesen aus Ca=
lappus = Bäumen Valentyn II. 160. der Ota=
heiter aus der Pfeffer = Staude, Forst. Beob.
S. 415. der Kamtschadalen aus einem Kraute=
Kath, Steller S. 85. der Koräken, Ostia=
ken, Samojeden, Jakuten, Tungusen und
Buräten Steller S. 92. Georgi S. 87.
181. 321.

k) siehe die vorhergehenden und nachfolgenden
Noten.

l) Die Russen, Georg. S. 487. Pall. Beytr.
I. 163. 165. die Araber S. 56. Niebuhrs
Beschr. die Habeßinier, Lett. Edif. l. c. die
heutigen und alten Aegyptier, Shaw p. 407.
die alten Teutschen und überhaupt die Celti=
schen Völker Tac. de Mor. Germ c. 23. Clu=
ver. p. 123. die Negern, Bosmann S. 473.
Adans. p. 62. die Sinesen III. 54. 57. Gme=
lin.

m) Dampier I. 17. History of the Boucan. I.
49. Biet p. 356.

n)

n) Valentyn l. c. Argenf. I. p. 20. Hartſink
I. S. 28. Acugna I. 134.

o) Die Negern, Adanſon p. 62. die Einwohner
von Terecf, VII. 115. Müller.

p) Pall. Mongol Völf. I. S. 131. 135. die
Hindus auf eine gewiſſe Art aus Butter. Anquet. Diſc. prélim. p. 228.

q) Ueber die Chica der Amerifaner ſiehe Gage
III. 89. Wafer p. 258. Frezier p. 117. 208.
Dampier IV. 269. Gumilla I. 257. Zarate I.
p. 40. Ulloa Voy. I. 249. Nachr. I. 205.
II. 103. Barrere S. 151. Lett. Edif. N. E.
IX. 364. Dobrizhofer II. 182. 484. Marc-
grav p. 18. 28. Falkner p. 31. Charlevoix I.
156. Laet p. 164. Coreal. I. 36. Oldendorp
I. 179. 262.

r) Ellis p. 233. Marion p. 68. Cranz S. 229.
Forſter I. 209.

s) du Halde l. c. Loubere I. 61. Pall. Mon=
gol. Völf. I. 181. Frezier p. 445. Adair
p. 46.

Fünftes Capitel.
Von den Wohnungen verſchiedener Völker.

§. 1.

Es gab viel mehr Völker ohne alle, oder
doch ohne ſichere beſchützende Wohnun=
gen, als man ſich gemeiniglich vorſtellt, und
dies

diese Völker waren ohne Ausnahme entweder Mongolischen oder vermischten Ursprungs. Hieher gehören die Fenni des Tacitus a), die Wilden an der Hudsons-Bay, Nord-wärts vom St. Lorenz-Strom, und überhaupt im Nördlichen Amerika b), ferner die Cali-fornier c), die Peruaner d), die Indianer nicht weit von Garcias de Dios e), die Bra-silianer f), die Anwohner des Oronoko g), und Maragnon h), die Neu-Holländer i), einige Neu-Seeländer k), und einige Wilde in Habeßinien und im Lande Natal l).

a) de Mor. Germ. c. 46.

b) Ellis p. 195. Lett. Edif. VI. p. 32. N. E. Hennep. p. 296. Robertf. I. p. 372.

c) Begert S. 102. 104. III.

d) Zarate I. 25.

e) Histor. of the Boucan. II. 369.

f) Marcgrav p. 16.

g) Gumilla II. p. 2.

h) Descript. de la Guyane p. 180.

i) Dampier II. 70. Marion p. 34. Preville I. 442.

k) Preville I. 247. Ueber die Wohnungen der Otaheiter Forst. Voy. I. 270.

l) Lobo p. 133. Dampier II. p. 390.

§. 2.

§. 2.

Einen Schritt weiter thaten diejenigen
Völker, die zwar von allen Seiten bedeckte
Hütten erbauten, aber doch nur solche, die
entweder mit Blättern oder Reisern, oder
Baum-Rinden oder Fellen leicht bedeckt wa-
ren, und die sich daher leicht abbrechen und
fortbringen, und wieder errichten lieſſen.
Solche Hütten haben faſt alle Bewohner des
nördlichen Aſiens, Europa und Amerika: die
Buräten und Tungusen a), die Samojeden,
Jakuten und Oſtiaken b), die Grönländer,
Lappländer, und Anwohner der Hudsons-
Bay c), ferner die Chilienſer und einige Wilde in Louiſiana d), endlich die Hottentotten,
und die armſeeligſten Einwohner in Sumatra, Arabien, und Hindoſtan e).

a) Isbrand p. 83. Pall. Reiſ. II. 206. Georg.
Ruſſ. Völk. S. 299.

b) Pall. Reiſ. II. 473. Isbrand p. 38. 176.

c) Voy. au Nord III. 354. Cranz S. 189.
Outhier S. 358. Georg. S. 6. 7.

d) Frezier p. 124. Tonti in Voy. au Nord V.
46. Pages I. 36.

e) Marsden p. 50. 51. Niebuhr II. 250. Ives
p. 47. Niebuhrs Beſchr. von Arab. S.
61. Sparrmann S. 186. 187. Beſchryv. I.
302. Damp. II. 258. Nach des Pauſanias
Beſchreibung war der Tempel in Delphi in
den

den ältesten Zeiten den in diesem §. angeführten Hütten ähnlich). Pausanias X. 5.

§. 3.

Fester und vollkommner bauten diejenigen
Völker, die ihre Wohnungen entweder aus
Balken, oder Steinen, oder Holzwerk auf-
führten, und die Wände mit Erde bedeckten.
So bauten die Griechen, Teutschen und
Slawen der alten Zeiten a). So bauen noch
jetzo die Morlakken und andere Slawische
Völker b), die Einwohner mehrerer Teutscher
und Türkischer Provinzen c), die Finnischen
und vermischten Stämme in Europa und
Asien d), die Russen und Isländer e), viele
Wilde in Amerika f), die meisten Negern g),
die Cabylen und Mauren in Afrika h), viele
Einwohner von Arabien i), Persien k), Hindostan, Ceylan l), Sina und Japan m).

a) Vitruv. II. 1. Plut. in Lyc. Dreyers Miscellaneen S. 78. Pelloutier I. 275. Anton
   S. 99.

b) Fortis I. 85.

c) Möser S. 141-152. Boscovich p. 57. 64.

d) Müller III. 313. Weber III. 119. Georg.
   Ruff. Völk. S. 23. 97. 191. 264.

e) id. 485. 486. Horrebow S. 357. 358.

f) Charlevoix p. 122. 151. 155. 334. Pages I.
   36. Wafer p. 255. und andere.

H   g)

g) Labat II. 310. Snellgr. 161. des Marchais II. 39. 92. auch I. 51. 88. 104. 291. Loyer 92. 107. Cavazzi I. 419. de Manet II. 60. Projart I. 51. Sonner. II. 49.

h) Höst 263. Shaw p. 8. Preface und p. 222.

i) Niebuhr I. 307.

k) Lett. Edif. IV. 94. 95. N. E.

l) Knox p. 86. II. 55. Bernier.

m) du Halde I. 138. Kämpfer II. 13.

§. 4.

Die Bau=Art von Völkern wird durch mehrere Ursachen bestimmt. Unaufhörliche Gefahren lehrten die Nationen des Mittel=Alters, die Griechen auf den Inseln a), die Mingrelier b), die Einwohner von Suma=tra, den Bashee=Inseln, Neu=Seeland u. s. w. c) sich in Sicherheit zu setzen. Völker, die sich gegen Erdbeben d) oder Ueberschwem=mungen, und Ungeziefer, oder reissende Thie=re e) schützen müssen, bauen anders, als die von allen diesen Uebeln nichts wissen. Die äusserste Hitze des Klima f) macht eine ganz andere Bau=Art nothwendig, als die äusser=ste Kälte g). Herumziehende Hirten woh=nen anders, als ackerbauende Nationen h). Es lassen sich mehrere Gründe angeben, war=um vorzüglich unser Erdtheil grosse Baumei=ster, und Meisterstücke der schönen Baukunst

her=

hervorgebracht hat, und warum die Untertha=
nen der unumschränkten Beherrscher in Euro=
pa, Asien und Afrika viel schlechter wohnen,
als die freyern Menschen in glücklichern Staa=
ten. Wenn man die Beschreibungen der
Wohnungen und Städte der Türken i),
Mohren k), Perser l), Araber m), Hin=
dus n), Siamesen o), Tunkinesen p), Si=
nesen q), Thibetaner r), Formosaner s),
und Japaner t) mit einander vergleicht, so
kann man nicht umhin, sich über die grosse
Gleichförmigkeit der Bau=Art so sehr ver=
schiedener Nationen zu wundern. Auch die
rohesten Völker in Afrika und Amerika hatten
öffentliche Gebäude u).

a) Tournef. I. 84. 134.

b) Chardin I. 60. Lamberti p. 146.

c) Marsden p. 49. 306. Dampier II. 126.

d) wie in den Moluffen Valentyn II. 128. und
in den Philippinen p. 237. in Chili und Peru
Frezier p. 175. 370. 460. Ulloa Voy I 427.

e) wie in Sumatra, Marsden p. 53. Damp. III.
157. in Macaffar, Celebes, und Borneo,
und den Malbiven Pyrard I. 87. Voy. aux
Ind. Oriental. III. 182. IV. 237. auf den
Nicobaren und Java Damp. II. 187. Vogel
S. 227. auf den Philippinen und vielen an=
dern Inseln Dampier II. 6. in Neu=Gbinea,
Forrest p. 110. in Kamtschatka und Guinea,
Steller S. 218. des Marchais I. 104. In
Pegu, Siam und Tunkin, Voy. aux Ind.

—Ori-

Orient. III. 67. Loubere I. 87. Mariny p.
80. In Guiana und Peru, Descript. de la
Guyane p. 235. Barrere S. 105. Bouguer
p. 21.

f) wie in Aegypten, Perſien, und Hindoſtan
Sicard p. 12. Chardin II. p. 189. Bernier II.
11. Groſe I. p. 111. Nieb. Reiſ. II. 4. 75.
wie die Europäer in den Antillen, den Phi=
lippinen, und in Batavia Oldendorp I. S.
257. Valentyn II. 237. V. 230.

g) Ueber die Bau=Art der Eskimos, Ellis p.
148. 180. Account of a Miſſion p. 14. der
Amerikaner an der Weſtlichen Küſte, der Ko=
räken, Kamtſchadalen, Jakuten, Tunguſen,
Oſtiaken und Samojeden, Pall. Beytr. I.
311. IV. 106. auch III. 320. Isbrand p. 44.
Steller S. 123. 213-15. Georg. Ruſſ.
Völkerſch. 264. 279. 317. der Grönländer,
Cranz S. 187. der Wogulen Pallas Reiſ.
II. 260. der Wilden in Carolina, Floriba,
u. ſ. w. Adair p. 417. der alten Celtiſchen
Völker Pellout. I. 259. 271.

h) Ueber die Zelte der Araber, Adanſon p. 37.
Shaw p. 220. 21. Höſt S. 127. der Calmyt=
ken, I. 132. Lepech. Pall. Samml. Mon=
gol. Völk. I. 110. der Nogaier und Kundu=
raner, de Luca p. 102., Kleemann S. 54.
Tavernier I. 149. Georg. S. 123. der al=
ten Scythen, Pellout. I. 259. 271. Iuſtin.
II. 2. Nomaden einer andern Art ſind die Be=
wohner der ſübl. Aſiatiſchen Reiche und In=
ſeln, Tavern. III. 74. Forreſt p. 372.

i) Montagu II. 69. 70. 162. Kleemann S.
141. Taube III. S. 111. Nieb. I. 27. 279.
II.

II. 358. 384. 393. 402. Tournef. II. 3. Ruſſel p. 5.

k) Etat des Royaumes de Barbarie p. 27. Höſt
S. 263 - 265. Shaw p. 208. et ſq. und 215.

l) della Valle III. 377. Tavern. I. 169. Nieb.
II. 117. Chardin II. 136. 189. III. 104. 108.
auch p. 28. Lett. Edif. l. c.

m) Nieb. Beſchreib. S. 61. 317. 419. 420.

n) Pyrard I. 288. Tavern. II. 16. 23. 27. 32.
173. Groſe I. 111. Sonner. I. 27. Bernier
II. 17. 18. 67. 273. Nieb. Reiſ. II. 54. 59.
75. Anquetil I. 341.

o) Loubere I. 10. 93. 95. 96. 102.

p) Mariny p. 80. 82. Damp. III. 51. 57.

q) Sonner. II. 12. Valentyn II. 263. du Halde I. 138. Le Comte I. 102. 252. Lett. Edif.
XXII. p. 494.

r) Stewart p. 479.

s) Pſalman. p. 108. 157.

t) Kämpfer II. 13. 271. 273.

u) Die Negern, des Marchais I. 108. die Wilben in Louiſiana, auf der Erd = Enge Darien,
und in Guiana Pages 136. Wafer p. 255.
Biet p. 354. Barrere S. 107. die Otahci-
ter, Preville I. 396.

Sechs-

Sechstes Capitel.

Ueber die Kleidung und den Putz verschiedener Völker.

§. 1.

So wie es Völker ohne alle sichere Wohnungen gab, so auch ohne alle Kleidung,
wenigstens ohne solche Kleidung, die den
grösten Theil des Leibes bedeckte. Nackt oder
fast nackt waren ehemals die Celtischen Nationen a), und sind noch jetzo die Mingrelier b), die Feuerländer und deren Nachbaren c), und die Neu-Holländer d). Nackt
sind ferner die Wilden in Californien e), in
Louisiana f), auf der Erd-Enge Darien g),
in Guiana h), in Brasilien und Paraguay i),
viele Insulaner auf der Süd-See k), die
Formosauer l), und mehrere Neger-Völker m).

a) Caes. de Bell. Gall. IV. 1. Pellout. I. 295.

b) Chardin I. p. 60.

c) Forst. II. 387. Narbor. p. 106. Frezier p.
147.

d) Marion p. 34. Preville II. 287.

e) Begert S. 107. Lett. Edif. VIII. 69.

f) Tonti und Hennep. in Voy. au Nord V. 47.
172. 291. 299. Roberts. I. 369.

g)

g) Wafer p. 243. Hiſt. of the Boucan II. 154.

h) Condamine p. 71. Acugna II. 83. Deſcription de la Guyane p. 229.

i) Charlev. I. p. 8. 156. Leri p. 96 – 110.

k) Forſt. II. 206. 499. Cowley 275. Voy. aux Indes Orient. IV. 635. Preville II. 495.

l) Pſalman. p. 91.

m) de Bry VI. 56. Adanſon p. 30. Labat V. 68. 283. Cavazzi II. 65. Loyer p. 159. des Marchais I. 88. Bosmann S. 568. Sparrmann S. 175. Ueber die Grönländer und Kamtſchabalen ſiehe, Cranz l. c. und Steller S. 313.

§. 2.

Unter den nackten Völkern vertritt die Stelle von Kleidung das Salben mit Oehl oder Schmier, das meiſtens mit färbenden Erd-Arten oder Pflanzen vermiſcht iſt a). Das Bemahlen des ganzen Cörpers, oder das Schminken des Geſichts oder anderer einzelnen Theile des Leibes war ein Haupt-Gegenſtand und Geſchäfft der Eitelkeit faſt aller wilden Völker in allen Theilen der Erde. Das eine oder das andere thaten die Celtiſchen Völker b), die Perſer und Meder c). Eben dies thun noch jetzo in Aſien die Brahminen, und Hindus, und deren Weiber d), die Araberinnen, Perſianerinnen, Türkinnen, Armenianerinnen, Aegyptierinnen und Min-

H 4   grelie-

grefierinnen c)., denen man auch die Grie=
chinnen und Rußinnen beyzählen kann f),
ferner die Sinefinnen, Peguaner und Sia=
mefen g), die Neu=Holländer, Neu=Sees
länder, die Bewohner mehrerer Süd=See=
Inseln, und die Kamtfchadalen h), nicht we=
niger die Negern, und Hottentotten i), end=
lich alle Wilden in Amerika: fo wohl die
nördlichen als die füdlichen k). Eben fo
allgemein war das Punctiren, welches in fehr
verfchiedenen Abfichten auf fehr verfchiedene
Arten, und an ganz verfchiedenen Theilen
verrichtet wurde l). Statt der bloffen Punc=
te und Linien wählten einige Völker wirkliche
Einfchnitte, die mit dem Meffer gemacht wur=
den m).

a) Man fehe bef. Damp. II. 256. Gumilla I.
189. 190. 191. 203. Forft. Beob. S. 513.
Voy. I. 138. 139. Valent. V. 54. Labat V.
183. 184. La Caille p. 266.

b) Pellout. I. S. 293. u. f.

c) Briff. de Reg. Perfarum II. p. 174-203.

d) Rogers l. c. 3. Tavern. II. 171.

e) Arvieux V. 280. Niebuhr I. 292. 302.
Befchr. S. 65. 176. 83. Höft S. 120. IV.
277. della Valle, Ruffel 163. Chardin III.
71. I. 60.

f) Guys I. 112. Georg. Ruff. Völk. 491.

g) Memoir. conc. les Chinois II. 426. Voy.
aux Ind. Orient. III. 72. Loubere I. 81.

h)

h) Preville II. 441. Damp. II. 228. IV. 183.
Forſt. I. 138. 39. 210. 564. II. 219. Steller
S. 307. Forſt. Beob. S. 513.

i) Adanſon p. 175. Cavazzi II. 74. 77. de Bry
VI. 6. Labat V. 1. 3. 184. Römer S. 165.
Projart I. 147. Beſchryving I. 155. Sparr=
mann S. 175.

k) Voy. àu Nord V. 12. 13. Charlev. p. 278.
328. 29. Begert S. 109. Lett. Edif. VI. p.
242. Wafer p. 247. Oldendorp I. 23. Lery 110. Falkner p. 129. Forſt. II. 499. be=
ſonders Ulloa II. 94. Gumilla I. 296. Labat
Deſcr. des Antill. I. 268. II. 73. Hiſt. of the
Boucan. II. 154.

l) Ueber das Pünctiren der Celtiſchen Völker
Pellout. I. p. 293. Schütz S. 248. u. f. der
Aegyptier Schmidt p. 184. vergleiche Mich.
Moſ. Recht IV. S. 361. der Syrer, Lu-
cian de dea Syria III. 489. der Braminen
und Arracaner, Rogers I. 3. Ovingt. II. p.
281. der Türken, Araber, Mauren, und
Aegyptier oder ihrer Weiber Ruſſel p. 104.
Niceph. XVIII. 20. Nieb. Beſchr. S. 292.
deſſen Reiſen I. S. 165. Etat des Royau-
mes de Barbar. p. 57. Montagu III. 74. der
Barmas, und Formoſaner Hamilt. II. 51.
Lett. Edif. XVIII. 440. der Tunguſen, Oſtia=
ken, Grönländer und Oeſtlichen Inſulaner,
Georg. Ruſſ. Völk. 365. Gmelin II. 649.
Müller ſur les Oſtiackes p. 462. Cranz S.
185. der Nördlichen Amerikaner, namentlich
der Wilden in Virginien, Neu=Frankreich,
Florida und Louiſiana, Pall. III. S. 221.
Voy. au Nord V. 13. Charlev. p. 328. 329.
Coreal I. 30. 41. dann der Wilden in Para=

guay

guay Charlev. I. 158. 465. Dobrizhof. II.
31. 34. der Neu = Seeländer, und der Süd=
See = Insulaner Forst. I. 210. 305. 433. 558.
II. 15. 231. 387. Forst. Beob. S. 483.

m) Gumilla I. 201. **Oldendorp** I. S. 290.
des Marchais II. p. 101. **Allemands Le=
ben** S. 98.

§. 3.

Auch auf den Haar = Putz wandten die
meisten Völker ungewöhnlich viel Sorgfalt,
indem sie ihren Haaren durch Puder und Po=
made eine andere Farbe zu geben, oder ihre
Schönheit durch gewisse Arten zu flechten,
oder durch Federn, und andere Verzierungen
zu heben suchten. Von dieser Seite zeichne=
ten sich vorzüglich die Weiber der Griechen
und Römer selbst noch in den Zeiten der Ein=
falt a), die Türken, Mauren, und deren
Weiber b), die Süd = See = Insulaner c),
die meisten Negern d), und fast alle Wilde
in Amerika aus e). Auch in dem Färben,
Feilen und den Einfassungen von Zähnen such=
ten viele Völker eine unterscheidende Schön=
heit f); so wie in dem Färben und Nähren
von Nägeln g). Seltsamer als alle diese
Arten sich zu putzen, sind die Verschönerun=
gen oder Zierrathen, die unter den Gagerin=
nen h), gewissen Negern und Negerinnen i),
den Caraibinnen k), den Gallern l), und

den

den Bewohnern des Landes Natal m) ge=
wöhnlich sind.

a) Val. Max. II. 1. 5. und meine Abhandlung
über die Männer = Liebe der Griechen.

b) Ruſſel p. 101. Höſt S. 122. ſiehe auch Ge=
org. S. 136. von den Bewohnern des Kau=
kaſus.

c) Forſt. II. 231. Preville II. 546. Forſters
Beob. S. 513.

d) Bosmann S. 150. 490. Römer S. 249.
de Bry VI. p. 18. 20. Loyer p. 63. Gentil II.
556. Man vergleiche hiemit die Eitelkeit der
Kamtſchadalinnen, Steller S. 311.

e) Charlev. p. 328. 329. Lett. Edif. VI. p. 157.
177. 242. N. E.

f) Ueber die Behandlung der Zähne in Hindo=
ſtan und Ceylan, Ives p. 30. Knox p. 100.
in Tunkin und Siam, Damp. III. 49. 51.
Loubere I. 70. in Sina, Japan und Formo=
ſa Pſalman. p. 105. In Sumatra, Borneo
und Celebes, Tavernier I. 214. Valent. IV.
137. Marsd. p. 46. 47. In den Molukken und
Philippinen Valent. II. 165. Forreſt p. 237.
auf Madagaſcar und unter den Negern Flac.
68. Oldendorp I. 306.

g) Urtheile der Malabaren über die Schönheit
der Nägel Ives p. 30. Tavern. II. 178. der
Sineſen, Mem. conc. les Chinois II. p. 458.
der Bewohner der Molukken und Philippinen,
Pages I. 165. Valent. II. 165. der Süd=See=
Inſulaner, I. 283. Forſt. der Siameſen,
Loubere I. 85. der Negern, de Bry VI. c. 6.
und der Bewohner der Comro=Inſeln. Grose
I. 28.

h)

h) Projart I. S. 296.

i) Atkins p. 72. Oldendorp I. S. 290.

k) Gumilla I. 196. Oldendorp I. S. 22.

l) Lobo p. 27.

m) Damp. II. 394.

§. 4.

Um sich zu verschönern durchbohrte man nicht nur Ohren und Nasen, sondern man zerschnitt oder zerstach auch Wangen und Lippen. Das letztere thaten vorzüglich die Bewohner der Oestlichen Inseln a), und die Wilden in Paraguay und Brasilien b). Viel allgemeiner war das Durchbohren von Nasen und Ohren, um sie mit Ringen oder andern Zierrathen zu schmücken. Dies übertrieb man wiederum nirgends so sehr, als im südlichen Amerika, auf den Oestlichen Inseln c); in den Südländern und auf den Eylanden der Süd=See d). Der Geschmack an Ringen nicht nur in den Ohren und Nasen, sondern um Hals, Arme, Beine, Leib, u. s. w. herrscht noch immer vorzüglich in Afrika e), und Asien f), wo er sich auch schon in den ältesten Zeiten fand g); doch fanden auch die Europäischen Völker in den Zeiten der Finsterniß Wohlgefallen an klingelnden und beschwerlichen Zierrathen h). Der weibliche Kopf=Putz war von jeher und ist auch noch

jetzo

jeßo am zusammengeseßtesten und schwerfällig=
sten unter den Slawischen Völkern in Asien
und den vermischten Völkern in Sibirien i).
Zu den Eigenthümlichkeiten der Amerikaner
gehören die wunderlichen Zierrathen, die sie
aus Federn bereiten k). Vergebens ist es,
ein allgemeines Gesetz des Geschmacks roher
Völker im Puße entdecken zu wollen. Unter
einigen pußen sich mehr die Männer, unter
andern die Weiber: unter einigen verheira=
thete oder alte, unter andern unverheirathete
oder junge Personen l).

a) Müller III. S. 58. Pallas Beytr. I. 257.
Georg. Russ. Völk. S. 365.

b) Oldendorp I. S. 22. Labat II. 86. Baro
p. 240. Damp. I. 44. vorzüglich Dobrizhof.
II. 37. 39.

c) Pallas Beytr. I. S. 257. Labat I. 198.
Dobrizhof. II. 43. Charlev. I. 467. Leri p.
110. Laet p. 119. Gumilla I. 189. Condamine p. 85. Ulloa I. 384. Voy. und Nachr.
II, 120. Zarate I. 13. Labat II. 86. Wafer
p. 252. Begert S. 159. Falkner p. 131.

d) Forst. Observ. p. 239. Voy. I. 243. 558. II.
15. 206. 441. Voy. aux Ind. Oriental. IV.
635. Damp. V. 105.

e) Sparrmann S. 181. vergleiche Vogel S.
69. Projart S. 296. Atkins p. 61. 65. de
Bry VI. c. 6. Moore p. 78. Labat Afr. IV.
236. Cavazzi II. 81. de Manet I. S. 87.
Grose I. 23. Flacourt p. 81.

f)

f) Anquet. I. 352. Nieb. Reif. I. 163. 183. II. 69. Maill. II. 113. Ruffel p. 104. Travels in Eur. Af. etc. II. 43. Ovingt. II. 23. Georg. Ruff. Völk. S. 126. Valentyn II. p. 170. Höft S. 120. Arvieux III. Ch. 18. Niebuhrs Beschr. S. 65. 183. Chardin III. 71. Pyrard I. 124. 125.

g) Gog. III. VI. Ch. I. Art. II. Schmidt p. 43. 51. Procop. de bell. Perf. I. p. 27.

h) Ueber die Gallier Polyb. II. 29. Strab. IV. p. 302. befonders über die Schnäbel=Schuhe à la poulaine Flögel I. 177.

i) Siehe Arvieux, Höft, und Pyrard II. ferner Pall. Reif. I. S. 51. 69. 86. 95. II. S. 7. 77. Gmelin I. S. 95. 109. vergleiche Forft. Beob. S. 392.

k) Marcgr. p. 14. Charlevoix I. 156. 467. Leri p. 100. Gumilla V. 195. Frezier 141. 483. Adair p. 9. Charlev. Journal p. 328. 329. Gage III. 129. vergleiche Forft. Voy. II. 15. Beobachtungen S. 321.

l) Man fehe Preville I. 242. 481. Forft. I. 564. II. 324. de Bry VI. p. 20. Römer S. 181. Profart I. 147. Bosmann S. 150. 223. — Georg. Ruff. Völk. S. 99. Müller III. 319. Anton S. 111.

§. 5.

Die Völker des kalten Erdftrichs ftimmen in ihrer Kleidung viel mehr, als die des heiffen zufammen a). Die leßtern tragen entweder nur einen Schurz b), oder fo genann=

te

te Pagnen c), oder Hemden mit oder ohne
Bein-Kleider, Mantel und Pelz d). Die
südlichen Völker unterscheiden sich sehr durch
die Bedeckung oder Nicht-Bedeckung des
Haupts e). Unter den meisten Völkern waren die Weiber, wie die Männer gekleidet f).
Bereitung von Leder und Filz und das ein-
fachste Weben scheinen alle von gleichem Alter zu seyn g). Am allgemeinsten liebten
wilde und barbarische Völker zwar die lebhaf-
testen Farben h), doch gibt es hier, wie bey
den meisten übrigen Bemerkungen über alle
Völker, mehrere Ausnahmen i).

a) Die Kleider der Nord-Amerikanischen Wilben beschreibt Charlev. p. 327. der Grönländer, Cranz S. 182. u. f. der Kamtschadalen und Oestlichen Insulaner, Steller S.
304. 305. Pallas Beytr. I. 257. Georgi
Ruß. Völk. S. 366. der Lappen und übrigen Finnischen Völker, Georg. S. 7. 18. 26.
der Ostiaken, Samojeden, Jakuten und Tungusen, Georg. S. 126. 267. 268. Isbrand
p. 40. Weber I. S. 192.

b) wie in Pulo Timor, Kämpfer I. S. 9.
in den Marquesas Forst. II. 30. in den Nicobaren II. 186. Damp. die armen Hindus,
Niebuhr II. 69. und die büssenden Pilgrime,
die nach Mecca wallfahrten, Niebuhr I. S.
268.

c) Diese tragen vorzüglich die Negern Adanson
p. 22. Cavazzi II. 69. de Manet II. S. 23.
und 189. Bosmann S. 150. Loyer p. 115.
und

und p. 62. ferner die Hindus, Sonner. I.
25. die Siamesen, Loubere I. 74. die Mal=
diven Pyrard I. 120. die Neu=Seeländer Ma.
rion p. 71. die Javanesen, Valentyn V. 54.
die Ternatinnen Valentyn I. 17. die alten
Peruaner Zarate I. p. 12. 13. die Guianer,
Barrere S. 144.

d) Ueber den Rock oder Sagum oder das Hemd
der alten Celtischen Völker Gog. III. VI. 3. I.
Cluver p. 114. 115. Pellout. I. 304. kurze
Hembe tragen die Amboinesen, Macassaren,
und Malayen Valent. II. 168. IV. 137. Poivre
p. 56. die Philippinen Pages I. 165. Gentil II. 145. Vogel S. 271. die Banianen,
Nieb. II. 69. die Floridaner, Samml. von
Reisen XVI. 510. die Europäer in den West=
indischen Inseln, Oldendorp I. S. 259. —
sagum oder Tunica, ferner toga und Pallium
(um mit den alten zu reden) oder doch toga
und Pallium hatten folgende Völker: die alten
Griechen und Römer Gell. VII. 12. Odyss.
XIX. 225. Goguet II. VI. 3. II. II. p. 198.
Pelliccia II. II p. 215. die Sarmater, und
zu einer gewissen Zeit auch die Celten, Pellout.
I. 304. II. 309. die Otaheiter und andere
Süd=See=Insulaner, Preville I. 389. Forst.
Observ. p. 395—397. die Patagonier, Chi=
lienser, Abiponen, und Einwohner von Quito,
Falkner p. 129. Frezier p. 122. Dobrizhof.
II. 137. Ulloa I. 230. Voy. die Calmucken,
Sinesen, Tunkinesen u. s. w. Tavern. III. 80.
Pallas Mongol. Völk. I. 106—110. du
Halde II. 96. Le Comte I. 227—31. die Ta=
taren in Sibirien, die Armenier, die Perser,
Türken, Araber, Aegyptier und Mauren,
Georg. Russ. Völk. S. 62. 99. Höst S.
114.

114. u. f. Shaw p. 223. et ſq. Ruſſel 59. 101. Nieb. Reiſ. I. 157. 345. 429. Eben deſſ. Beſchr. von Arab. S. 59. Pocock I. 189. Chardin II. 175. III. 67.

e) Vergleiche Dampier über die Sineſen II. 100. mit Nieb. Beſchr. S. 62. Irwin p. 123. Chardin III. 69. Arvieux III. 18. über die Perſer, Araber und Türken.

f) Im kalten Erd=Gürtel. Ellis p. 136. Ge: org. l. c. S. 8. 18. 367. unter den Celtiſchen Völkern l. c. Pellout. Unter den Morgenlän: diſchen Völkern ll. cc. Selbſt den Griechen, Niebuhr I. 167. Guys I. 67. doch findet un: ter den Griechinnen auf den Inſeln eine groſſe Mannichfaltigkeit von Kleidung und Putz Statt: Tournef. I. 32. 83. 92. 97. 148. 152. 158. 182. Sehr merkwürdig iſt die leichte Kleidung der Weiber in Pegu, unter den Bar: mas, und den Türken Voy. aux Ind. Orient. III. 72. Hamilt. II. 51. Guys I. 440.

g) Man vergleiche Pallas Reiſen I. S. 323. Mongol. Völk. 138. 141. Lepechin I. 136. und III. 21. Forſt. Voy. I. 138. 139. Steller S. 81. 83. Wafer p. 248. 252. Be: gert S. 107. Weber I. 192.

h) Ueber den Geſchmack von Sineſen, Mongo: len, Calmycken und Bucharen, Müller III. 489. Relat. de la grand. Tartar. p. 27. Le Comte I. 247. der Kamtſchabalen, Steller l. c. der Tunkineſen, Dampier III. 49. 51. der Mauren und Perſer, Höſt S. 269. Char: din III. 69. der Negern, Loyer p. 153. der Süd=See=Inſulaner, Forſt. Obſerv. p. 369. der Amerikaner, Voyag. au Nord V. p. 11. Frezier p. 59. und 140., der Römer, Nie-

J

deck

130

deck p. 159. der alten Celtischen Völker,
Pellout. l. c. der Hoch = Schottländer, und
Ritter des Mittel = Alters St. Palaye I. 343.
Pennant's Scotland. p. 190.

i) Siehe Forst. und Pennant II. cc.

Siebentes Capitel.

Ueber den Zustand des Weiblichen Geschlechts,
und über die Erziehung verschiedener Völker.

§. I.

Fast unter allen Völkern von Mongolischem
Stamm waren die Weiber in der här=
testen und schimpflichsten Sclaverey, beson=
ders unter den Amerikanern a), und Ne=
gern b), wiewohl es unter beyden auch re=
gierende und unumschränkte Weiber gab c).
Unter den Mongolischen Nationen sind die
Calmycken d), Kamtschadalen e), Lappen f),
und die Bewohner der Ladronischen Inseln g),
die einzigen, unter welchen die Weiber weni=
ger hart behandelt werden, oder gar zu ty=
rannisiren anfangen. Die Königinnen in
Malacca, Sumatra, und Patana h), sind
es bloß dem Namen nach. Unter den poly=
gamischen Völkern in Asien und Afrika sind
die Weiber Fremden unverlezlich, und nicht

zu

zu harten Arbeiten verurtheilt, nichts desto=
weniger ist ihre Knechtschaft eben so groß,
und ihr Loos vielleicht eben so unglücklich,
als unter den Wilden in Afrika und Ameri=
ka i). Auch in Hindostan herrschen Weiber
mit seltsamen Vorrechten k). Selbst unter
den Slawischen Völkern in Europa wurden
Weiber nie so geachtet, als unter den Grie=
chen l), Römern m), und den übrigen Cel=
tischen Nationen n), besonders in den Jahr=
hunderten der Ritterschaft o).

a) Ellis p. 191. Voy. au Nord V. 48. Charlev.
p. 268, 269. 287. Cranz S. 217. 218. Gumilla, paſſim.

b) Adanſon p. 32. Oldendorp I. S. 376.
Moore p. 82. 86. 98. Labat II. 298. Afr.

c) des Marchais I. p. 200. Cavazzi II; 105.
III. 291. Smith p. 209. Boſſu p. 242. Lett.
Edif. VII. 17. N. E.

d) Pall. Mongol. Völk. S. 143. 178. 194.
deſſen Reiſen I. S. 314. Lepechin I. S.
140. 141.

e) Steller S. 226. 298.

f) Regnard S. 324. Ueber die Tunguſiſchen
Weiber, Isbr. p. 83. 198.

g) Siehe meine Abhandl. über die Bewoh=
ner der Süd = See = Inſeln im erſten
Theil meiner philoſophiſchen Schriften.

h) Dampier III. 173. Poivre p. 53. Loubere I.
251.

J 2   i)

i) Ueber den Zuſtand der Türkiſchen und Ara=
bischen Weiber, Irwin p. 8. 9. 141. 346.
Arvieux I. 229. II. 51. VI. 425. Pages I.
382. Pocoke I. 184. II. 232. Achamed Hiſt.
de,Tamerl. VI. 5. Richardſon p. 202. Mon-
tag. II. 35. Ueber den Zuſtand der Weiber in
Hindoſtan und Ceylan Dow III. 19. Ives p.
48. Pages I. 382. Knox p. 89. 94. Nur in
Aegypten Diod. I. 31. ſollen die Weiber vor=
mals ein beſſeres Schickſal gehabt haben.
In einigen Süd=See=Inſeln werden ſie ge=
ſchätzt, Forſt. Beob. S. 385. In Neu=See=
land hingegen, in Tanna, und Neu=Kaledo=
nien S. 363. ib. ſind ſie nicht glücklicher ,
als in den Philippiniſchen und Molukkiſchen
Inſeln, Pages I. 382. Valentyn II. 147.

k) Groſe I. 244. Lett. Edif. XII. 298. N. E.

l) Man vergleiche, Anton S. 129. Fortis I.
80. mit Plut. VI. 851. 894. 896. I. 190. 191.
196. II. 784. 787.

m) Plutarch I. 121. 123. 306. 309. Val. Max.
II. 1. 2.

n) Strabo III. 251. Plut. VII. 13. Mallet p.
133. 197. 207. Keisler p. 372. Pellout. I. p.
509. Tac. de Mor. Germ. c. 7. 8. 25. beſ.
Dreyer II. 643 - 48. Schütz S. 236 - 38.
Ueber die Vorzüge der Weiber in England ſie=
he Kalm I. 386. Wendeborn II. S. 301.
u. f. Mehrere Schriftſteller bemerkten die
Vorzüge der Celtiſchen Weiber , allein ſie
erriethen die wahre Urſache nicht, Man ſehe
Millar p. 43. Home I. 314.

o) Thomas p. 46. 56. 120. Stewart p. 63. St.
Palaye loc. infra citand.

§. 2.

§. 2.

Alle wilde und barbarische Völker stimmen darinn überein, daß Kinder lange gesäugt, die Söhne in keinem Stücke gezwungen oder gestraft, und von der ersten Kindheit an in den Beschäfftigungen und Geschicklichkeiten der Väter unterrichtet werden. Bestätigungen für diese Bemerkungen findet man in allen Erdtheilen: in Amerika a), Afrika b), dem alten Europa c), in Asien und auf der Süd-See d).

a) Robertſ. I. 322. Charlev. p. 288. 303. 325. 326. Hennep. V. 324. Samml. von Reiſen XVI. S. 509. Wafer p. 261. 262. Gumilla II. 283. Labat VI. 133. 145. Oldendorp I. S. 27.

b) Befchryv. I. 283. 293. Bosmann S. 152. u. f. de Bry VI. p. 12-14.

c) Tac. de Mor. Germ. c. 20. de Bell. Gall. VI. 18. Horreb. S. 322. Mallet 128-134. St. Palaye I. 2. 13. 61. Homer. Il. I. 481. et ſq. Plut. I. 198. 199. 213.

d) Forſter's Obſerv. p. 351. Voy. I. 510. Lepechin I. 139. Steller S. 352-54.

J 3   Achtes

Achtes Capitel.

Ueber die Ergötzungen verschiedener Völker.

§. 1.

Die ältesten und allgemeinsten Ergötzungen waren Schmäuse a), und Tänze, welche letztere unter verschiedenen, und auch denselbigen Völkern von sehr verschiedener Art, im Ganzen genommen aber unter den Völkern von Mongolischem Stamm viel anhaltender, und üppiger waren, als unter den Tatarischen Nationen b). Unter allen Völkern, unter welchen sich öffentliche Tänzerinnen finden, ist das Tanzen schimpflich c). Auch Schauspiele sind dem rohen Menschen sehr natürlich, die eben so sehr als Tänze die herrschenden Neigungen, und Beschäftigungen von Völkern verrathen d). Fast noch älter sind Glücksspiele, die man unter den rohesten Nationen antrifft e).

a) Ueber die Schmäuse der Jsraeliten, **Mich. Mos. Recht** IV. 96. 148. der übrigen Asiatischen Völker III. VI. Ch. 1. Art. 3. Gog. und Athenaeus IV. 1. 4. 11. der Griechen, Athen. I. 12. II. 3. Plut. VIII. 460. 551. 557. Quaest. Graec. 8. der Celtischen Völker, I. 464. 562. et sq. Pellout. der Calmycken, I. 147.

Pal=

Pall. Mongol. Völk. der Oestlichen Insu=
laner, und Kamtschadalen Steller S. 337.
u. f. Georg. S. 372. der Grönländer, Cranz
S. 229. der Negern, Bosmann S. 192.
der Amerikaner Histor. of the Bouc. I. S.
241. u. f. der heutigen Perser, III.' p. 88.

b) Man vergleiche die Nachrichten über die Tän=
ze der Amerikaner, Charlev. p. 84. 229. 296.
318. Oldendorp I. p. 29. Gage III. 130.
132. Carver p. 269. Cranz S. 231. und der
Negern, Voyag. à l' Isle de France I. 175.
Cavazzi II. 52. Beschryving I. 134. 238.
Römer 207. 210. Projart 101. 103. de Bry
VI. 400. Adanson p. 145. 161. ferner der
Ostiaken, Kamtschadalen und Oestlichen In=
sulaner, Steller S. 339. Georg. Russ.
Völk. S. 80. 372. der Calmycken, Pallas
Mongol. Völk. I. S. 147. der Amboinesen
und Javaner, Valent. II. 163. V. 169. der
alten und neuen Philippinen, Forrest. 239.
Lett. Edif. XV. 315. mit denen der Neu=
Seeländer Forst. Beob. S. 412. der Thra=
cier und Mysier Anab. Xenoph. in op. 1. p.
321. der alten Griechen Polyb. IV. 20. 21.
Athenae. XIV. 6. 7. der alten Ritter, St.
Palaye I. p. 73. der alten Slawen, Anton
S. 143-147. Fortis I. 92. der Armenianer
und Casanischen Tatarn, Georg. S. 105.
458.

c) wie in Griechenland schon zu den Zeiten des
Sokrates, Xenoph. Sympos. c. 2. 9. unter
den Morgenländischen Wölkern, Chardin I.
224. 227. della Vallé I. 411. 414. Savary
p. 149-152. Hasselquist S. 73. 175. Maill.
II. 75. Arvieux III. Ch. 19. Nieb. Beschr.

von

von Arab. S. 27. Bernier I. 138. 139. II.
60. Sonner. I. 34. Gentil I. 170. Anquetil
I. 345. du Halde II. 60. Mariny p. 73.

d) Ueber die Schauspiele des Mittel = Alters
siehe unter andern Pennant Wales I. 138.
Flögel S. 326. u. f. St. Palaye I. 187. 245.
Diesen sind die Schauspiele in Spanien und
im Spanischen Amerika noch jetzo ähnlich
Clarke p. 105. Frezier p. 168. 329. 483.
Ueber die Schauspiele der Sinesen Isbrand p.
121. 140. 141. Osbeck S. 263. Valentyn V.
251. du Halde 417. 448. IV. 340. der Sia=
mesen, und Tunkinesen Loubere I. 144 – 150.
Tavern. III. 83. 84. der Japanesen, Käm=
pfer II. S. 46. 47. der Hindus, Anquet. I.
344. der heutigen Aegyptier, Niebuhr I.
S. 187. der Türken, Tott I. p. 154. der
Kamtschadalen und Oestlichen Insulaner,
Steller S. 341. 342. Georg. S. 372. der
Baschkiren II. 69. 70. Lepechin, der Be=
wohner der Philippinen, Gentil II. 132.
Damp, II. 20. 22. der Inseln der Süd=See
Forst. Beob. S. 403. 408. Preville I. 502.
Forst. Voy. I. 401. II. 137-141. der Negern,
Römer S. 45. der Grönländer, Cranz S.
225. 229.

e) Ueber die Glücks = Spiele der Amerikanischen
Wilden, Charlev. p. 261. 262. 318. Voyag.
au Nord V. 302. der Negern, Flacourt p.
198. Römer S. 207. des Marchais II. 173.
der Südlich = Asiatischen Völker Le Comte II.
80. Damp. II. 102. id. II. 51. Loub. I. 153.
auch Pall. Mongol. Völk. I. S. 147. der
Griechen Guys I. 220. der alten Teutschen,
Tac. c. 24. Moehsen S. 87. anders dachten
die

die alten Ritter St. Palaye II. 158. und die
Slawischen Völker in Asien Arvieux III. 19.
Höst S. 111. Lett. Edif. XIII. 50.

§. 2.

Zu den merkwürdigen Luftbarkeiten gehören ferner Kämpfe von Menschen und Thieren a), Leibes- und Waffen-Uebungen b),
Mährchen und Erzählungen c), Possen und
Possenspieler d). Selbst Monstra gehörten
zu den Ergötzungen verdorbener und unaufgeklärter Völker e).

a) Ueber die Thier-Gefechte unter den Griechen
Lucian II. 918. der Malayen, Vogel S.
387. Marsden p. 236. der Hindus Bernier
II. 65. der Siamesen, I. 141. Loub. der
Perser, Chardin I. 363. der Einwohner von
Laos und den Philippinen, Mariny S. 362.
und Gentil II. 132. 134.

b) Ueber die der Amerikaner, Charlev. p. 318.
319. Baro. p. 240. Ueber die der Calmycken,
Müller I. 151. Pallas I. 147. der Siamesen, I. 150. Loub., der Perser, Araber,
Türken, und Mauren Arvieux III. 19. Haf-
felquist S. 171. Ruffel p. 91. Nieb. Beschr.
von Arab. S. 27. Lett. Edif. II. 164. Höft
S. 110. 112. Chardin I. 224. 363. III. 58.
61. 66. Athen. X. 10. der Römer und Griechen, Gog. III. VI. III. 1. Plut. VII. p. 100.
der alten Celtischen Völker, und des Mittel-
Alters, Tacit. c. 24. Plin. X. 21. St. Palaye I. 148. 149. der Russen Georg. Ruff.
Völk. 497. u. f.

J 5   c)

c) Ueber die Mährchen der Spartaner, Goguet
l. c. der Kamtschabalen, Steller S. 341.
der Hottentotten, I. 222. Beschryv. der Ne=
gern, Adanſon p. 139. der Jsländer, Kerguelen p. 54. 124. 125. der Araber und übri=
gen Morgenländer, Irwin p. 123. Niebuhrs
Beſchr. S. 107. Shaw p. 233. Chardin II.
228. Knox p. 99. Travels in Europ. Aſ. etc.
II. 45. Arvieux III. 19. Dow III. 16. Anquet. I. 354. Montagu I. 159.

d) die Griechen liekten ſie ſehr. Xenoph. Symp.
I. §. 11. 14. Athen. I. 16. Auch die Calmyk=
ken und Kamtschabalen Steller 341. faſt al=
le Aſiatiſche Völker Marsd. p. 236. Müller
345. vergleiche Römer S. 47. Man leſe
beſonders die Beſchreibung der luſtigen Feſte
Peters des Groſſen, Weber I. S. 63. u. f.
II. 37. 38. 123. 189.

e) des Marchais II. 157. Montagu I. 114.

Neuntes Capitel.
Ueber die ſeltſamen Gewohnheiten verſchiedener
Völker.

§. 1.

Es wäre unmöglich alle Gewohnheiten ein=
zelner Völker zu erzählen; ich ſchränke
mich daher nur auf einige der merkwürdigſten
und ſonderbarſten ein. Die merkwürdigſte
 iſt

ift die Menschenfrefferei, deren Urfachen man
auf verfchiedene Arten a), aber weder voll-
ftändig noch richtig angegeßen hat. Die
Menfchenfrefferei war nirgends allgemeiner,
als in Amerika b), und nirgends empörender,
als in Afrika c). In alten Zeiten fand fie
fich auch unter Mongolifchen Völkern in Afi-
en, unter welchen jetzo keine Spur davon
übrig ift d), doch trifft man fie jetzo noch auf
den Afiatifchen und Süd-See-Infeln an e).
Auch die edelften celtifchen Nationen waren
ehemals Anthropophagen, aber nicht fo lange, und nicht aus fo vielerlei Urfachen, als
die Mongolifchen f).

a) Man fehe Goguet I. p. 75. de Pauw fur les
Americ. I. 218. et fq. Robertf. I. 361. 362.

b) über die Eskimos und Wilden an der Huds-
fons-Bay Ellis p. 197. Voy. au Nord III.
p. 307. 351. Ueber die Irokefen und Utaukas
Lett. Edif. VI. 363. N. E. und Hennepin
p. 309. über die Mexikaner Robertf. II. 291.
über die Infulaner nicht weit von Cabo Garcias a Dios Hift. of the Boucan. I. 112. über
die Caraiben du Tertre II. 406. Oldendorp
I. S. 25. Lab. II. p. 35. Ueber die Wilden
am Oronoko, Maragnon, und in Paraguay,
Barrere S. 127. Dobrizhofer I. 143. II. 39.
Condamine p. 84. Gumilla I. 380. Grillet
p. 13. Charlev. I. 157. Lett. Edif. IX. 10.
VIII. 272. über die Brafilianer, Pifo p. 14.
Baro p. 235. Sammlung der Reifen XVI.
251-54.

c)

c) **Oldendorp** I. S. 285. 306. Hamilt. I. 31. Lobo p. 23. Snellgr. und Battel im Teutſchen **Projart** 287. 288. Snellgr. und Battel ib. p. 269. 299. Cavazzi I. 250. II. 122. 123. 168. Lobo p. 27.

d) Strabo XI. 781. 790. Herod. IV. 26. I. 206. Pellout. I. 236.

e) Valent. II. 84. Marsd. p. 301. 302. **Spreng. Beytr.** I. S. 14. 17. Forreſt. p. 271. 368. Cook I. 245. Forſt. II. 78. 300. **Beobacht.** S. 290.

f) Pellout. I. p. 235-242. Cluv. p. 256. Plin. 30. I. 27. I.

§. 2.

Zu den ſeltſamen Gewohnheiten gehören die, welche man von dem Samorin in Calicut a), und von dem Prieſter der Diana in Aricia erzählt b): ferner die der Arabiſchen Weiber c), und der Kamtſchadalen d), der Othomakos, und Salivas e), mehrerer Neger-Könige f), der Habeßinier g), und Nubier h).

a) Pyrard l. c. beſ. Anquetil Diſc. Prelim. p. 158. 159.

b) Suet. in Vit. Calig.

c) Arvieux III. 326.

d) **Steller** S. 328.

e) Gumilla I. 264. 299.

f)

f) Labat V. 326. Profart I. S. 128. u. f. des
Marchais II. p. 263.

g) Lobo 181.

h) p. 197.

Zehntes Capitel.
Ueber Regierungsform, ober bürgerliche Verfassung.

§. 1.

Die berühmtesten Schriftsteller stellten sich
die Bande der ersten menschlichen Gesellschaften viel fester vor, als sie wirklich waren a). Es gab nicht nur viele Nationen
ohne beständige b), sondern auch selbst ohne
alle Häupter c). So bald aber Horden oder
Völker sich vergrösserten, so kamen sie auch in
Umstände, wo sie Häupter von einzelnen, oder
mehrern Stämmen, entweder in allgemeinen
Versammlungen oder durch Abgeordnete, für
das ganze Leben oder einen bestimmten Zeitraum wählten. So verfuhren nicht nur die
alten Celtischen Völker in und ausser Europa,
namentlich die alten Teutschen d), Gallier e),
und Griechen f), sondern auch die alten Slawischen Nationen, und unter diesen die Aethiopier g) und Israeliten h), und eben so
ver-

verfahren noch jeßo die Milißen in Tripoli,
und Algier i), die Hottentotten in Afrika k),
endlich die meisten Wilden im Nördlichen
und Südlichen Amerika l).

a) Man sehe, Polyb. VI. Exc. c. 3. Locke II.
7. Millar III. p. 121. Ferguson p. 129. Ro-
bertsl. I. p. 339. von diesen weicht Pagano ab.
Vol. I. Saggio III. p. 39 - 51.

b) Die alten Teutschen nach Cäsar's Schilderung
VI. 23. Siehe auch Möser's Osnabrückische
Geschichte S. 19. die Zobel=Jäger in Sibirien, Gmelin II. S. 40. 277. die Wilden
an der Hudsons=Bay Ellis p. 182. Account
of a Mission p. 21. die Grönländer S. 233.
Cranz, die Caraiben, Oldend. I. 23. Labat VI. p. 114-124. die Hottentotten am
Schwarzkopf=Flusse, Sparrmann S. 586.

c) Hieher gehören alle Völker, die gar keine
sichere Wohnungen haben, selbst auch die ehemaligen Kamtschabalen, Steller S. 210.
211.

d) Tac. c. 7. 11. 12. 14. 15. 26. Gebauer p.
35. 203. Rolwink ap. Strube de Iure Villic.
p. 271. Möser S. 47 - 56. daher die Cörtes
und Parlamenter der Europäischen Völker
Clarke p. 28.

e) Pellout. II. 406. Caes. VI. 13.

f) Meine Geschichte der Wissensch. 2ten Bd.
S. 5.

g) Herodot III. 20. so auch die Meder, Mich.
Mos. Recht I. 291. selbst die Hunnen XXXI.
791. Ammian. Marc.

h) Mich. Mos. Recht I. 177-181.

i)

i) de Borch I. 220. Etat des Roy. de Tripoli
p. 128. Le Roy 21 - 27. 200. Shaw p. 249.

k) Sparrmann S. 175.

l) Carver p. 259. Charlevoix p. 268. 270. Gu-
milla I. 205. 210. Biet 376 - 380. Charlev.
I. 181. 192. 235. Hieher kann man auch die
Einwohner der Fuchs = Inseln rechnen, Pall.
Beytr. I. 262.

§. 2.

Es war sehr natürlich, daß man neue
Häupter und Könige allmälich aus der Familie der Verstorbenen wählte a), und daß in
der Folge die Würde von Häuptern und Königen in gewissen Familien erblich wurde b),
allein selbst bey dieser Erblichkeit der höchsten
Würde wurden die Häupter und Könige immer noch gewählt, und gewannen nichts an
wahrer Macht und Ansehen c). Es dauerte
lange, bis das Recht der Erstgeburt entstand,
und bis man den ältesten Sohn eines Anführ-
rers oder Fürsten ohne weitere Wahl als seinen rechtmäßigen Nachfolger anerkannte d).
Durch die Forterbung der höchsten Würde
auf gewisse Personen wurde die Macht von
Regenten nicht in dem Maaße vermehrt, in
welchem man es hätte erwarten sollen e).

a) Man sehe Dobrizhofer II. p. III - 117.

b) so war es unter den Nordischen Völkern Mallet p. 102. unter den Mexicanern Acosta. p.
291.

291. 293. unter den Tataren in der Crimm,
Lepechin I. S. 276. 277. Alcemann S.
159‒165. So ist es noch jetzo unter den Ara=
bern, Niebuhr's Beschreib. von Arab. S.
380. 381. Reif. II. 430. 431. 445. Shaw p.
247. Arvieux III. S. 151. u. f. Unter den
Kirgisen, Tschiwanern, Aralern und meh=
rern Kaukasischen Völkern, Rytschkow To=
pogr. I. 125. Pallas I. S. 395. Georg.,
Ruff. Völk. S. 201. und 137. Unter den
Huronen und Patagoniern, Charlev. p. 268.
Falkner p. 121. 123. unter vielen Negern,
Labat V. p. 128. Bosmann S. 230. u. f.

c) script. cit.

d) Dies geschieht unter gewissen Stämmen in
Arabien, Arv. l. c. unter den Chiliensern
Frezier p. 101. 104. in Madagascar, und
unter den Hottentotten, Menzel I. S. 11.
Sparrm. S. 175. 181. Sonner. II. S. 55.
Dies geschah vormals in Athen; Sparta,
und Rom, Meine Gesch. der Wissensch.
II. Th. S. 4. u. f. Isocr. II. 431. Xenoph.
de Rep. Laced. c. 15. Arist. Polit. II. 7.
Herod. VI. 56. Cragnis II. c. 1‒3. Eben
dies geschieht auch jetzo noch unter den Cal=
mycken, Pallas I. 329. 330. auf den Süd=
See=Inseln Forst. Observ. 362. 415. Previl=
le I. p. 413. 465. unter den Malayen Poivre
p. 53.

e) Man sehe die eben angeführten Schriftsteller.
Auch Pennant II. 426. Voy. to the Hebr.
Ausnahmen sind die Mexicaner Acost. l. c.
Robertf. I. 278. auch mehrere Nationen auf
dem Kaukasus, Georg. l. c.

§. 3.

§. 3.

Eben so alt, als die bürgerliche Gesell=
schaft selbst ist unter vielen Völkern der Adel.
Der Begriff von Adel ist freylich nicht auf ei=
nerley Weise entstanden. Die natürlichste ist
aber die, wie er unter Grönländern a), Tun=
gusen b), und Arabern c), und wahrschein=
lich auch unter den alten Teutschen, Galli=
schen, und Nordischen Völkern d), den Hoch=
schottländern und Römern e), den Tataren f),
den Einwohnern der Ladronischen und vieler
Süd=See=Inseln g) entstanden ist. Nicht
alle Völker waren gleich sorgfältig in der Er=
haltung der Reinheit ihres Adels, auch schie=
nen ihnen nicht gleiche Maaß=Regeln noth=
wendig, um den Adel rein zu erhalten h).
Noch weniger waren die Vorrechte des Adels
gleich groß i). Je mehr diese zunahmen, de=
sto mehr suchte man auch den Adel durch an=
dere Mittel, als persönliche Verdienste und
Geburt zu erlangen. Käuflicher Adel k),
oder auch solcher, der durch bloße nicht ein=
mal selbst erworbene Reichthümer l), oder
durch die bloße Gunst von andern erhalten
werden kann m), sind den ursprünglichen und
wahren Begriffen aller Menschen von ächtem
Adel durchaus entgegengesetzt.

a) Cranz S. 247. 292. Man sehe Pagano Vol.
  I. Saggio II. p. 22.

K   b)

b) Georg. Ruff. Völk. S. 243.

c) Niebuhrs Befchr. von Arab. S. 10.

d) Tacit. l. c. Adam. Brem. I. 5. Gebauer p.
58. Möfer S. 58. 307. de Selchow Ius
Germ. p. 321. et fq. Maillet p. III. Caef.
VI. 13.

e) Johnf. p. 195 - 197. Plutarch I. p. 102.

f) Kleemann S. 157. u. f. befonb. Tott II.
155. et fq.

g) Gobien p. 49. Forft. unb Preville ll. cc.

h) Man fehe Adam. Brem. l. c. Kleemann
S. 159. Niebuhr's Reif. II. 420. Selchow
p. 332. u. f. Gobien p. 59.

i) Man vergleiche die Schilderung der alten
Teutfchen mit den Rechten des Gallifchen
Abels beym Caef. l. c. des fpätern Abels in
Teutfchland, Selchow p. 338. ber Lainds in
Hochfchottland unb den Hebriden Johnfon l. c.

k) Diefer findet fich befonders in Afrika, de
Bry VI. c. 39. Loyer p. 220. Projart I. S.
113. des Marchais I. 317.

l) wie in Sclavonien, Taube II. S. 75.

m) Dies findet fich fo gar unter ben Abiponen
in Paraguay, Dobrizhof. II. p. 493 - 498.

§. 4.

Weniger allgemein, als Abel, waren
die comitatus der alten Celtifchen Völker, die
nicht nur Ungleichheit von Geburt unb Gütern, fonbern auch einen befonbern kriegeri-
fchen Geift voraus fetzen a). Aus den Er-

oberun-

oberungen vgn Fürsten, und Heerführern,
die grosse Comitatus hatten, entstand noth=
wendig Lehns=Verfassung b), die aber nicht
bloß wie unter den Teutschen, Nordischen,
und auch andern Völkern c), durch Erobe=
rungen, sondern auch durch die Unterdrückung
weniger mächtiger Edlen und Freyen d), und
auf eine gewisse Art selbst durch den Despotis=
mus erzeugt werden kann e). Eine solche
Abtheilung in Casten aber, als im alten Ae=
gypten, oder wenigstens im heutigen Hindo=
stan, Ceylan, in den Maldiven und Mada=
gascar Statt findet f), läßt sich durchaus
nicht ohne ganz eigene religiöse Begriffe, oh=
ne Eroberung, und ohne unterscheidende
Vorzüge in den Eroberern erklären.

a) Tacitus c. 13 – 15. Caes. III. 22. VI. 15.
Plutarch I. 534. III. 534. Möser S. 62. 63.
Gebauer p. 122. 134 – 36. 155. 159.

b) Gebauer p. 159.

c) Ueber die Verfassung der Malayen in Su=
matra Damp. III. 173. Marsd. p. 176. 285.
317. 319. ferner über die Verfassung auf den
Philippinischen Inseln Forrest p. 278. Damp.
II. 4. 14. in den Ladronischen und Süd=See=
Inseln Gob. et Forst. ll. cc. auf Ternate Va=
lentyn I. P. II. p. 98. auf Madagascar
Flacourt l. c.

d) Man sehe unter andern, Möhser S. 72.
286. 293. 299. Pagano Vol. I. Saggio III.
p. 44. et sq. bes. 65. 66.

K 2   e)

c) Man sehe unten den Artikel von den Befehls=
habern der Provinzen in despotischen Reichen,
vorläufig über die Mächtigen in Fida und
andern Reichen in Afrika Marchais II. p. 45.
über die Verfassung in Malacca selbst Poivre
p. 53. in Patana Loubere I. p. 251. in Ja=
pan, Kämpfer I. S. 75. II. S. 406. 407.
Voyag. des Holland. II. 102. in Formosa ib.
V. 87.

f) Lett. Edifiant. V. 19. Niebuhr II. S. 7.
17. 19. Sonner. I. S. 47. II. S. 38. Gentil I. p. 90. Knox p. 66. Bernier II. 37. Pyrard I. p. 151. Man sehe auch Pennant's Voy.
to the Hebr. II. 433.

§. 5.

Die Vergleichung aller Staaten und die
Geschichte ihres Ursprungs lehrt unwider=
sprechlich, daß die monarchische die älteste un=
ter allen Verfassungen sey a). Je länger sie
dauerte, desto unumschränkter wurde sie, und
es entstanden daher Tyrannen b), die von
den Edelsten und Mächtigsten des Volks aus
dem Wege geräumt wurden. Tyranney ge=
bahr Aristokratie, die aber bald in Oligarchie
überging, und Demokratie hervorbrachte c).
Demokratie artete gemeiniglich in Ochlokratie
aus, und dann entstand meistens unheilbarer
Despotismus, der sich nicht anders als mit
Anarchie oder Unterjochung endigte d). Frey=
staaten fanden sich nicht bloß unter Celtischen,

son=

sondern auch unter Slawischen Völkern in
allen Erdtheilen, selbst in Asien und Afrika e).
Ueber die Begriffe von wahrer Freyheit sind
noch jetzo die grösten Schriftsteller nicht ei=
nig f).

a) Man sehe Lett. Persan. 131. de Pauw sur les
Chinois II. 292. Locke II. 7. Millar p. 121–
154.

b) Man sehe Mich. Mos. Recht I. S. 291.
u. f. Polyb. VI. 1. 5.

c) Polyb. VI. 10. Meine Gesch. der Wiss.
II. S. 10. u. f. und S. 122.

d) Man denke hier nur an das Ende der Römi=
schen Republik.

e) Ueber Plescow und Nowogerob, Müller V.
S. 461. Ueber die Saporoger, und Jaikschen
Cosacken, Müller IV. S. 437. u. f. Pall.
Reis. I. S. 277. über die Verfassung des
Ländchens Pogliza, Fortis II. S. 92. u. f.
über die Seiks im Nördlichen Indien, Dow
II. p. 82. über die ehemaligen oder jetzigen
freyern Verfassungen auf Ternate l. c. und
einigen Philippinischen und benachbarten In=
seln Forrest p. 326. in verschiedenen Gegenden
der westlichen Küste von Afrika, Bosmann
S. 31. 200. Loyer p. 164. Römer S. 236.
Smith p. 216.

f) Montesquieu XI. S. 1–3. Priestley p. 9.

K 3   §. 6.

§. 6.

Mehrere grosse Männer haben die Ursa=
chen des Despotismus überhaupt, und beson=
ders des Despotismus in Asien aufgesucht a),
aber sie niemals auf eine befriedigende Art er=
klärt. Der schwächere Menschen=Stamm
war von jeher b) zur schimpflichsten Knecht=
schaft verdammt: selbst in Zuständen, wo es
fast unmöglich scheint, daß Despotismus ent=
stehen konnte. Ohne ursprüngliche Schwäche
wäre der Despotismus unerklärlich, den die
Häupter der Natchez und Taeuças c), der
Virginier, und Manaçicas in Paraguay d),
und viele Könige in Afrika e) und auf den
Ost=Indischen Inseln ausgeübt haben f),
oder noch ausüben.

a) Man sehe Helvetius de l'esprit im 3ten Dis-
   cours, ferner Boulanger sur le despotisme
   Oriental besond. p. 30. Dow III. p. 7. et sq.
   Montesquieu Esprit des Loix XVII. 5. u. f.
   Am nächsten kömmt Wilson der Wahrheit. p.
   277. et sq.
b) Pall. Mongol. Völk. I. S. 184.
c) Charlevoix p. 416-421. Le Petit p. 15-17.
   Tonti in den Voy. au Nord V. p. 119.
d) Laet p. 120. Lett. Edifiant. IX. p. 89.
e) Moore p. 60. Labat IV. 350. et sq. Smith
   p. 206. Cavazzi II. 27. 33. des Marchais II.
   42. 77. 81. 162. Bosmann S. 411. 429.
   431. 441. 524. 526.
f) Lett. Edif. XV. p. 312. Valentyn II. 77.

§. 7.

§. 7.

Die erste Eigenthümlichkeit despotischer
Reiche ist die gänzliche Unfähigkeit und Un-
gebildheit der Despoten, (die Urheber neuer
Despotien und grosser Revolutionen abgerechnet) a), und die daher entstehende unbe-
schränkte Gewalt von Verschnittenen und Vezieren b). Nichts ist daher niedriger und oft
unsinniger, als die Pracht, Schwelgerey und
übrigen Vergnügungen solcher Despoten c).

a) Man sehe Plato p. 536. Edit. Baſ. Gr. Chardin III. p. 369. Dow III. p. 23. 25. Conquête de la Chine p. 395.

b) Ueber die Unwiſſenheit des Despoten, und
die Allgewalt von Verſchnittenen in der Türkey ſehe man Ricaut p. 67. 87-91. 160. Buſinello S. 73. vergleiche Montagu II. p. 3.
in Marokko, Höſt S. 178. in Perſien, Chardin III. 296. 298. 326. 395. Monteſq. II. 5.
Eſprit des Loix: in Hindoſtan Bernier I. 194.
in Sina, Hiſt. de la Conquête de la Chine
I. c. Hiſtoire Generale de la Chine III. 171.
485. Le Comte I. 106. in Tunkin Dampier
III. 96. 99.

c) Ricaut p. 27. 65. Polyb. X. 24. Athenæ.
II. 9. Briſſon. de regno Perſar. I. c. 53. 56.
77. 97. Xenophont. Cyrop. VIII. 8. Chardin III. 371. 374. 376. Bernier II. 218. 21.
250. Le Comte I. 288. Voyag. au Nord IV.
p. 416.

§. 8.

Eine andere Eigenthümlichkeit despoti=
scher Reiche sind die pomphaften Titel oder
Ehren=Namen, die der verächtliche Despot
sich selbst anmaßt, oder von seinen sclavi=
schen Schmeichlern erhält a); und die mehr=
als menschliche Verehrung, die nicht bloß
seiner Person, sondern auch seiner Wohnung,
und allem, was ihm angehört, wiederfährt b).

a) Man sehe de Roehr p. 41. und Conring p.
33. in seiner Dissertat. ad Leg. 1. Codicis
Theodos. de studiis Liberal. etc. und Panci-
roll. Var. Lect. I. c. 2. über die Titel der Grie=
chischen Kaiser, und über die der Türkischen,
Ricaut p. 8. Lüdecke I. S. 273. der alten
und neuern Persischen Könige, Ammian. Marcell. XVII. p. 172. Brisson. l. c. c. 14-20.
c. 29-32. Chardin III. 286. 288. 382. der
Könige in Sina, le Comte I. 61. 71. II. 5.
11. in Kandi, Wolf S. 146. der Könige der
Loanger und Aßianten, Proyart I. 127. 128.
Römer S. 165. der Könige in Sumatra und
Barma Marsden p. 273. Hamilt. II. 45. 46.

b) script. cit.

§. 9.

Eine Folge der Vergötterung der Despo=
ten ist ihre Unsichtbarkeit a), und die Unge=
heuerste Knechtschaft und Schmeicheley de=
rer, die sie umgeben, die Veredelung von
Sclaverey und schimpflichen Strafen, die

Hei=

Heiligkeit und unverbrüchliche Vollstreckung
aller Befehle auch des sinnlosen Despoten,
und die Strafwürdigkeit von Gegen-Vorstel-
lungen, oder abweichenden Urtheilen b).

a) Man sehe Brisson. l. c. c. 27. 28. Sonner.
   II. S. 20. Lett. Edifiant. XXII. p. 504.

b) Ueber die Türkey sehe man Ricaut p. 14.
   Montagu II. p. 102. sur le despotisme Orient.
   p. 20. im alten und heutigen Persien Kocr.
   I. p. 200. Brisson. c. 36. l. c. Chardin I. 307.
   309. 372. II. 260. 289. 293. 299. In Hindostan Bernier II. p. 57-59. In Sina Montesquieu VI. 21. Esprit des Loix, de Pauw
   II. 342. du Halde II. 69. 71. IV. 293. Sonner. II. S. 18. 237. 45. Le Comte II. 7. 16.
   19. 40. in Corea, Voyag. au Nord IV. 228.-
   318. in Siam I. 313. Loubere im alten Peru
   Zarate I. p. 60.

§. 10.

Eigenthümlich ist es unumschränkten Despotien ferner, daß die Ernennung des Nach-
folgers einzig und allein von dem Willen des
Thronbesitzers abhängt, woher nothwendig
häufige bürgerliche Kriege, und Revolutionen, Erwürgungen oder Verstümmelungen
von Brüdern, Söhnen, Vätern, und andern unschuldigen Personen, und die gröste
Gleichgültigkeit des Volks gegen den regieren-
den Despoten, verbunden mit der tiefsten Ehr-

K 5   furcht

furcht gegen die königliche Gewalt, oder re=
gierende Familie, entsteht a).

a) Ueber das Betragen der ehemaligen und
neuern Perfiſchen Deſpoten ſehe man Herod.
III. c. 119. Iuſtin. X. c. 2. 3. Ammian. Marcell. XXIII. c. 31. Procop. Perſic. I. p. 6.
Chardin III. p. 297. 298. der Deſpoten in
Hindoſtan Dow Preface p. 14. 15. Groſe I.
126. Bernier I. 147. In Tunkin und Siam
Loubere I. 309. 322. Kämpfer I. S. 30.
In Sina Voyag. au Nord V. 406. In Ma=
rokko, Höſt S. 62. 168. in Aethiopien und
Sennaar Lobo p. 319. In Afrika gibt es ei=
nige ſonderbare Phänomene, de Bry VI. c.
25. Projart I. 115. 116. Cavazzi II. 317-
333.

§. 11.

Zu den Eigenthümlichkeiten unumſchränk=
ter Deſpotien gehören ferner Abweſenheit al=
les erblichen Adels, Erziehung ſo genannter
Sclaven des Königs, plötzliche Erhebungen
von niedrigen, beſonders fremden Ebentheu=
rern a), groſſe Zahl von Sclaven und Bedien=
ten, die auf den Wink des Deſpoten lauren,
und hingegen kleine Zahl von wirklichen Ge=
ſchäffts=Männern, und hohen Collegiis, oder
gar gänzliche Vernichtung derſelben b).

a) Montesquieu Eſpr. des Loix II. 4. Ricaut
p. 47-64. 87. 89. 127. Chardin III. 311.
auch I. 222. Dow I. 99. Bernier I. 288. 306.
Mail-

Maillet II. 24. 175. Niebuhr I. 131. 135.
Le Comte I. 326. du Halde II. p. 71. 72.

b) Höst 169. 180. Ricaut 140. 195. Chardin
III. p. 327-339. du Halde I. 142. II. 33.
53. Le Comte II. 25-41. 67. auch I. 271.

§. 12.

In despotischen Verfassungen werden alle Provinzen verpachtet, und alle Aemter ver-
kauft, und fast gar keine Besoldungen, sondern Anweisungen auf Ländereyen und das
arme leidende Volk gegeben a). Natürliche
Folgen dieser Einrichtungen sind Verkäuflich-
keit von Recht und Unrecht b), die schrecklichsten Erpressungen, die man an den Unterthanen ausübt, und die entweder ganz ungestraft bleiben, oder auch ohne weitere Untersuchung mit dem Tode der Bedrücker, und
der Einziehung aller ihrer Güter bestraft werden c).

a) So ist es in der Türkey, Tott I. 201. Boscovich p. 239. Hasselquist S. 279. Ricaut p.
92-94. 95. 139. 142. Niebuhrs Reisen I.
S. 210. 254. 337. 455-62. II. 235. 317.
323. 327. 343. 362. auch II. 106. 107. 164.
213. 219. Irwin p. 338. 346. Arvieux I. 337.
in Persien Chardin III. 300. 308. 510, 333.
auch I. 382. II. 43. in Hindostan Anquet. I.
271. Niebuhr II. S. 57. 59. Grose I. 85.
Bernier II. 288. 306. In Sina, Sonnerat
II. S. 17. Lett. Edif. XXII. p. 183. le Comte

te II. 57. Isbr. p. 104. Lange 271. 294. 305.
336. 359. In Pegu, Sonner. II. S. 38.
in Siam Loubere I. 245.

b) Tournefort II. 57. Ricaut 140. Tott I. p.
221 - 32. 249. Niebuhr I. 239. Höst S.
239. Bernier I. 318. Dow Preface p. 16.

c) ll. cc.

§. 13.

Zu den Kunstgriffen von despotischen Re:
gierungsformen gehören die Besetzungen von
Aemtern auf kurze Zeit, die Bestellung von
Spionen wichtiger Bedienten, oder die Zu:
rückbehaltung der Kinder oder Weiber solcher
Männer, denen man angesehene Posten an:
vertraut a), so wie eine übermäßig stren:
ge Polizey, die nicht so wohl für das Wohl
des Volks als für die Sicherheit des Tyran:
nen, oder für das erstere nur alsdann sorgt,
wenn es mit der letztern unzertrennlich ver:
bunden ist b).

a) Man sehe Brisson. I. 126. 178. 179. Chardin
III. p. 302. Anquet. I. p. 256. Le Comte I.
143. II. 101. du Halde III. 30. Kämpfer I.
S. 75. Niebuhr II. S. 17.

b) In Aegypten, Niebuhr I. S. 139. in der
Türkey I. 62. Lüdecke, Tott I. 233. In Per:
sien Tavernier I. 269. Chardin III. 423. in
Sina Le Comte II. 79. 96. du Halde I. 137.
In Tunkin du Halde III. 95. In Japan,
Kämpfer II. 31. 33. 37. in Siam Loubere
I. 313.

§. 14.

§. 14.

Etwas eigenthümliches in despotischen Verfassungen ist auch dieses, daß nirgends mehr vom Volke gehoben, und dem Regenten nirgends weniger gegeben wird: daß die bestimmten Auflagen nicht leicht irgendwo geringer, und die willkührlichen Erpressungen nirgends drückender sind: daß endlich der geringen öffentlichen Einkünfte ungeachtet in keiner andern Art von Reichen so ungeheure Schätze an edlen Metallen und andern Kostbarkeiten aufgehäuft werden a). Die Auflagen selbst haben in despotischen Verfassungen etwas unterscheidendes b).

a) Ueber die Abgaben der Türkischen Unterthanen, und die Einkünfte des Sultans Boſcovich p. 249. u. f. Montagu II. 3. et paſſim, Pococke I. 172. Perry p. 229. Niebuhr II. 395. Tournef. I. 59. II. p. 235. Maillet II. 9. Buſinello S. 104. 5. Tott III. 170. über die Abgaben und öffentlichen Einkünfte im alten und neuern Perſien Herod. III. 89. Briſſon. I. c. 183. et c. 187. Chardin III. 301. 340. 345. 352. 357. 360. 374. auch II. p. 69. In Hindoſtan Tavernier II. 35. 102. 103. Sprengels Beytr. III. S. 43. 45. Hanway II. 383. 390. in Sina, Lange p. 227. Le Comte II. 12. 100. du Halde III. 18. In Japan, Kämpfer II. S. 35. In Siam und Tunkin, Tavern. III. 88. Loubere I. 160. 218. 237. 285. in Marokko, Höſt S. 174. Acoſta p. 278. 279.

b)

b) Man sehe Herod. Chard. Tavern. Le Comte
et du Halde ll. cc.

§. 15.

Unumschränkte Despoten, und starke,
dem Despoten selbst furchtbare Leibwachen
sind unzertrennlich a). Nicht weniger noth=
wendig und allgemein als diese Verbindung
ist es, daß die Heere und Soldaten in despo=
tischen Reichen am besten bezahlt, und zugleich
nirgends feiger, nichtswürdiger, schädlicher
für die Unterthanen, und gefährlicher für die
Despoten sind b).

a) Die Prätorianischen Cohorten sind bekannt.
Ueber die Soldaten in Alexandrien Caes. de
bello Civili III. p. 110. über die Leibwachen
der alten, und neuern Persischen Könige Briss.
l. c. I. c. 191. 206. Chardin III. p. 315-322.
Ueber die in Hindostan, Bernier I. p. 299. in
Siam Loubere I. 293. in Achim, Marsd. p.
365. in Java Valentyn V. 59. Vogel S.
645. in Monomotapa, Voyages aux Indes
Oriental. III. 626. in Sofala, Marmol III.
p. 120. in Marokko, Höst S. 54.

b) Ueber den Zustand der Soldaten im Türki=
schen Reiche Habesci p. 220. 221. Pococke I.
169. Norden p. 37. Ricaut p. 306. Klee=
mann S. 17. 31. 81. Tournefort II. 36. 37.
Maillet II. 160. 161. Ricaut p. 307. 509.
14. 23. 339. 347. Businello S. 149. Nie=
buhr II. S. 217. Perry p. 76. Montagu II.
p. 19. Tott III. 168. 169. in Persien Chardin

din III. p. 322. della Vallé III. 100. 101.
126. In Hindoſtan Bern. l. c. und Dow Preface p. 18. 19. in Sina Lange p. 251. du
Halde II. 52. IV. 305. In Siam Loubere I.
237. Dampier III. 87. In Japan, Georg.
Ruſſ. Völk. S. 8. in Algier, Le Roy p. 35.
55. 77. 87. 140. Shaw p. 252.

§. 16.

Eine Grund-Maxime deſpotiſcher Staaten iſt dieſe: daß der Regent Eigenthümer aller Ländereyen, und Erbe aller Verſtorbenen,
oft nicht bloß ihrer Güter, ſondern auch ihrer
Weiber und Kinder ſey. Hieraus entſtehen
nothwendig frühe Verheirathungen von Kindern, Verwandlungen des Vermögens in
Gold und Edelgeſteine, Vergrabung von
Schätzen, Unſicherheit des Eigenthums, und
Vernachläßigung aller unbeweglichen Güter a). Manche Despoten riſſen ſo gar den
Alleinhandel in ihrem Reiche an ſich b).

a) Ueber alle dieſe Erſcheinungen in der Türkey leſe man Tott I. 173. 211. Habeſci p. 252.
Arvieux I. p. 266. Ricaut p. 7. 130. 144.
Niebuhr II. S. 233. in Perſien Chardin III.
p. 340. in Hindoſtan Bernier I. 11. 195. 216.
222. 276. 287. 303. 309. in Ceylan Knox p.
12. 38. 47. in den Malbiven Pyrard I. p. 207.
in Sina, Sonner. II. 16. in Pegu, Voy.
aux Ind. Orient. III. p. 73. In Tunkin Mariny p. 78. Damp. III. 101. 104. in Siam,
Loubere l. c. in Laos p. 357. Mariny, in Bu-
tam

tam Voy. aux Ind. Orient. I. 349. Pyrard II.
103. In Aethiopien Lobo p. 323. in Congo
Cavazzi II. 33. 38. in Algier Le Roy 117.
237.

b) Pyrard I. 162. Loubere I. 288. 339. Marsden p. 305.

§. 17.

Despotismus zieht unfehlbar Erniedri-
gung der Menschheit, unwürdige Mißhand-
lungen von Sclaven, und muthwillig spielen-
de Grausamkeit roher, verdorbener, durch
Gefahr oder Furcht gereizter Despoten nach
sich a).

a) Auffer den in den vorhergehenden Paragraphen enthaltenen Datis und Zeugnissen lese
man noch Tott III. p. 127. IV. 115. besonders das Beyspiel eines Schach Sefi in Persien Tavern. I. 234. eines Königs in Ceylan,
Knox p. 47. 53. eines Königs in Pegu Voy.
aux Ind. Orient. III. p. 34. et sq. 63. eines
Königs in Jchor, Hamilton II. 94. 97. der
kleinen Tyrannen in Sumatra Marsden p.
177. der ungeheuren Wüteriche in Marokko,
Höst S. 46-61. Die entsetzlichen Grausamkeiten der Römischen Kaiser behalte ich einem
künftigen Gemälde der Sitten der Römer in
den beyden ersten Jahrhunderten nach Christi
Geburt vor.

§. 18.

§. 18.

Das Regiment von unwissenden oder unsinnigen Despoten, Vezieren, und Verschnittenen, die Grausamkeiten und Bedrückungen von Befehlshabern und Soldaten, die Unsicherheit des Lebens, der Ehre, und des Eigenthums der Unterthanen endigen sich endlich damit, daß alle öffentliche Anstalten und Werke immer mehr verfallen, und vernachläßigt, daß Städte, und Dörfer je länger je mehr entvölkert, der Land-Bau verlassen, die Frucht-Felder in Weiden oder Waldungen verwandelt, daß Wüsten und Einöden erweitert, Handel, Betriebsamkeit, Künste und Wissenschaften zerstört, Freyheit und alle öffentliche Tugenden getödtet, Luxus und Sitten-Verderbniß befördert, und nicht nur das Leben einzelner Tyrannen, sondern auch das Schicksal der herrschenden Familien, und der entkräfteten Völker immer wankender werden a), bis die erschöpften Reiche entweder durch kühne Räuber-Banden b), oder durch muthige Wachen von Fremdlingen c), oder durch die Empörung von Befehlshabern, oder endlich durch mächtigere Nachbaren d) übern Haufen geworfen werden. Gänzliche Umkehrungen despotischer Reiche, oder Unterjochungen entkräfteter und verdorbener Völ-

L   ker

ker sind gemeiniglich die Epochen und Ursa=
chen eines höhern Wohlstandes e).

a) Ueber den schrecklichen Zustand des Türki=
schen Reichs lese man Irwin p. 124. 178. 294.
Niebuhr I. 139. II. 420. Hasselquist S.
139. 145. Businello S. 137. Perry 122.
Ricaut p. 90. Tavernier I. S. 214. Mall. II.
72. 77. Tott III. 30. et sq. ferner über den
Zustand von Mingrelien, Georgien, und Em=
meritien Chardin I. 61. 172. Reinegg in
Pallas Beytr. III. S. 346 – 353. Ueber den
vom alten und neuern Persien Isocr. I. 280.
294. bes. 193 – 200. Xenoph. Hist. Gr. Lib.
III. p. 362. Polyb. III. 6. Xenoph. Cyropaed.
VIII. 8. Brisson II. c. 138. Chardin III. 6.
18. 43. 47. 48. 72. 91. 212. 312. 313. 369.
415. Otter II. 5. 23. Nieb. Reis. II. 101.
106. 107. 164. 179. über Hindostan Bernier
I. 303. 318. Grose I. 244. und andere oben
angeführte Stellen: über Tunkin Damp. II.
45. 47. III. 49. 79. Sina Anson p. 405.
Memoires concer. les Chinois IV. p. 329.
Pallas Beytr. II. S. 144. du Halde III. 87.
Lett. Edif. XXII. 183. Conquête de la Chine
p. 220. 230. 293. 299. Lange p. 362. auch
p. 260. 265. Le Comte I. 210. 356. Ueber
Aethiopien Lobo p. 111. 323. über Marokko,
Höst S. 75. 84. 123. 232. 258. 263. 278–
80.

b) Ferguson p. 429. Histoire de Nadir p. 3. 6.
II. 4. 74. Introd. S. 5 – 11. 20 – 25 – 27. 29.
Hanway I. 156. Nieb. II. S. 106. Irwin p.
223.

c)

c) Man denke hier an die Türken, Mammeluk-
ken, und Negern in Marokko.

d) Conqêt. de la Chine p. 122. 140. Grose I.
126. 131. Sonner. II. 33. 36.

e) Man sehe Ferguson l. c. Poivre p. 93. 71.
Dow III. 23.

§. 19.

Wenn die Europäer oder andere Völker
vom stärkern Tatarischen Stamm Mongolische Nationen überwanden, so stürzten sie diese immer in eine viel härtere Knechtschaft,
und mißhandelten sie viel mehr, als wenn sie
edlere Völker unterjochten. Die Bedrückungen und Grausamkeiten aber, welche die Russen und Cosacken in Kamtschatka a), die Portugiesen in Ost-Indien b), die Spanier in
Amerika so wohl als in den Ladronischen Inseln c), die Holländer in Ost-Indien und
in Brasilien d), die Engländer in Bengalen
ausübten e), zeigen die unvermeidlichen
Nachtheile des nicht bloß seine Sclaven sondern auch sich selbst zerstörenden Despotismus.
Unumschränkte Gewalt ist oft nothwendig
und auch heilsam f), wenn bessere Menschen
sie gegen unedlere zum Glück der letztern ausüben. Denn leider! gibt es nicht nur einzelne Personen, sondern ganze Völker, die zum
Guten nicht bewegt werden können, sondern
gezwungen seyn wollen.

L 2

a)

a) Gmelin II. S. 36. 276. 371. Steller S. 205. 220. 225. 229. 233. 238. 379. 528.

b) Man sehe z. B. Argensola I. 60. 89. 103. 159. 161. II. 140. III. 65. 73. 190.

c) Gentil II. 139. Coreal I. 77. 129. 152. 327. Frezier p. 466. 471. auch 350. 357. u. f. S. 379. 382. 399. Gage I. 183. III. 68. 73. 76. 96. 124. 125. Ulloa II. 51.

d) Valentyn II. 278-282. V. 250. Moreau Relation du Bresil p. 43. u. f.

e) Travels I. 256. 393. II. 123. 198. 241. 243.

f) Dergleichen war das Ansehen der Jesuiten in Paraguay, worüber Raynal IV. 249. und andere ohne Kenntniß der Sache declamirt haben: dergleichen war in den meisten Fällen die Gewalt, die Peter der Grosse ausübte. Bruce 94. 153. 206. Weber I. S. 51. 53. 84. 139. 314. II. S. 8. 41. 55. 198.

Elftes Capitel.

Von Gesetzen überhaupt.

§. 1.

Gesetzliche Gewohnheiten sind, wie gegenseitige Rechte und Verbindlichkeiten nothwendige Folgen gesellschaftlicher Verbindungen. Falsch ist aber die Folge und Claßification von Gesetzen und gesetzlichen Gewohn-

heis

heiten, die von Goguet a) und andern ist gemacht worden. Die Zeitpuncte, wann gesetzliche Gewohnheiten unzureichend, oder gesammlet werden, sind wie die Ursachen dieser
Eräugnisse unter verschiedenen Völkern sehr
ähnlich b). Von Gesetzsammlern sind Gesetzgeber sehr verschieden.

a) Goguet I. p. 15. et sq.

b) Man vergleiche die Sammler der Salischen
   Gesetze (Prooem. Leg. Salic. et p. 2. Leg.
   Sal. Dreyer II. 562.) der Longobardischen,
   Proleg. p. 946. in Heinec. corp. jur. Germ.
   auch 1027. 1035. der übrigen Teutschen Ge-
   setze Conring p. 4. 470. 480. des Sachsen-
   Spiegels, Vorrede S. 7. des Lehn-Rechts,
   Bochmer §. 22. 23. der Stadtbücher der Teut-
   schen Städte, Conring p. 272. der Gesetze
   der Hindus, und der Malayen in Sumatra,
   Code of Gentoo-Laws, und Marsden's Be-
   schreibung von Sumatra p. 184.

§. 2.

Die Güte von Gesetzen kann man fast
entscheidend bestimmen, wenn man die Beschaffenheit der Sitten und Religion eines
Volks, und seine Barbarey oder Aufklärung
kennt. Den Einfluß der Religion auf Gesetze beweisen die Gesetze der Israeliten, Hindus und Christen a), den Einfluß der Regierungsform die Vergleichung einst freyer, und

L 3   dann

dann unterjochter, oder von Despoten unter‑
drückter Völker b). Abel oder Unabel des
Volks c), Lebens‑Art d), am meisten aber
Barbarey oder Aufklärung verändern die Ge‑
setze. Die Wirkungen von Barbarey ent‑
deckt man am meisten in den Verordnungen
dunkler Zeit‑Alter über gerichtliche Beweise,
über Eide, und Unschulds‑Proben e).

a) Man sehe, Mich. Mos. Recht paſſim,
   Gentoo‑Laws p. 212. de Roehr p. 67. 96.
   117. 121. 157 – 186. 215. 231 – 241.

b) Möser S. 307. 308. Capitul. Caroli Magni
   ap. Conring de Orig. Jur. Germ. p. 340.
   341. Chardin III. p. 405.

c) Man sehe den letzten Paragraphen des vor‑
   hergehenden Capitels, und unten die Gesetze
   über Sclaven. Auch Dreyer II. 915.

d) Proben sehe man bey Selchow p. 254. Mö‑
   ser S. 47. 307.

e) Conring Orig. Jur. Germ. p. 96. 253. 272.
   Corp. Jur. Germ. p. 1138. 1151. 1089. 1191.
   1266. 2020. Möhsen S. 508. 511. 517.
   del Rio III. p. 310. 314. 330. Montesquieu
   XXVIII. c. 17 – 20. Lex Ripuar. p. 151. 153.
   Lex Bavar. 314. Sachs. Spiegel S. 51.
   209. 229. Maillet p. 113. Selchow p. 825.
   Dreyer I. 141. 159. bes. II. 849 – 884. Son‑
   ner. II. S. 53. Projart I. S. 125. Siehe
   den Abschnitt vom Eide in meiner Religions‑
   Geschichte.

§. 3.

§. 3.

Auch die Beschaffenheit der Gerichtsstüh-
le und Proceßordnung beweisen den Einfluß
der Regierungsform eines Volks auf seine
Gesetz = Gebung. Man halte die Richter
und das Verfahren der alten und mittlern
Teutschen a), der Nordischen Völker, selbst
der Isländer b), mit denen der Araber c),
Drusen und Maroniten d), der Negern e),
der Türken und Mauren f), der Perser g),
der Aethiopier und Einwohner von Congo h)
zusammen.

a) Tac. c. 12. Conring p. 272. 273. Selchow
 p. 387. Möser S. 35. Lex Bavar. p. 271.
 Leg. Burgund. p. 349.

b) Mallet p. 105. Horrebow S. 119. 120.

c) Shaw p. 247. Irwin p. 287. Arvieux III. p.
 229. Hierinn stimmen die Araber und Bewohner von Sumatra zusammen. Marsden
 p. 184. et sq.

d) Niebuhr's Reisen II. 430. 457.

e) Loyer p. 224.

f) Shaw p. 253. 54.

g) Chardin III. 413.

h) Lobo p. 124. Cavazzi II. p. 25. Die Siamesen scheinen von den Unterthanen anderer
 Asiatischer Despoten in diesem Stück verschieden zu seyn. Louberc II. p. 45.

Zwölf=

Zwölftes Capitel.
Vom Kriegs = und Völker = Recht.

§. 1.

Kriege sind unter wilden Völkern gleich unvermeiblich und unauslöschlich a). Schon unter den roheſten Wilden entdeckt man gewiſſe Kriegs-Rechte oder ihnen gleich= geltende Gewohnheiten b), die von Anfüh= rern und gemeinen Kriegern heilig beobachtet werden. Einige dieſer Kriegs = Geſetze ſind ſehr beſchwerlich c), und manche ganz räth= ſelhaft d).

a) Man ſehe Beſchryv. I. p. 187. Charlevoix p. 200. et ſq.

b) Labat VI. 119. Charlevoix p. 207. 208. 215. Adair p. 381. Tacit. c. 13. Bartholin. 456- 458. Congo II. 10. des Marchais II. 190.

c) Adair l. c.

d) Carver p. 345 - 347. Pages II. 98.

§. 2.

Die erſte Abſicht der Kriege aller oder doch der meiſten wilden Völker war gänzliche Zerſtörung des Feindes a); doch fing man allmälich an, einen Theil der Ueberwundenen

zu

zu schonen b). Bald wurde Beute der Haupt-
Bewegungs-Grund kriegerischer Ueberfälle c),
und nun wurden alle Gefangene, die man
sonst getödtet hatte, zu Sclaven gemacht d).
Noch menschlicher wurden die Kriege, als
man nicht bloß rauben, sondern erobern, und
Eroberungen behaupten wollte e).

a) Man sehe Falkner p. 104. Flacourt p. 94.
Mich. Mof. Recht I. S. 314. 330. della
Valle IV. 199.

b) Mich. l. c. VI. p. 120. Mallet p. 161. An-
ton S. 87. Adair p. 389-397. Charlevoix
p. 247. Coreal I. 32. Leri p. 211. Charlev.
I. 182. auch p. 157. Marcgr. p. 30. Römer
S. 111. Befchryv. I. 193. Steller S. 235.
Pall. Beytr. III. S. 284.

c) Oldendorp I. S. 31. Gumilla I. 247. Carver p. 345. Samml. der Reif. XVI. S.
506. Barrere S. 79. 129. de Manet II.
28. Maillet p. 161. 162. auch p. 130. Caef.
I. 36. de bell. Gall. Goguet III. V. I. Mich.
Mof. Recht III. S. 235. 269. Dionyf. II.
c. 16.

d) ll. cc.

e) Forsters Beobacht. S. 354.

§. 3.

Auch die rohesten Völker üben selbst im
Kriege gewisse Rechte gegen einander aus a).
Fast alle Völker nahmen oder errichteten gewisse Siegszeichen, um dadurch gleichsam
ihre

ihre Tapferkeit zu bewähren b). Nicht we=
niger allgemein sind gewisse Zeichen des Frie=
dens, so wie des Krieges und des Aufge=
bots c). Das Verfahren gegen gefangene
Könige ist unter verschiedenen Völkern ganz
entgegengesetzt d). Auch machen nicht alle
Völker einen Unterschied unter gerechten und
ungerechten Waffen e). Fremde, die Zufall
oder Unglück von ihrem Wege abführte,
wurden unter manchen Nationen auf eine
grausame Art behandelt f). So gar Ge=
sandte waren und sind noch jetzo unter wilden
und unaufgeklärten Völkern nicht heilig g).

a) Charlevoix p. 373. Carver p. 99. Mich.
Mof. Recht I. S. 354. 2 B. Mofe 34. 24.

b) Ueber die Siegs=Zeichen unter den Celtischen
Völkern, Pellout. I. 229. 231. Ueber die der
Slawen, Anton S. 83. der Neger, und be=
sonders der Dahomes, Römer S. 117. Snellgr.
p. 38. der Nord=Amerikaner Robertf. I. 478.
der Völker am Oronoko, Gumilla II. p. 285.
der Einwohner von Ceram und Java Valen=
tyn II. 150. der Schwarzen auf den Philip=
pinen Marsd. p. 257. der Formosaner, Voy.
aux Indes Orient. V. 83. der Einwohner von
Celebes Argensola I. p. 150. der Süd=See=
Insulaner und Neu=Seeländer Preville I. 351.
II. p. 190. Mehrere Negern an der Goldkü=
ste und in Monomotapa schneiden den Feinden
die Zeugungs=Glieder ab, und schenken diese
ihren Frauen. Valentyn l. c.

c)

c) Ueber das Calumet der Amerikaner Charlevoix p. 211-213. Voyag. au Nord III. 221.
Tonti V. ib. p. 44. 64. über andere Zeichen
des Friedens in Amerika Frezier p. 138. Dobrizhof. I. 74. Hift. of South - Carolina II. p.
22. Ueber die Friedens = Zeichen alter Celtiſcher
Völker Polyb. III. 52. Plinius XXII. 5. Ueber das Zeichen des Aufgebots in Amerika,
Fiſcher in Pallas Beyträgen III. S. 305.

d) Römer S. 112. Snellgr. p. 8. Sparrm.
S. 462. Argenſola II. p. 127.

e) Vergiftete Waffen brauchten ſelbſt die Griechen Gog. Vol. II. V. 3. die Sarmaten und
einige Celtiſche Nationen, Pellout. I. 459.
die Negern, de Bry VI. 24. Cavazzi II. 15.
die Wilden auf der Erd=Enge Darien, und
am Oronoko, Damp. I. p. 56. Gumilla III.
2. Condamine p. 68. die Braſſilianer, Patagonier und Chilienſer Piſo p. 14. 31. Falkner
p. 129. die Kamtſchabalen, Steller S. 236.
die Macaſſaren und Javaner, Gumilla III.
16. Tavernier II. 188. Voy. aux Ind. Orient.
I. 386. Die Hottentotten brauchen vergiftete
Waffen nur gegen Thiere. Caille p. 261.

f) In den Malbiven, Pyrard I. p. 41. in dem
alten Teutſchland, Selchow p. 658. Man ſehe ferner Lex Burgund. p. 364. Sachſen=
Spiegel, S. 365. Capitul. reg. Franc. p.
1180. Man vergleiche das Geſetz der Wiſigo-
then p. 2057. in Pegu, Hamilton II. 62. in
Corea und Japan, Voy. aux Ind. Orient.
IV. 252. 262.

g) Nicht in Amerika, Charlev. p. 251. Tonti
p. 87. 88. in V. Voy. au Nord. Man vergleiche die Sitten der Wilden in Guiana, und
der

der Natchez, Barrere S. 129. 138. Petit
p. 31. — Nicht einmal unter den Fränkischen
Königen, Capitul. p. 1331. nicht in der Tür=
key, Ricaut p. 158-163. Heilig waren sie un=
ter den Jsraeliten, Mosaisch. Recht I. S.
354. Ueber ihre Behandlung in Asien: na=
mentlich in Siam, Loubere I. 327-336. in
Ava, Sonner. II. 36. in Sina, Lange p.
225. 324. in Persien III. p. 376. Chardin.

Dreyzehntes Capitel.
Von Gesetzen über die Sclaverey.

§. 1.

So wie es unter wilden Völkern einige
gab, die gefangene Feinde unter sich
aufnahmen a), so gab es auch mehrere, die
Feinde zu Sclaven machten, und sie sehr gü=
tig behandelten b). Ausser der Gefangen=
schaft, der Geburt, und dem Unglück als
Fremdling ergriffen zu werden c), gab es noch
mehrere Arten, wie man in Sclaverey gera=
then konnte: Ehen d), Schulden e), Ar=
muth und Noth von Eltern oder eigene f),
Verbrechen g) und freyer Entschluß h).

a) Charlevoix p. 244. und dessen Geschichte von
Paraguay II. p. 235.

b) Acugna II. 49. Dobrizhofer II. 149. Moo=
re p. 78. 91.

c)

c) Man ſehe die angeführten Zeugniſſe über die
Grauſamkeiten gegen Fremdlinge.

d) Marsden p. 193. 225.

e) Sachſen-Spiegel S. 469. Leg. Longob.
p. 1244. Mich. Moſ. Recht II. p. 342. 364.
Plut. I. 338. 344. Erneſt. Clav. Cicer. Lex
Porcia. Pallas Mongol. Völk. I. 116.
Pyrard I. 148. des Marchais II. 169. Gen-
too-Laws p. 139.

f) ll. cc.

g) ib. beſ. Leg. Longob. und Gentoo-Laws.

h) Man vergleiche Sachſen-Spiegel S. 479.
mit den Nachrichten des Tacitus über die Folgen der Spielſucht der alten Teutſchen: ferner die gleich anzuführenden Data und Zeugniſſe.

§. 2.

Perſönliche Dienſtbarkeit iſt älter, ſelbſt
unter den Teutſchen a), als Leibeigenſchaft,
wiewohl in einzelnen Fällen die erſtere aus
der letztern entſtanden ſeyn kann b). Nachdem Leibeigenſchaft einmal eingeführt war,
trieben Noth, Armuth und ſo gar Eigennutz
und Feigheit ſehr oft Freye in die Bande der
Leibeigenſchaft hinein c), weßwegen Carl der
Groſſe Geſetze gegen die freywillige Uebergabe
in die Leibeigenſchaft machte d). Leibeigene
kehrten wenigſtens in Teutſchland durch verſchiedene Wege e), und Stuffen zur Freyheit
zurück; indem aus den Leibeigenen der alten

Zeit

Zeit und des Mittel-Alters die verschiedene
Arten von Meiern entstanden f).

a) Tacitus de Mor. Germ. c. 25. scheint zwar
das Gegentheil zu sagen, allein man lese Gebauer p. 416. Leg. Theodorici p. 22. 33. in
Corp. Jur. Germ. Man sehe einen Ungenann-
ten in Dreyer's vermischten Schriften I. S.
382. 407.

b) Man lese den Sachsen-Spiegel S. 481.
487. und vergleiche Möser's Osnabrückische
Geschichte S. 86.

c) Corp. Jur. Germ. p. 1165. 66. 1194. 2145.
Möser S. 138. 140. Lamberti p. 145. 212.

d) ejus Leg. p. 1165. 66.

e) Man sehe Gebauer p. 435. Sachsen-Spiegel S. 581. Möhsen's Gesch. der Wissenschaften S. 77. Millar p. 213. 215.

f) Strube de jure Vill. p. 6. 12. 14. 23. 37. 46.
47. Pratjens Altes und Neues I. S. 188.
191.

§. 3.

Die Behandlung der Sclaven hing unter verschiedenen Völkern von mancherley Ursachen ab. Nirgends erfuhren Sclaven eine
bessere Begegnung als in den Reichen, wo
der Despotismus am grimmigsten, die Unterthanen am unglücklichsten, und die Menschen
am nichtswürdigsten sind a). Auch unter
den alten Parthern und Babyloniern b) war
die Sclaverey sehr gelinde, so wie sie es noch
jetzo

jeßo in Aegypten c), unter den Türken und
Perſern überhaupt, ſelbſt in Marokko und
Algier iſt d). Die Athenienſer begegneten
ihren Sclaven viel beſſer, als die Sparta=
ner e), und unter den Römern wurden die
Geſeße gegen die Sclaven in eben dem Ver=
hältniſſe milder, in welchem der Deſpotismus
zunahm f). Die Teutſchen zeigten viel
Menſchlichkeit in ihren Verordnungen über
die Sclaven g), nur die überwundenen Sla=
wen behandelten ſie härter, als alle ihre übri=
gen Feinde h): eine Erſcheinung, die aller=
dings Aufmerkſamkeit verdient.

a) wie in Siam Loubere I. p. 235. baher die
  allgemeine Sclaverey Marsden p. 335. Dampier III. 172. du Halde II. p. 87.

b) Athenae. XIV. 10. Iuſtin. XXXXI. 2. 3.

c) Maillet II. 174. 177.

d) Höſt S. 163 - 167. Taſſy p. 278. vergleiche
  Etat des Royaumes de Barbarie p. 214.

e) Xenoph. de Rep. Athen. c. 1. und den 2ten
  Band meiner Geſchichte der Wiſſenſchaf=
  ten: Plut. I. 224. 225. Athen. VI. 18. Gog.
  Vol. III. VI. 3. I.

f) Man ſehe Plutarch I. 302. Lett. Perſ. XV.
  Meine Geſchichte des Verfalls der Sit=
  ten in Rom S. 72 - 76. 268. Donat. ad
  Phorm. Terent. Act. II. Scen. I. Inſtitut. I.
  c. 4. et 5. Acoſta ad I. 8. et ib. p. 24. Gebauer p. 447. et ſq.

g)

g) Man sehe das Capitel von den Peinlichen
Gesetzen, vorläufig Lex Ripuar. p. 154.

h) Selchow p. 485.

§. 4.

Wenn man etwa die Heloten der Spartaner ausnimmt, so sind Sclaven nie so sehr
mißhandelt worden, als die Negern in den
Pflanzungen der Europäer in den beyden Indien. Vergebens sucht man den Grund davon allein in der Grausamkeit, oder der blin-
den Gewinnsucht der Herren. Eben diese be-
gegnen den Amerikanischen Sclaven ganz anders a), und nicht bloß einzelne oder viele
Herren, sondern die Gesetze aller Europäischen
Nationen in den Zucker-Inseln sind hart,
und in den wesentlichsten Stücken überein-
stimmend b). Die Negern leiden nicht allenthalben gleich viel: im Nördlichen Amerika und am Vorgebürge der guten Hoffnung
weniger c), als auf Isle de France d), und
wiederum in Jamaika und den Dänischen Zuk-
ker-Inseln e) nicht so viel, als in den Spanischen und Portugiesischen Bergwerken f),
allein allenthalben sterben jährlich mehr, als
gebohren werden g), und Afrika muste bisher alle Jahre wenigstens hundert tausend
Menschen hergeben, um diejenigen zu ersetzen, die vor der Zeit in Amerika aufgerieben
wer-

werden b). Auch ein grosser Theil von Asien,
Afrika, und selbst Europa wird mit Afrika=
nischen Sclaven versorgt i).

a) du Tertre II. 486.

b) Petit sur le Gouv. des Esclaves I. p. 15. 18.
19. 349-86. Gentil II. 72.

c) Kalm II. 540. Voyag. à l' Isle de France
II. p. 67. und vergleiche Sparrmann S.
613. 616.

d) Voy. à l' Isle de France I. 193. 198. Siehe
Römer S. 208. Sonner. II. S. 67.

e) Oldendorp I. S. 266. 384. 389. 393. 402.
Sloane p. 129. 136.

f) Römer S. 31.

g) Sloane p. 93. Petit II. 8. 9. Voy. à l' Isle
de France I. 202.

h) Oldendorp I. S. 364. Sloane p. 93. Ueber
die Preise der Sclaven, und die Zahl, welche
die wichtigsten Sclaven=Länder liefern, sehe
man Smith p. 202. des Marchais II. 83. I. 90.
Cavazzi I. 209. Petit II. 13. Römer S. 277.
de Manet L. S. 200.

i) Maillet II. 196. Grose I. 136. Bernier I. 181.
und auch S. 177.

§. 5.

Der Handel mit Neger=Sclaven hat selbst
unter gutdenkenden Schriftstellern Vertheidi=
ger oder Entschuldiger gefunden a). Allein
es ist unmöglich, mit allen Waffen der Ver=

M   nunft,

nunft, und allem Zauber der Beredsamkeit
die entsetzlichen Grausamkeiten, Sitten-Verderbniß, und Entvölkerung zu bedecken, die
der Sclaven-Handel nur allein in Afrika hervorgebracht hat b). Aehnliche Wirkungen
hat der Sclaven-Handel in Mingrelien, und
den übrigen Kaukasischen Ländern c), in der
Bucharey d), in Ost-Indien e), und in vielen Gegenden von Amerika f).

a) Snellgrave p. 187. Oldendorp I. S. 180.
182. Petit II. 3. des Marchais I. p. 100.

b) Man lese Römer S. 22. 77. 105. 111. 192.
202. Cavazzi II. 40. Smith p. 202. des Marchais II. p. 186. 187. Loyer p. 47. Projart
I. 107. Labat Afr. Occident. an vielen Stellen.

c) Lamberti p. 175. Chardin I. 120.

d) Relation de la gr. Tartar. p. 130.

e) Valentyn II. 345. 46. IV. 254.

f) Begert S. 94. Gumilla I. 247. Dobrizhofer im ersten Theile. Ueber die Preise der Sclaven in Ost-Indien und Amerika sehe man
außer den angeführten Stellen noch Barrere S. 79. Voy. aux Ind. Orient. I. 359.

Vier-

Vierzehntes Capitel.
Von den allgemeinen Gesetzen über Eigenthum.

§. 1.

Ganze Völker oder auch nur einzelne Familien ohne alles Eigenthum sind bloße Geschöpfe einer dichtenden Einbildungskraft. Die meisten wilden Völker haben selbst unbewegliches, wenn gleich nicht getheiltes persönliches Eigenthum a), allein sie haben keine richtige Begriffe von vollem Eigenthum, von der Unwiderruflichkeit von Contracten und Schenkungen, und von der Verpflichtung Schaden zu ersetzen, oder Schulden zu bezahlen b).

a) Man vergleiche unter andern das Verfahren der Grönländer Cranz S. 234. mit dem der Wogulen, Pallas l. s. c. und lese über die Entstehung des Eigenthums, Robertson I. 337. 473. und Home in seinen Historic. Law-Tracts p. 79. nach.

b) Mehrere Beyspiele hievon sind theils schon oben angeführt worden, und werden theils noch unten vorkommen. Man sehe besonders Möhsens Geschichte der Wissenschaften S. 125. du Tertre II. p. 385. Cranz S. 235. 236.

M 2 §. 2.

§. 2.

Unveräusserliches Eigenthum scheint unter mehrern Völkern bey gewissen beweglichen Gütern eher Platz gefunden zu haben a), als ausschliessender Besitz bey unbeweglichen Gütern, da man sie zuerst zu nützen anfing b). Nachdem man sich unbeweglicher Besitzungen mit dem Gedanken eines ausschliessenden beständigen Besitzes bemächtigt hatte, so brauchte man allerley einfache Mittel, um diese Besitznehmung zu erkennen zu geben c). Solche unbewegliche Güter waren lange mehr ein Eigenthum von Familien, als der einzelnen Besitzer d). Die Freyheit, zu testiren, nahm unter allen Völkern mit der Cultur, und der Masse beweglicher Güter zu e). In despotischen Staaten ist diese Freyheit meistens uneingeschränkt f). Sonderbar sind einige Verordnungen der ältesten Gesetzgeber über Eigenthum g).

a) Man sehe Gebauer p. 615. 616. Steller S. 354. Cranz S. 247. 248.

b) Man sehe die in dem Artikel von den verschiedenen Graden der Cultur angeführten Zeugnisse über den Ursprung des Ackerbaus: vorzüglich aber Römer S. 95. de Manet II. S. 21. Moore Travels p. 90. Marsden p. 206.

c) Adanson p. 145. 149. Coreal I. 136.

d) So war es unter den ältesten Israeliten, Mich. Mos. Recht II. S. 25. 71. 79. unter den

den älteſten Griechen, Petit Leg. Attic. p.
477. Meurſ. Them. Att. II. 13. von welchen
Goguet I. S. 24. unrichtig abweicht. Man.
ſehe ferner Ariſtot. Polit. II. 5. Xenoph. de
Rep. Laced. c. 6. und Home Hiſt. Law-Tracts
p. 115. unter den älteſten Teutſchen Tac. de
Mor. Germ. c. 20. Gebauer p. 230. 232. unter den Franken Lex Sal. p. 123. den Ripua-
riern Lex Ripuar. p. 165. 167. den Thürin-
gern ib. in Corp. Jur. Germ. p. 448. den
Sachſen S. 459. und Sachſen = Spiegel S.
127. 129. In Hindoſtan und Sumatra ſind
daher ſonderbare Gewohnheiten entſtanden,
Lett. Edifiant. XII. p. 311. Marsden p. 187.

e) in Athen Petit l. c. in Rom Inſtit. II. 18.
22. Lex Longob. p. 982. 1080. 1085. Lex
Wiſig. p. 1966. Schmidt III. 153. Möh-
ſer S. 141.

f) Knox p. 101. Chardin III. 409.

g) Man ſehe ein Geſetz Solons, Ariſt. Polit.
II. 5. und der Burgunder p. 393. Lex Burgund.

§. 3.

Nicht leicht findet ſich in den übrigen Geſetzen oder geſetzlichen Gewohnheiten aller Nationen eine ſo groſſe Verſchiedenheit, als in
denen über Erbfolge und Nachfolge. Unter
einigen Völkern erbten die älteſten oder jüng-
ſten Söhne allein, oder doch vorzüglich a),
unter andern die Söhne allein, oder auch
nur die Kinder einer einzigen Frau b): Wiederum unter einigen alle Kinder zu gleichen

M 3 Thei-

182

Theilen, so wohl unächte, als ächte c), un=
ter andern hingegen Mädchen, oder deren
Männer d), unter noch andern endlich die
Brüder, oder Brüder= und Schwester=Kin=
der e).

a) unter den Hottentotten, Sparrmann S.
226. Beſchryving I. p. 248. 386. den Formo=
ſanern Pſalman. p. 125. in Weſtphalen, Mö=
ſer S. 141. unter mehrern Negern, Bos=
mann S. 411. 539. unter den Caraiben,
Gumilla I. p. 318. in Perſien Chardin III.
p. 409.

b) unter den alten Teutſchen, Tac. c. 20. 32.
unter allen Teutſchen Völkern, die ſich in den
Römiſchen Provinzen niederlieſſen, ll. cc.
nach dem älteſten Lehn = Rechte Böhmer §.
149. 150. vergleiche §. 439. in Hindoſtan
Sonner. I. S. 60. unter den Indianern in
Guatimala, Gage III. 82. den Druſen, Nie=
buhr II. S. 457. unter den heutigen Grie=
chen, Pocock II. 266. unter den alten Athe=
nienſern, Petit. L. Att. p. 483. den Arabern,
Arvieux III. 338. den Calmycken, Lepechin
I. S. 299. Pall. Mongol. Völk. I. S. 194.
in Sina, de Pauw II. p. 353. in Sumatra,
Marsd. p. 187. — Man ſehe auch über das
Recht in Siam Loubere I. 160. in Loango,
Projart I. S. 85.

c) unter den Römern nach den 12. Tafeln Inſtit. II. 13. §. 5. Dieſe Geſetze nahmen am
erſten die Longobarden und Weſtgothen an,
Lex Longob. p. 967. 968. 1029. 1080. Lex
Wiſig. p. 1955. 1958. Aehnliche Geſetze fin=
den

den sich unter den Negern im Französischen
Afrika, de Manet II. p. 48.

d) an der Malabarischen Küste Lett. Edif. XII.
p. 297. Grose I. p. 234. 244. In Madagascar
Cauche p. 124. in Metelin und unter den
übrigen Griechen Guys I. 460. Tournef. I.
p. 50.

e) An der Malabarischen Küste Grose I. p. 244.
Theven. III. 258. an der Goldküste Oldend.
I. S. 317. des Marchais I. 316. 317. de Ma-
net II. S. 54. Bosmann S. 245. Projart
I. S. 45. unter den Huronen, Charlevoix p.
267. in Virginien, Laet p. 120. in Peru,
Zarate I. p. 56. auf den Marianischen oder
Ladronischen Inseln, Gobien p. 50. Auch die
alten Teutschen hielten das Band zwischen
Schwester=Kindern und Oheim für heiliger,
als das zwischen Vätern und Kindern, Tac.
de Mor. Germ. l. c. Montesquieu XXVI. 6.
Esp. des Loix gibt von diesem Erbfolgs=Rech=
te einen nicht befriedigenden Grund an. —
Ueber die Schicksale der unächten Kinder in
Attika lese man Meurs. Lect. Att. I. 21. II.
12. Petit p. 487. unter den Longobarden,
Lex Longob. 967. 968. in Hochschottland,
und den Hebriden, Pennant Voy. to the He-
brid. II. 424. 425. in Guinea, und Congo
Bosmann S. 245. Cavazzi I. p. 226.

§. 4.

Mehrere grosse Schriftsteller haben es
schon bemerkt a), daß man lange vor der Ein=
führung von Metallen unzählige andere Waa=
ren

M 4

ren als allgemeine Maaßstäbe des Werths
von Dingen gebraucht habe. Man that dies
nicht nur in Amerika, sowohl unter den ursprünglichen Eingebornen b), als unter den
Europäischen Colonisten c), sondern auch in
Aethiopien, dem ganzen übrigen Afrika, und
in Madagascar d), in Hindostan e), Sina f),
Borneo g), Mindanao h), in Novogorod i),
endlich unter den Kirgisen k), wie unter allen
Hirten-Völkern. Die Negern brauchen so
gar schon idealische Münzen l); denn dergleichen sind ihre Barres, die wieder in pattes de
fer eingetheilt werden m), und ihre Pieçes
und Marchandises n). Von eben der Art sind
die Kitaika's und andere Kleidungs-Stücke,
deren man sich in Kiachta im Handel mit den
Sinesen, und in Urga im Handel mit den
Bucharen, und den Calmycken bedient o).

a) Unter andern **Smith,** über National-Reich-
thümer I. S. 33 - 39.

b) Charlevoix p. 209. 210.

c) **Smith** l. c. und Dobrizhof. I. p. 242.

d) Lett. Edifiant. IV. p. 79. Lobo p. 93. Tavernier II. 6. Flacourt p. 96. Snellgr. und
Cavazzi I. 26. Carli p. 126. des Marchais I.
200. **Projart** I. S. 88.

e) Tavern. l. c.

f) du Halde II. 197. auch I. p. 222.

g) Hamilt. II. 149.

h)

h) Forreſt. p. 279.

i) Müller V. S. 430.

k) Pallas Reiſ. I. S. 390.

l) Montesq. XXII. c. 8.

m) de Manet I. S. 183.

n) Projart I. S. 134.

o) Müller III. S. 599.

§. 5.

Die erſten Metalle, die man als Münzen brauchte, waren ſehr roh a). Die erſte Verbeſſerung ihres Gebrauchs war Stempelung b), und erſt ſpäter fing man an, ſie zu prägen c). Selbſt die älteſten geprägten Münzen waren ſehr unvollkommen d), und ſind es noch jetzo in den ſüdlich = Aſiatiſchen Reichen e); und Fürſten ſo wohl, als ihre Bedienten trieben lange die ſchändlichſten Betrügereyen damit f). Barbariſche Völker und deſpotiſche Reiche haben dieſes mit einander gemein, daß ſie von dem ungeheuerſten Wucher verzehrt werden. g).

a) Man ſehe Caeſ. V. 12. über die Münzen der Britannier, und de Bry VI. 19. Bosmann S. 109. über die der Neger; über die der Iſraeliten Mich. Moſ. Recht II. S. 90.

b) Ueber die geſtempelten Maſſen edler Metalle in Tunkin, Siam, Sina und Japan Tavernier III. S. 7. 8. du Halde I. 220. 22. II. 196.

M 5

c)

c) Smith I. S. 36.

d) ib. Man sehe die Zeichnungen und Beschreibungen der Südlich = Asiatischen Münzen
beym Tavernier II. 132. III. S. 1. u. f.
ferner du Halde II. 196. 201. Voy. aux Ind.
Orient. I. 363. Damp. III. 160. über die
Teutschen Münzen im eilften und den folgenden Jahrhunderten I. S. 232. u. f. Möhsens Gesch. der Wissensch.

f) Möhsen l. c.

g) Von den Griechen und Römern in den Zeiten der Barbarey und Anarchie ist es bekannt:
Ueber die Westgothen sehe man Leg. Wisig.
p. 2002. Ueber die Negern Snellgr. 177. die
Hindus und Ceylanesen Lett. Edif. XII. 285.
Knox p. 102. über die Einwohner von Sumatra Marsden p. 191. in Bantam, Voy.
aux Ind. Orient. I. 361. über die Spanier
in den Philippinen Gentil II. 67.

Funfzehntes Capitel.
Ueber das peinliche Recht alter und neuer Völker.

§. 1.

Fast alle Völker kannten in den ältesten Zeiten keine Strafen a), sondern nur Be-
friedigungen von Rache. Das erste öffentliche Verbrechen war höchst wahrscheinlich vermeyntliche Zauberey. Diese straften nicht
nur

nur die alten Franken b), und die Fränkischen
Könige c), nicht nur die Longobarden d) und
Westgothen e), sondern auch die Negern f),
die Grönländer g), die Caraiben h), Chilienser i), die Nord = Amerikanischen Wilden k), und mehrere andere unaufgeklärte
Völker. Auch die Griechen l) und Römer m),
da sie wieder Barbaren zu werden anfingen,
straften Zauberey mit dem Tode.

a) Ueber den Begriff von Strafe lese man Servien p. 2. 14.

b) Lex Salic. p. 127.

c) Capitul. Reg. Fr. p. 702. Am härtesten wurde Zauberey an den Sachsen gestraft Sachs-
Spiegel S. 235.

d) Leg. Long. p. 1071.

e) Leg. Wisig. p. 2026. Auch die Ostgothen,
Edict. Theodor. Reg. in Corp. jur. Germ.
p. 2228.

f) Oldendorp I. S. 299.

g) Cranz S. 251.

h) Labat VI. 114-124.

i) Marcgr. p. 30.

k) Charlevoix p. 275.

l) Lucian. II. p. 622.

m) Institut. IV. 18. §. V. Ueber mehrere andere Völker lese man in meinem Grundriß
der Geschichte aller Religionen die Artikel
von Zauberern, und Beschwörungen.

§. 2.

§. 2.

Es gibt doch aber auch mehrere Beyspie=
le, daß wilde oder barbarische Nationen
Mord, und andere Verbrechen, als öffentli=
che Verbrechen gestraft haben. Dies thaten
vormals die Teutschen und Nordischen Völ=
ker a), und die Saporoger Cosacken b). Dies
thun noch jetzo die Nogaier c), die Einwoh=
ner der Bashee=Inseln d), die Chilienser e),
die Negern in Loango, und Madagascar f).

a) Gebauer p. 639 - 643. Barthol. p. 95 - 99.

b) Müller IV. S. 457.

c) Lett. Edifiant. III. 214. Nouv. Edit.

d) Damp. II. 131.

e) Marcgr. p. 30.

f) Oldendorp I. S. 301. Cauche p. 99.

§. 3.

Unter den meisten rohen Völkern war und
ist noch jetzo Todtschlag oder Mord kein öf=
fentliches Verbrechen, sondern eine Beleidi=
gung einzelner Personen und Familien, die
auch von diesen gerochen wird. Bluträcher
fanden sich vormals, oder finden sich noch jet=
zo unter den Caraiben a) und Grönländern b),
unter den Kamtschadalen c), und mehrern
Neger=Völkern d), unter den Israeliten e)
und Habeßiniern f), unter den Arabern,

Dru=

Drusen, und Maroniten g), endlich unter mehrern Nationen, deren Namen gleich vorkommen werden.

a) Labat VI. 114-124.

b) Cranz S. 249.

c) Steller S. 356.

d) Loyer p. 222.

e) Mich. Mos. Recht II. S. 385.

f) ib. S. 397.

g) Man sehe die gleich anzuführenden Zeugnisse bes. Boswell p. 336.

§. 4.

Man schränkte die Blut=Rache unter vielen Nationen durch Schutz=Oerter a) oder durch das Gesetz ein, daß die Schuld oder Unschuld der Thäter oder Verfolgten erst von unpartheyischen oder öffentlichen Richtern untersucht, und die Schuldigen alsdann erst den Blut=Rächern ausgeliefert würden. Dies geschieht in Arabien b), in der Türkey und Krim c), in Persien d), Marokko e), Sina f), Tunkin g), Sumatra h), und Loango i). Etwas ähnliches fand im ältesten Athen k), nie aber in Rom statt l). Bey dieser Einrichtung blieben oft Schuldige ungestraft, aber man übte an ihnen auch die entsetzlichsten Grausamkeiten aus, und der Despo=

Despotismus fand mehrere Wege, Unschuldige zu plündern. Wiedervergeltungs=Recht bey Verwundungen und Verletzungen war nicht so allgemein als Blut=Rache m).

a) Man sehe in meiner Religions=Geschichte den Abschnitt von Tempeln und Asylis.

b) Nieb. Beschr. S. 32. 33. Reis. I. 357. Hamilt. I. 50.

c) Theven. I. 127. 179. Businello S. 84. Montagu III. 33. anders Tott I. 251. Lett. Edif. III. 165. N. E.

d) Tavernier I. 267. Chardin III. p. 417.

e) Höst S. 243. 244.

f) Hamilt. II. 274.

g) Mariny p. 145.

h) Damp. III. 171.

i) Projart I. S. 120. 121.

k) Meine Gesch. der Wissenschaften II. S. 17.

l) Institut. Iustinian. IV. 18. §. 5. et ibi Marcil.

m) ll. cc. und Mich. Mos. Recht II. S. 385. Petit p. 512. 523. Gog. I. 18. Mos. Recht von Michael. V. S. 85. Gell. XX. 1. Noct. Attic.

§. 5.

Sehr viele wilde, barbarische und halbcultivirte Nationen kauften Blut oder zugefügte Beschädigungen durch Geld oder Geldes=

des = Werth ab. Dies thaten oder thun noch
jeßo die Nord = Amerikanischen Wilden a),
einige Negern in Afrika b), die Tungusen
und Calmycken c), die Kirgisen d), und Hin=
dus e), die Einwohner von Sumatra, den
Maldiven f), und dem kleinen Ländchen Po=
gliza g). Nirgends aber war die Lösung von
Blut und Schuld so alt, und allgemein, als
unter den Celtischen Völkern h), die aber
wahrscheinlich auch in den ersten Zeiten Rache
übten i), und allmälich durch Gewohnheit
und endlich durch ausdrückliche Geseße Löse=
Geld einführten k). Nach den Geseßen der
Teutschen Völker wurden Todtschlag, Mord,
und die verschiedenen Arten von beyden auf
verschiedene Arten gebüßt l). Edle wurden
anders als Freye, und Freye anders, als
Sclaven gestraft m). Auf dasselbige Verbre=
chen waren härtere oder gelindere Strafen ge=
seßt, je nachdem es an Männern oder Wei=
bern, an Königen oder Geistlichen, Bürgern
oder Sclaven, Fremdlingen oder Unterthanen
verübt wurde n). Nicht bloß Todtschlag
oder Mord, sondern auch alle übrige Verlet=
zungen an Ehre, Leib und Gut wurden mit
Gelde gestraft o). Die Strafen unter den
Teutschen Völkern wurden in eben dem Ver=
hältnisse strenger, in welchem sie die Geseße
der Römer annahmen, und die Gewalt der
Köni=

Könige wuchs p). Es wäre sehr zu wün:
schen, daß die allmälige Abschaffung der Ur:
sprünglich Teutschen, und die Einführung ei:
nes fremden Peinlichen Rechts von irgend ei:
nem scharfsinnigen Rechts = Gelehrten oder
Geschicht=Forscher in das gehörige Licht ge:
setzt würde.

a) Charlev. p. 272. 274. Hennep. p. 313.

b) de Bry VI. c. 26. 27.

c) Georgi S. 311. Pallas Reis. I. S. 330.
dessen Mongol. Völkersch. I. S. 194. 196.
198. 205. 214. Lepech. I. S. 278.

d) Pall. l. c.

e) Dow III. Diff. p. 15. Gentoo-Laws 151.
212. 218-20. 283.

f) Marsd. p. 189. Pyrard I. p. 149.

g) Fortis II. p. 95.

h) Ueber ihre Entstehung bringen, Möser S.
31. 32. und Home, Historical Law-Tracts
p. 13-17. Vermuthungen vor.

i) Grund zu dieser Vermuthung finde ich im
Tacitus de Mor. Germ. c. 22.

k) Man sehe ausser den bestimmten Strafen in
den Gesetzen aller Germanischen Völker die
Capitul. Reg. Franc. p. 580. und Pennant's
Voy. to the Hebrides II. 423.

l) Lex Salic. p. 89. Longob. p. 904. inpr. Gebauer p. 744.

m) Man sehe Möser S. 308. St. Palaye I.
301.

n) Man sehe Lex Salic. p. 61. 89. 113. 131.
Lex Alem. p. 226. Longob. 982. ferner Selchow p. 276. Gebauer p. 747. Lex Ripuar.
p. 161. Lex Thuring. p. 445. Capitul. Reg.
Franc. p. 657. Pennant Tour in Wales p.
273.

o) Lex Salic. p. 37. 41. 45. 47. 49. 61. 67.
Longob. p. 965. Alemann. p. 221. Lex Fri-
sior. p. 427. Lex Wisig. p. 2032. Pennant
l. c. p. 273. Auch die alten Teutschen und
Nordischen Gesetze straften nicht selten den
Unschuldigen statt des Schuldigen. S. 75-99.
Dreyer's Miscellaneen. Pall. Mongol.
Völk. I. 207.

p) Lex Alemann. p. 205. 206. 213. Lex Bavar.
p. 264. Lex Burgund. p. 342. 349. Saxon.
457. 580. Longob. p. 947. 1088. Lex Ludov.
Pii p. 1198. Caroli Magni p. 1136. Lex Wi-
sigoth. p. 2029. 2041. 2045. 46. Barthol. p.
104. besonders Dreyer II. S. 1012. u. f.
und S. 1039, u. f.

§. 6.

Der Selbst=Mord wurde unter verschiedenen Völkern eben so wenig auf einerley Art
beurtheilt a), als die Folter auf eine ähnliche
Weise gebraucht wurde b). Unter mehrern
Völkern strafte man Handlungen c), die unter andern entweder gar nicht gestraft, oder
doch nicht mit bürgerlichen, wenigstens nicht
mit so harten bürgerlichen Strafen belegt wurden d).

N   a)

a) Man fehe die Behandlungs-Art von Selbft-
Mörbern im alten Griechenlande, Memoir.
de l'Academie des Inferiptions XXXVI. 455.
in Marfeille Val. Max. II. 6. 8. in Keos ib.
§. 7. in Kos, Heracl. ap. Gronov. VI. 2828.
unter den Juden, Mich. Mof. Recht VI—12.
in Hindoftan, Sina und Japan, Lett. Edif.
XI. 247. du Halde IV. 437.

b) Man fehe Reitemeier p. 9. 16. 33. 41. 44.
Lex Wifig. p. 2017. 2018. 2021. Michael.
Mof. Recht III. S. 59.

c) Xenoph. Cyrop. I. 9. Memor. Socr. II. 2.

d) wie Abgötterey unter den Juden, Michael.
Mof. Recht V. 135. 146. 195. und Schuld-
ner oder Bankerutirer unter den Jaikfchen
Cofacken, Pallas Reifen I. S. 279. unter
den Saporogern, Müller IV. S. 458. in
Algier, p. 1008. Taffy p. 108. in Ceylan
Knox p. 104. In Tunkin Damp. III. 96.
Auch in Rom, Gell. XX. 1.

§. 7.

Diebftahl wurde felbft unter wilden und
rohen Völkern nicht auf einerley Art geftraft.
Anders ftraften ihn Drako und Solon a),
anders die Römer b): wiederum die Teutfchen c) und Nordifchen d) Völker nicht fo,
als die Tungufen e), Calmycken f), Kamtfchadalen g), und Kirgifen h): endlich die
Saporoger anders i), 'als die Mingrelier k),
und die Nordamerikanifchen Wilden l) an-

ders,

ders, als die Negern, und Madegassen m),
oder als die Hindus und Einwohner von Su=
matra n).

a) Petit p. 529 – 532.

b) Institut. IV. 1. 5. Gell. VII. 15. XI. 18.

c) Lex Salic. p. 18. 55. Lex Longob. p. 994.
Lex Wisig. p. 2055. Capit. Fr. p. 498. 579.
Sachsen=Spiegel S. 233. 303.

d) Mallet p. III.

e) Georg. Russ. Völk. S. 311.

f) Pallas Reis. I. S. 331. Mongol. Völk.
S. 204. 210. Lepechin I. S. 278.

g) Steller S. 356.

h) Rytschkow S. 346.

i) Müller IV. S. 457.

k) de Luca p. 155. In Circaßien ist Dieberey
fast ehrenvoll p. III. de Luca.

l) Charlevoix p. 275.

m) Flacourt p. 103. Cauche p. 98. de Bry VI.
c. 26. 27. Oldend. I. S. 299. Bosmann
S. 206.

n) Gentoo-Laws p. 218. Marsden p. 189.

§. 8.

Grausamer, als unter den genannten
Völkern straft man die Dieberey in Chili a),
in der Barbarey b), in Loango c), in Pe=
gu d), Tunkin e), Sumatra f), Corea g),
in den Maldiven h), und in Otaheite i).

N 2   Merk=

Merkwürdig ist das Recht, welches die Die=
be in der Landvogtey Tscherliß oder Echalens
in der Schweiz geniessen k).

a) Marcgr. p. 30.

b) Höst S. 242.

c) Projart I. S. 120.

d) Mariny p. 375.

e) ib. p. 141.

f) Damp. III. 169. Hamilton II. III.

g) Voy. au Nord IV. 320.

h) Pyrard I. 149.

i) Forsters Beobacht. S. 353.

k) Dictionnaire de la Suisse I. p. 192.

§. 9.

Die Milde, und Gewißheit oder die Un=
menschlichkeit und Ungewißheit von Strafen
hängt wie die Sicherheit oder Unsicherheit von
Unschuldigen von der Güte oder Nicht=Güte
der Verfassung, und von der Aufklärung oder
Barbarey von Völkern ab. Furchtbar wa=
ren die Strafen im alten Persien und sind es
auch noch in dem heutigen a). Nicht weni=
ger schrecklich sind sie in Algier b), der Tür=
key c), in Hindostan d), in Ceylan e), Si=
am f), Patane g), Pegü h), Laos und
Cambodia i), in Sina k), Japan l), und
Corea m). Auch in Rußland wyrden noch
unter

unter Peter dem erften entfeßliche Strafen vollzogen n).

a) Plutarch V. 474. 477. Tavernier II. 116. Chard. I. 339. III. 417. **Mich. Mof. Recht** V. S. 16. della Valle V. 15.

b) Arvieux V. 277. le Roy p. 66 - 70.

c) Tournefort I. 36. II. p. 57.

d) Gentoo - Laws p. 218. 220.

e) Knox p. 39. 50. 51.

f) **Kämpfer** I. 32. II. 25. 32. 34. Loubere I. 252. II. 45. 265. 321.

g) Recueil des Voy. II. 232. IV. 427.

h) **Sonner.** II. S. 41.

i) Mariny p. 271. Valent. IV. P. 2. p. 41.

k) du Halde II. p. 44. 59. 154 - 158. auch I. 6. **Sonner.** II. S. 27. **Eckeberg** S. 91.

l) Voy. au Nord V. 425.

m) ib. IV. 316.

n) Bruce p. 100. Ueber die Strafen in Sclavo= nien, **Taube** II. 71. Ueber die Pflege des Peinlichen Rechts in Neapel Swinburne I. p. 64.

Sechs=

Sechszehntes Capitel.

Von den Ehe=Gesetzen und der väterlichen Gewalt unter verschiedenen Völkern.

§. 1.

Ueber die Beschaffenheit der ersten Verbin=
dungen beyder Geschlechter thaten be=
rühmte Schriftsteller ganz entgegengesetzte
Aussprüche a). Wenn man das Wort Ehe
in der Bedeutung nimmt, worinn es von den
Weltweisen der aufgeklärten Völker unsers
Erdtheils genommen wird, so gab es freylich
nur wenige Nationen, die wahre Ehe kann=
ten, und viele, unter denen sich nicht einmal
eine Spur davon fand b).

a) Robertſ. I. p. 318. Home I. p. 168. Millar
p. 5. Gog. I. 20.

b) Dergleichen sind die Wilden in Nord=Ame=
rika Hennep. V. 287–291. Charlev. p. 201.
in Louisiana V. p. 18. Voy. au Nord, in Ca=
lifornien p. 130. 131. 133. in Guiana Biet
p. 388. Barrere S. 164. 165. du Tertre II.
376. 379. In Quito Ulloa I. 143. 144. in
Paraguay Charlevoix I. 404. II. 235. Lett.
Edifiant. VIII. 332. IX. 364. N. E. Dobrizhof. II. 107. 108. auf den Oestlichen Inseln,
Georgi S. 341. Ruſſ. Völk. Unter den
Tungusen und Ostiaken, Isbrand p. 176. 198.
Diesen sind selbst die südlich=Asiatischen Völ=
ker

ter ähnlich. Ovington II. 298. Dampier III.
p. 62.

§. 2.

Der Adel oder Nicht=Adel von Stamm
oder Raçe zeigt sich zuerst in dem grössern oder
kleinern Hange zur Polygamie, oder Mono=
gamie a), in den Forderungen, die Völker
an ihre Bräute oder künftigen Weiber mach=
ten, und in der Art, wie sie diese gleichsam
eintrieben. Die Mongolischen Völker ver=
langten nicht allein keine Jungfrauschaft, son=
dern verabscheuten sie b), und es gibt fast
nicht mehr Beyspiele; daß Mongolische Völ=
ker sie verlangt c), als daß Tatarische sie ver=
nachläßigt haben d). Die Celtischen Völker
verlangten zwar Jungfrauschaft e), aber nicht
so sichtbare Zeichen derselben, als die Slawi=
schen Nationen f).

a) Ueber die Viel=Weiberey unter den alten
Teutschen und Griechen, Tac. de mor. Germ.
c. 19. Athenae. XIII. 1. Plutarch I. p. 5.
50. unter den Geten und Thraciern Her. V.
4. Pellout. II. 336. 337. — Ueber die Mo=
nogamie der Parsi's Anquetil III. 561. For=
sters Beobacht. S. 366-370.

b) Die Einwohner von Quito und Peru, Ulloa
I. Voy. 343. 344. die Caraiben Coreal I. p.
10. die Einwohner von Neu=Andalusien ib.
I. p. 140. und Brasilien Leri p. 263. die
Wilden im Nördlichen Amerika, Voyag. au

N 4   Nord

Nord V. p. 16. 17. Charlev. p. 285. (die
Abiponen in Paraquay machen eine Ausnah=
me, Dobrizhof. II. p. 52. 53.) die Oeſtlichen
Inſulaner und Kamtſchadalen, Steller S.
346‑348. die Lappen, Hogſtröm S. 143.
Vormalige Bewohner von Afrika Herod. IV.
172. auch jetzo noch die meiſten Neger=Völ=
ker, Flacourt p. 85. Gentil II. 515. Pages
II. p. 104. Sonner II. S. 52. des Marchais
I. 103. II. 177. Lobo p. 27. — Ferner die
Einwohner der Philippinen, Dampier II. 6.
86. die Malabaren, Sonner. I. S. 57.
Voyag. aux Ind. Orient. III. 679. die Sia=
meſen, Loubere I. 163. 227. die Ceylaneſen,
Knox p. 91. die Einwohner von Laos, Ma‑
riny p. 353. und Formoſa, Pſalman. p. 30.
von den Maldiven, von Ternate und Am=
boina Pyrard I. 126. Valentyn I. P. II. p.
15. II. 154.

c) die Abiponen l. c. Dobrizhof., und die Si=
neſen, Memoir. concern. les Chinois II. p.
393. Von den Negern, die Jungfrauſchaft
verlangen, muß man vermuthen, daß ſie nicht
gleichen Urſprungs mit den übrigen ſind,
oder daß ſie dieſe Forderung von ſolchen ge=
lernt haben, die aus einer andern Raçe ab=
ſtammen. Man ſehe, Dapper im Teutſch.
Projart S. 329. des Marchais II. 177.
Sparrm. S. 356. Moore p. 93. 94.

d) Die Otaheiter und Neu=Seeländer, Preville
I. 177. Marion p. 51. Forſt. Obſervat. p.
433. die Einwohner von Wales und Hoch=
ſchottland Home I. 181. die Lydier, Thra=
cier, und auch die alten Griechen Herodot. I.
93. V. 6. Memoires de l'Academie des In‑
ſcript. XXXVI. 439. 442.

e)

e) Tacit. c. 19.

f) Von den Israeliten, Michael. II. S. 132.
137. Mosaisch. Recht, von den Slawischen
Stämmen Anton S. 125. 126. von den
Russen, Georg. Russ. VMK. S. 464. von
den Tataren in Sibirien ib. S. 104. 105.
von den Tscheremissen, ib. S. 32. von den
Tschuwaschen, Müller III. p. 377. Unter
den Tschuwaschen trägt der Braut=Werber
am Hochzeits=Tage, wenn die Jungfraschaft
verloren gegangen ist, ein Trink=Geschirr
umher, in welchem ein kleines Loch ist, das
er mit dem Finger zuhält. In Litthauen S.
125. Anton, werden durchlöcherte Teller auf
den Tisch gestellt. Von Fez, Leo p. 103. 126.
von den Aegyptiern und Syrern, Maillet II.
132. Russel p. 113 – 115. von den Arabern
Arvieux III. 306. Nieb. Beschr. S. 37.
von den höhern Casten in Hindostan, Sonner.
I. S. 51 – 67.

§. 3.

Die Grönländer a), und Thibetaner b),
sind die einzigen Völker vor: Mongolischem
Stamm, unter denen Braut=Preise nicht
gewöhnlich sind. Sonst kaufen ihre Weiber
die Calmncken c), die Katschinskischen Ta=
tarn d), die Kamtschadalen e), Ostiaken f),
und Lappen g), die Bewohner der Philippi=
nen und der Insel Sumatra h), manche Ne=
gern i), die Wilden in Amerika k), endlich
alle Slawische Völker, namentlich die Israe=

N 5   liten

liten l), Babylonier und Eneter m), die
heutigen Morlakken, Illyrier und Wala-
chen n), die Tataren in Sibirien o), und die
Völker vermischten Ursprungs in eben diesem
Lande, die Morduinen, Tscheremissen, Wotiäken, Tschuwaschen, Kirgisen, und Baschkiren p), ferner die Kurden und Hindus q),
die Einwohner in der Barbarey r), und die
Perser s). Unter den Aegyptiern, Arabern,
Türken t) ist das eigentliche Verkaufen selte-
ner. Aus dem Kaufen von Bräuten ist gewiß das Busen-Recht, oder der vertraute
Umgang des Bräutigams mit der Braut unter den Völkern in Sibirien entstanden u),
und vielleicht haben der Kilpgang in der
Schweiz, das Fenster-Gehen in Franken,
und die Probe-Nächte oder Probe-Jahre in
Hochschottland, Irrland, und Connecticut einen ähnlichen Ursprung v).

a) Cranz S. 218.

b) Pallas Nordische Beytr. I. S. 216.

c) Pallas Mongol. Völk. I. S. 200. Lepechin I. S. 137.

d) Pallas Reis. II. S. 683.

e) Steller S. 343-346.

f) Isbrand p. 405.

g) Hogström S. 144-148.

h) Gentil II. 70. Marsden p. 193. 225.

i)

i) des Marchais I. 177. Snellgr. p. 210. Moore p. 93. 94.

k) Charlevoix p. 182. 287. Robertſon I. 319. Dobrizhof. II. 214. 216.

l) Mich. Moſ. Recht II. 107. 124 - 129.

m) Herodot. I. 196.

n) Anton S. 78. Taube I. 68. II. S. 24.

o) Lepechin I. S. 110 - 112.

p) Lepechin l. c. Müller III. 369 - 371. Rytſchkow S. 350.

q) Niebuhrs Reiſ. II. S. 420. Sonner. I. S. 62.

r) Shaw p. 239.

s) Chardin I. p. 231.

t) Mallet II. 81. 87. 118. Nieb. Reiſ. II. 420. Beſchreib. von Arab. S. 75. Ruſſel p. 111. 112.

u) Unter den Baſchkiren, Lepechin II. S. 92. 93. unter den Jaikſchen Coſacken, Pall. Reiſ. I. S. 280. unter den Calmycken ib. I. S. 361. den Tunguſen, Georg. S. 324. den Chriſten in Congo Cavazzi I. 433.

v) Pennant's Hebrides I. 81. II. 432.

§. 4.

Die älteſten Teutſchen und Gallier a) kauften ihre Bräute nicht, und in den Geſetzen der Teutſchen Völker findet man keine Spur b), daß ſie Jungfrauen, wohl aber daß ſie Wittwen gekauft haben c), welches

ſich

sich leicht erklären läßt d). Unter den Griechen und Römern fand sich etwas dem Kaufe
von Bräuten ähnliches e). Die Mingrelier
verkaufen ihre Töchter gleich Slawischen Völkern f).

a) Tacit. l. c. Caef. VI. 13. de bello Gall.

b) Briſſon. de Form. p. 1020. will dergleichen
   gefunden haben.

c) Lex Burgund. p. 460,

d) ib. p. 367. siehe auch Marsd. p. 196. und
   Charlevoix l. c.

e) Goguet II. r. IV. Art. 8. Guys I. 237. Briſſ.
   de Formul. p. 1018.

f) Lamberti p. 158. 263. u. f.

§. 5.

Unter einigen Völkern findet gar keine
Mitgabe Statt, und unter andern ist sie sehr
geringe a), bald aber treten Umstände ein,
welche die Mitgabe selbst unter Polygamischen
Völkern steigen machen b). Unter den Celtischen Völkern nahmen Mitgabe, Leibgedinge,
und das Recht Eltern und Männer zu erben,
mit der Aufklärung und der Einführung des
Römischen Rechts zu c), das den Weibern
schon früh sehr günstig war. d). Die Griechischen Gesetzgeber stimmten über die Mitgabe nicht mit einander überein. e). In An-
se-

ſetzung der übrigen Rechte waren die Weiber viel mehr unter den Griechen f), Römern g), und ſelbſt den Galliern h), als unter den Teutſchen i) eingeſchränkt.

a) Wie unter den Tunguſen und den meiſten Sibiriſchen Völkern, Georg. Ruſſ. Völk. S. 324. unter den Lappen, Regnard S. 313.

b) wie unter den Aegyptiern und Türken, ll. cc. Nieb. Beſchr. von Arab. S. 75. und Pococke I. 175. Ueber die Calmycken, Pallas Mongol. Völk. I. 200. Reiſen I. 361. Lepechin I. S. 137.

c) Tac. l. c. Gebauer p. 226. 239. Lex Wiſig. p. 1919. 1920. Lex Ripuar. p. 162. Sachſ. Spiegel S. 57. 59. 73. Selchow p. 560. 577. 585. 594. 596. Strube p. 324.

d) Briſſ. de Formul. p. 1022. 1023. Gebauer p. 228.

e) Gebauer p. 227. Petit p. 450. 451. Guys I. 261.

f) Meurſ. Lect. Attic. II. 9.

g) Dionyſ. Ant. II. 25.

h) Caeſ. de bell. Gallico VI. 19.

i) Selchow p. 276. 642.

§. 6.

Auch unter Monogamiſchen Völkern gab es mehrere Arten rechtmäßiger Verbindungen zwiſchen Perſonen von verſchiedenen Geſchlechtern.

tern. Die Römer unterschieden Ehe-Frau
und Kebs-Weib a): welches auch im Mit-
tel-Alter geschah, und noch jetzo in Portugal
und im Spanischen Amerika geschieht b).
Ungleiche Ehen waren den alten Teutschen
verhaßt c), und daher entstanden die Ehen
zur linken Hand d). Die Parsen nehmen
fünferley Ehen an e), und zwar aus Ursachen,
die denen ähnlich sind, welche die Zwangs-
Ehen veranlaßt haben f).

a) Brisson. de Formulis p. 1025.

b) Dies könnte man auch aus dem Recht der
Ersten Nacht schliessen, welches Edelleute
über ihre Leibeigene ausübten, und welches
die Christliche Religion abgeschafft haben soll.
Keisleri Antiq. p. 485. Ueber das Concubi-
nat in Portugal und in Peru Mich. Mos.
Recht II. S. 111. Frezier p. 402. 406. 408.

c) Selchow p. 544. 546.

d) ib. p. 549.

e) Anquetil III. p. 560.

f) Ueber die Zwangs-Ehen unter den Juden,
Mich. Mos. Recht II. S. 191. 193. unter
den Griechen, Leg. Attic. p. 452. Meurs.
Lect. Attic. V. 1. Themis Attic. II. 13. Unter den Jrokesen und Huronen Charlev. l. c.
p. 283. 284. 376. — Man sehe ferner über
die alten Mexicaner Acosta p. 282. über die
Hindus, Sonner. I. S. 59.

§. 7.

§. 7.

Frühe Ehen zwischen unmündigen, oft noch ungebornen, wenigstens unreifen Kindern wurden nicht allenthalben aus denselbigen Ursachen geschlossen oder verabredet. Wenigstens findet der Grund, warum Väter ihre Töchter in Bantam a), in Mingrelien b), in Sina c), und Corea d), in Hindostan e), und unter den Parsen f); so früh verheirathen, nicht unter den Calmucken g), gewiß nicht unter den Ostiaken, und andern Finnischen Völkern h), auch nicht unter den Negern i), den Caraiben und Wilden in Florida Statt k). Die Nord-Amerikanischen Wilden hingegen l), und die Formosaner m) fallen in das entgegengesetzte Extremum.

a) **Vogel** S. 649. Voyag. des Holland. I. S. 349. u. f.

b) Chardin I. p. 182.

c) Barbin. II. 81.

d) Voyag. au Nord IV. p. 331.

e) Dow Differt. p. 33.

f) Anquetil III. p. 561.

g) **Pallas Reif.** I. 361. 362.

h) Isbrand p. 406.

i) Moore p. 93. 94.

k) Gumilla III. p. 261. **Oldendorp** I. S. 28. **Samml. von Reifen,** XVI. p. 508.

l)

l) Hennep. p. 201.

m) Voy. aux Indes Oriental. V. 95-105.

§. 8.

Nationen von demselbigen Stamm, und derselbigen Race hatten über verbotene und nicht verbotene Grade die entgegengesetzesten Begriffe. Ehen zwischen nahen oder den nächsten Bluts = Verwandten fanden sich, oder finden sich noch jetzo unter einer viel grössern Zahl von Völkern, als die Verthei= diger des natürlichen Abscheus blutschänderi= scher Vermischungen vermuthet haben: vor= mals unter den Aegyptiern, Assyrern und Persern a), unter den Atheniensern b), und mehrern Celtischen Nationen c): und jetzo noch unter den Mongolischen d), und zum Theil auch vermischten Völkern in Sibirien e), in gewissen Casten der Hindus f), in Cey= lan g), in Nord=Amerika, Californien und Louisiana h), in Grönland i), in Guiana und Brasilien k). Mehrere Nationen hiel= ten es für unerlaubt, sich ausser der Verwand= schaft zu verheirathen l). Andere hingegen trieben wieder die verbotenen Grade zu weit m). Unter den wenigsten Völkern waren die verbotenen Grade durch so vernünftige Bewe= gungs = Gründe bestimmt, als es wahrschein=

lich

lich iſt, daß ſie es unter den Israeliten wa‐
ren n).

a) Montesquieu Eſpr. des Loix XXVI. 14. Bris‐
ſon. de reg. Perſar. II. p. 156.

b) Them. Attic. II. 14. Briſſon. de Form. p.
1089. Petit Leg. Attic. p. 440. 446.

c) Stewart p. 197.

d) Gmelin II. S. 213. Isbrand p. 219. Stel‐
ler S. 346. u. f.

e) Müller III. S. 368.

f) Sonner. I. S. 51. Roger. I. 12.

g) Knox p. 38.

h) Charlev. p. 283. Begert S. 161. Samml.
der Reiſ. XVI. S. 508.

i) Cranz S. 247.

k) Oldendorp I. S. 28. du Tertre II. 376.
Labat II. 77. Barrere S. 166. Deſcript. de
la Guyane p. 231. Biet p. 388. Coreal I. p.
262.

l) Die Druſen Pages I. 396. die Braminen oder
gewiſſe Hindus Rog. und Sonner. l. c. ge‐
wiſſe Familien unter den Wilden in Nord‐
Amerika, Charlev. l. c.

m) Die Sineſen du Halde II. 145. Barbin. II.
107. die Coreenſer, Voyag. au Nord IV. p.
331. die Armenier II. 85. Mall. die Ruſſen
Bruce p. 101. ſelbſt die Huronen und Jroke‐
ſen Charlevoix p. 283. auch die Römer in al‐
ten Zeiten, Plutarch. Quaeſt. Roman. 6.

n) Mich. Moſ. Recht II. 250‐270.

O   §. 9.

§. 9.

Nur eine sorgfältige Vergleichung aller po=
lygamischen, und monogamischen Nationen
lehrt, warum in einigen Gegenden und unter
gewissen Völkern Viel = Weiberey unausrott=
lich war, und aus wie vielen Ursachen Po=
lygamie eingeführt und erhalten wurde. We=
der stärkerer Geschlechts = Trieb, noch Ueber=
zahl von Weibern a) waren die Haupt = Ursa=
chen der Polygamie; der vornehmste und wich=
tigste Grund derselben war von jeher die frü=
he und kurze Jugend und Fruchtbarkeit der
Weiber unter den Völkern von Mongolischem
Stamm, und unter solchen Slawischen Völ=
kern, die entweder im heissen Erd = Gürtel
wohnen, oder sich ihm doch nähern b). Ein
anderer Grund war der Wahn: daß mehrere
oder viele Weiber ein Zeichen von Macht
und Reichthum seyen. Dieser Wahn erhält
Viel = Weiberey unter den sonst so kalten Wil=
den in Nord = Amerika c), und dieser ist es
auch, der so viele unglückliche Mädchen und
Weiber in den Harems Asiatischer und Afri=
kanischer Despoten, ja so gar von Verschnit=
tenen zusammenhäuft d). Die unwichtigste
Ursache der Polygamie ist die wandernde Le=
bens = Art von Wilden, die in sehr entfernten
Gegenden umherziehen, und an mehrern Or=
ten Weiber nehmen e).

a)

a) Man sehe Montesq. XVI. c. 1–4. **Pallas Mongol. Völk.** I. 165.

b) Man sehe die oben angeführten Beyspiele von Völkern, unter welchen frühe Heirathen gewöhnlich sind, und Dow III. p. 18. Man vergleiche hiemit, **Pall. Reif.** II. 7. **Lepech.** I. III. **Georg. Reif.** S. 13. **Niebuhrs Reif.** II. S. 434.

c) In Paraguay und am Oronoko Dobrizhof. II. p. 219–224. Gumilla I. p. 211. III. 267. Grill. p. 89. du Tertre II. 379. Charlev. II. 235. 274. Lett. Edifiant. IX. 364. N. E. In Chili und Patagonien, Frezier p. 125. Marcgrav p. 28. Falkner p. 125. Auch im nördlichen Amerika Charlev. p. 283. 425. in Grönland S. 247.

d) **Mich. Mof. Recht** I. S. 277. Valentyn V. 59. **Höft** S. 49. Smith p. 200. 201. 407. Maillet II. 133.

e) Dobrizhof. und Charlevoix ll. cc.

§. 10.

Die erste Folge von Polygamie war Ver= achtung und Knechtschaft der Weiber a), die= jenigen Fälle abgerechnet, wo Mädchen unter vortheilhaften Bedingungen ausgegeben wur= den, oder alle Mädchen und Weiber ausser= ordentliche Vorzüge hatten, wie unter gewiſ= sen Völkern in Amerika, Afrika, und in der Türkey b). Eine andere Wirkung der Po= lygamie ist der große Unterschied, der noth=

wen=

212

wendig unter mehrern Weibern entsteht, und
der unter armen und rohen Völkern allein
durch Schönheit und Jugend c), unter rei=
chern und grössern Nationen vorzüglich durch
Rang oder Geburt, oder Verträge, oder glück=
liche Fruchtbarkeit bestimmt wird d).

a) Man sehe die Schicksale der Weiber unter
den Hindus Rogers I. 19. Dow III. 14. den
Türken, Russel l. c. den Persern Chardin III.
389. den Sinesen und Siamesen, ll. cc. du
Halde II. 80. 81. Memoir. concer. les Chinois
III. 368.

b) Charlev. p. 425. Projart I. 81. Lobo p.
92. Nieb. Reis. II. 409. Tott I. p. 207.
Der Weiber=Herrschaft in den Marianen ha=
be ich oben schon erwähnt Gobien p. 59. 62.

c) wie unter den Ostiaken und übrigen Sibiri=
schen Völkern, Weber I. 196. unter den Al=
gonkinen, und den Völkern am Oronoko,
Charlevoix p. 283. Gumilla II. 242. In Whi=
da, des Marchais II. 64. 70. 82. Bosmann
S. 413. de Bry VI. 11. Labat V. 326. Ol=
dendorp I. 293. Cavazzi I. 429. Bernier I.
191.

d) so ist es selbst unter den Mannacicas in Pa=
raguay Lett. Edifiant. IX. 89. N. E. In meh=
rern Gegenden von Afrika, des Marchais I.
139. 286. 287. Bosmann S. 239 - 244.
Loyer p. 153. de Manet II. S. 45. 53. Be=
schryv. I. 249. 252. Unter den alten Persern
und Jsraeliten, Athenae. XIII. 1. Michael.
Mos. Recht II. 163-185. 304. auch S. 117.
u. f. In Marokko und der Türkey, Höst

S.

S. 104. 175. und Ricaut p. 275. 280. Bu=
sinello S. 69. Tournefort II. 51. in Aegyp=
ten und Persien Maillet II. 81. 118. Chardin
I. 231. III. 391. 408. 409. In Sina, Siam,
Tunkin und Corea, du Halde IV. 288. 289.
auch II. 143. Le Comte I. 106. 107. Loube=
re I. 109. 159. 161. Mariny p. 156. Voy. au
Nord IV. 331. in Sumatra, Java und den
Philippinen, Sprengels Beytr. I. S. 14.
Valentyn V. 59. Dampier II. p. 55. unter
den Calmycken und Nogaiern, Lepechin I.
277. Tavernier I. S. 149.

§. 11.

Aus der Viel=Weiberey entstehen ferner
unter grossen Völkern: Hang zur unnatürli=
chen Liebe in beyden Geschlechtern, Hang der
Männer zu Buhlerinnen und Tänzerinnen,
Verstümmelung von Menschen, die man als
Verschnittene und Hüter braucht, heimliche
Eifersucht, Vergiftungen, Frucht=Abtreibun=
gen, Kinder=Mord, und nagender Kummer
über die Täuschung natürlicher Triebe a).
Eingeschlossenheit der Weiber aber, und ge=
fährliche quälende Eifersucht der Männer, ist
nicht immer, und auch nicht allein mit Viel=
Weiberey verbunden b). Die meisten Völ=
ker Mongolischen Ursprungs in Asien c), Afri=
ka d), und Amerika e), ferner die Hindus f),
Ceylanesen g), und alten Babylonier erlaub=
ten ihren Weibern grosse Freyheiten. Nir=

D 3   gends

gends aber ist oder war das andere Geschlecht mehr eingeschlossen als unter den alten und heutigen Parthern und Persern h), unter den Mauren i), und Türken k), unter den Sinesen l), und Siamesen m). Auch die Kirgisen n) sind viel aufmerksamer als die Calmykken. Daß die südlichen Nationen Europens eifersüchtiger sind, und ihre Weiber und Töchter mehr einschliessen, oder wenigstens ehemals einschlossen, als die Nördlichern Völker, ist bekannt nu). Polyandrie fand sich im alten Medien und Britannien o), und findet sich noch an der Malabarischen Küste p), in Thibet q), und auf gewissen Inseln der Süd-See r). Eine wahrscheinliche Ursache dieser Sitte läßt sich errathen, die aber nicht auf alle Fälle zu passen scheint.

a) Man sehe Brisson. de regno Persar. II. 162. 164. Chardin III. 385. Businello S. 69. Grose I. 137. 138. Tavern. II. 40. Coreal I. 33. 34. Flacourt p. 85. Pallas Beytr. I. S. 261.

b) Man sehe die folgenden Zeugnisse und Goguet III. VI. Ch. I. Art. 2. p. 188.

c) Von den Calmycken, Pall. Mongol. Völk. I. S. 105. den Nogaiern, Kleemann S. 127. den seßhaften Koräken, den Tschuktschen, Kurilen, und Oestlichen Insulanern Georgi S. 349. 372. den Tscheremissen und Tschuwaschen, Müller III. S. 377. Von den Einwohnern der Philippinen und der

süd-

füdlich = Afiatischen Reiche, Dampier II. 6.
Mariny 86, von den Otaheitern und Süd=
See= Ländern Forfter II. 71. und I. 212.

d) Cavazzi I. 226. Loyer p. 71. Labat V. 67.
Bosmann S. 33. 242. 249. Bernier I. 191.
Cowley p. 292.

e) Carver p. 131. Voy. au Nord V. 291. Hi-
ftor. of the Boucan. I. 238. Curtis in
Sprengels Beytr. I. 110. Falkner p. 126.

f) Hier find die Schriftfteller nicht ganz über=
einftimmend. Man fehe Grofe I. p. 193. Travels II. p. 32. u. f. Pages I. 354. Anquetil
I. 356. Dow Differt. p. 33. Ovingt. I. 28.
Voy. aux Ind. Orient. III. 675.

g) Knox p. 65. Ueber die alten Babylonier
Gog. l. c.

h) Iuftin. L. 41. c. 3. Plutarch I. 489. V. p.
497. Chardin III. 384. Ueber die Drufen und
Araber, Arvieux III. p. 314. 316.

i) Höft S. 103.

k) Ricaut und Tavern. ll. cc. bef. Ruffel p. 127.

l) Lange p. 283. Conquete de la Chine p. 248.
Le Comte II. 73. du Halde II. 140.

m) Loubere I. 225.

n) Pall. Reif. J. 392.

nn) Man fehe Labat Afrique V. 67. Frezier
p. 531. 532. Voy. aux Ind. Oriental. III. 652.
Ueber die Weiber in Athen Petit p. 461. Hu-
mé Oeuvr. IV. p. 303. und meine Gefch.
der Wiffenfch. im Anf. des 2ten Bandes.

o) Strabo XI. 798. Caef. de Bell. Gall. V. 14.

p)

p) Grofe I. 243. Voyag. aux Ind. Orient. **III.**
   675. Pyrard I. 273.

q) Stewart p. 477. im 64. Bande der **Transact.**
   du Halde IV. 572. **Pallas Nord. Bsytr.**
   I. 216.

r) Forfter's Obferv. p. 428.

§. 12.

Die Strafen des Ehebruchs find unter
Völkern, die gemeinschaftlichen Ursprungs
find, ſehr verſchieden. Nirgends waren ſie
lächerlicher, als unter den Tunguſen und Buräten a), noch mehr aber unter den Kurilen
und Kamtſchadalen b). Die Südlichen Aſia-
ten waren meiſtens ſehr gelinde in den Be-
ſtrafungen von Ehebrechern c), nur die Sineſen, Pataneſen, und Malaȳen auf Sumatra und Java ausgenommen d). Auch die
Coreenſer ahnden Befleckung ihres Ehebetts
härter als die Calmȳcken e). Die Amerikaner
find gegen untreue Weiber viel ſtrenger, als
man vermuthen ſollte f). Die Negern ſind
ſich ungleich, im Ganzen genommen aber ge-
linder, als die Amerikaner g). Unter den
Hindus ſteigt die Strafe des Ehebruchs mit
dem Range des Weibes, das man verführt
hat h), die Maldiven ſind nachſichtiger, aber
doch nicht ſo ſehr, als die Mingrelier und
Circaßier i). Die Geſetze der Israeliten waren

III.

ren ungleich ſtrenger, als die der heutigen
Araber k). Die Strafen des Ehebruchs un⸗
ter den Griechen l), Römern m), den alten
und ſpätern Teutſchen n), endlich unter den
Nordiſchen Völkern o) waren ſehr verſchie⸗
den, und wechſelten mit verſchiedenen Zeit⸗
Altern ab.

a) Georg. Ruſſ. Völk. S. 311.

b) ib. S. 356. Steller S. 346. 348.

c) Loubere I. 227. Tavernier III. S. 81.
Mariny p. 68. 451. Gentil II. 73.

d) Hamilt. II. p. 275. Voy. aux Ind. Orient.
II. p. 222. Marsd. p. 301. 320. Beſchr. von
Batavia I. S. 69. 71.

e) Voy. au Nord IV. 321. Pallas Mongol.
Völk. I. 206.

f) Voyag. au Nord V. 201. Sammlung der
Reiſ. XVI. S. 508. Wafer p. 264. Deſcript.
de la Guyane p. 231. Marcgr. p. 29. Labat
II. 88. Gumilla I. 207. Man ſehe unterdeſ⸗
ſen Hartſink I. S. 18.

g) Moore p. 94. Flacourt p. p. 87. 103. Pro⸗
jart I. 79. 80. 327. des Marchais II. 64. 66.
Bosmann S. 243. 247. 411. 440. Beſchryv.
I. 251. de Bry VI. p. 11. Oldendorp I. 293.
Projart I. 121.

h) Sonner. I. 45. Gentoo - Laws c. 19.

i) Pyrard I. 149. Chardin I. 61. 147.

k) Mich. Moſ. Recht V. S. 240. Arvieux III.
312. Hamilton I. 69. Niebuhrs Beſchr. S.
31. 39. Ueber das Verfahren der Türken und

Per⸗

Perſer Ricaut p. 275. und Chardin 1. mox cit.

l) Petit Leg. Attic. p. 463. et ſq.

m) Inſtitut. Iuſtin. IV. 18. §. 4. et ibi Marcil. Pelliccia II. 297 – 305.

n) Tac. c. 18. Lex Wiſig. p. 2214.

o) Mallet p. 109.

§. 13.

Je mehr ſich Völker einer Gemeinſchaft der Weiber nähern, deſto leichter werden die Eheſcheidungen von beyden Seiten a). Im ſüdlichen Aſien findet Verwerfung des Weibes, aber nicht Eheſcheidung ſtatt b). Dies harte Geſetz gilt auch unter den Caraiben c); andere Wilde dieſes Erdtheils geben ihren Weibern etwas mehr Rechte d). Die Negern haben keine uneingeſchränkte Freyheit, ihre Weiber zu verſtoſſen e): ſo wenig als vormals die Juden f), und jetzo die Türken, Perſet, und Mauren g). Noch mehr waren die Weiber unter den Griechen, Römern und den Teutſchen Völkern geſichert h). Unter mehrern Völkern wurden Hageſtolze, und ſpät heirathende geſtraft i); unter andern war die Zahl von Männern feſtgeſetzt, über welche eine Frau nicht heirathen durfte k).

a) Man ſehe die im erſten §. angeführten Stellen, und dann über die Ceylaneſen Knox p. 93.

und

und über die Maldiven Pyrard I. p. 126.
über die Süd=See=Insulaner Forst.Obf. p. 424.
über die Mingrelier und Circaßier Lamberti
p. 269. Tavern. I. p. 147.

b) In Sina , Le Comte II. 80. 81. Tunkin
Tavern. III. 81. Damp. III. 61. in Siam
Loubere I. 161. in Corea Voy. au Nord IV.
p. 331. Ganz anders ist es in Amboina, Valentyn II. p. 154.

c) du Tertre II. 376, 379.

d) Charlev. p. 283. 284. Acosta p. 246. 247.
Cranz S. 247.

e) Moore p. 94. de Manet II. S. 47. Pro=
jart I. S. 79. Oldendorp I. S. 293. Flacourt p. 104.

f) Mich. Mof. Recht II. S. 310. u. f.

g) Arvieux VI. p. 447. auch I. 447. 449. Shaw
p. 239. Maill. II. 81. Chardin I. 335.

h) Meurfii Them. Attic. II. 9. Dionyf. II. 25.
Plutarch I. 127. IV. 877. et ibi Ruald. Lex
Burgund. p. 363.

i) Plutarch I. 192. III. 68. Sachf. Spiegel
S. 523.

k) Georg. Ruff. Völk. S. 323.

§. 14.

Es gab allerdings Völker, die Ehen oh=
ne alle öffentliche Feierlichkeiten vollzogen a).
Die gewöhnlichsten Feierlichkeiten waren und
sind noch jetzo Schmäuse b). Eine Haupt=
Absicht feierlicher Verheirathungen war frey=
lich

lich Kundmachung der Ehen, aber diese war
nicht die einzige. Merkwürdig ist es, daß
vorzüglich die Slawischen Völker grosses Ge-
pränge bey Hochzeiten geliebt haben c).

a) Man sehe die im erften §. angeführten Beyspiele, und dann noch von den Negern Labat
Afrique V. 326. Bosmann S. 241. Unter
den Kamtschadalen besteht die Hochzeit darinn, daß der Bräutigam seine Braut in einem glücklichen Augenblick überrascht, und sie
in allem Ernste zum Beyschlaf zwingt; eine
Unternehmung, die eben so schwer, als gefährlich ist: schwer, weil die Braut sich gegen eine solche Ueberrumpelung mit einer Menge
von Lumpen und ledernen Riemen zu verwah-
ren pflegt: gefährlich, weil die Braut ihre
Gespielinnen herbey schreit, die nicht selten
den unglücklichen Liebhaber auf eine schreckli-
che Art mißhandeln, und ihm auf lange Zeit
Lust und Vermögen zu ähnlichen Angriffen
nehmen. Steller S. 343.

b) Man sehe Oldendorp I. 293. und dann
meinen Grundriß der Religions-Geschichte
im Artikel von Hochzeiten.

c) Ueber die Hochzeits-Feierlichkeiten unter den
alten Slawen, Anton S. 115. 117. den
alten Persern und Israeliten, Arrian. VII. 4.
Mich. Mof. Recht II. S. 132. den heutigen
Hindus Rogers I. 12. Sonner. I. S. 65-67.
68. den Türken und Arabern, Arvieux II. 58.
III. 306. den Tataren und Cosacken in Sibirien, Gmelin I. 143. Pallas Reif. I. S.
280. Vergleiche Home History of Man I. p.
197. — Auch unter den Römern waren in
alten

alten Zeiten grosse Feierlichkeiten, deren Auf-
hören Ungewißheit rechtmäßiger Ehen hervorbrachte. Plutarch VII. 98. 101. Dionyſ. II.
25. Val. Max. II. 1. Roehr p. 133. 209. 307.

§. 15.

Die Grundſätze berühmter Schriftſteller
über die Gränzen der rechtmäßigen väterlichen
Gewalt a), und über die Gränzen der väterlichen Gewalt unter verſchiedenen Völkern b)
ſind faſt eben ſo ſehr verſchieden, als die
Gränzen der väterlichen Gewalt es ſelbſt
ſind c). Nicht einmal unter wilden Völkern von demſelbigen Stamm, und in demſelbigen Erdtheile iſt die väterliche Gewalt
gleich ausgedehnt. Unter einigen iſt ſie ganz
unbedeutend d), unter andern hat ſie faſt gar
keine Schranken e). Nirgends war ſie ty-
ranniſcher, als im ſüdlichen Aſien f); und
auch unter den Slawiſchen Völkern, unter
denen Viel-Weiberey eingeführt iſt, war ſie
von jeher und iſt auch noch jetzo zu groß g).
Unter den Celtiſchen Nationen übten die alten
Griechen h), und noch mehr die Römer i)
eine in freyen und edlen Völkern faſt unbegreifliche väterliche Gewalt aus. Unter den
Galliern war die väterliche Gewalt viel gröſ-
ſer, als unter den Germaniſchen Nationen k).
Das Ausſetzen und Tödten unmündiger Kinder

der war nicht nur unter Wilden und Barba=
ren l), sondern auch unter grossen und culti=
virten Völkern m) gewöhnlich.

a) Locke fur le Gouvernem. Civ. II. 3. Exa=
men philofophique et polit. des Loix relart
aux mariages Londr. 1779. p. 10. 11. Montesquieu Efpr. des Loix XXIH. c. 7-9.

b) Falconer p. 375. auch p. 122. Millar p. 97.

c) Man fehe den Artikel von der Erziehung.

d) bef. unter den Caraiben, Oldendorp. I.
S. 27. in Canada, Charlev. p. 287. Cali=
fornien, Begert S. 130. in Grönland, Cranz
210-215.

e) Unter den Chilienfern, Frezier p. 103. den
Lappen Georg. Ruff. Völk. S. 11. meh=
reren Negern, Labat V. 326. Projart I. S.
78. felbft unter einigen Nord=Amerikanifchen
Wilden Charlev. p. 286.

f) In Sina, du Halde II. p. 140. in Tunkin
III. 81. Tavernier, in Siam, Loubere I. 161.
in Ceylan Knox p. 102. in Hindoftan Damp.
III. 45. 61. auch unter den Calmycken, Le=
pechin I. 296. 297. Nur in Corea nicht,
wenn anders die Erzählung richtig ift, Voy.
au Nord IV. p. 410.

g) Unter den alten Perfern und Jöraeliten,
Ariftotel. Polit. VIII. Mich. Mof. Recht
II. S. 96. 102. In Marokko, Höft S. 103.
Unter den Arabern, Türken, und Perfern
Arvieux III. 303. Chardin I. 233. Unter den
Bafchkiren und Tataren in Sibirien ift die
väterliche Gewalt weniger groß, als unter
den eben angeführten Nationen, Lepechin
II. S. 91. auch I. S. 111.

h)

h) Plutarch I. 361. Themis Attic. Meurſ. I.
c. 1 - 3.

i) Dionyſ. Halicarn. II. c. 26. 27. Home Law-
Tracts p. 118. 119. Bynkershoek Oper. I.
346. Inſtitut. Iuſt. I. 12. §. 4. II. 9. §. 1. III.
1. §. 9.

k) Caeſar de Bell. Gall. VI. 19. Selchow. Jus
Germ. p. 607. 622.

l) wie unter den Nord-Amerikanern, Charlev.
p. 368. 369. den Kamtſchadalen, Steller S.
244. 294. 295. 349. den Hottentotten, Beſchryv. I. p. 275. den Mingreliern, Lamberti
p. 156. 211. den alten Nordiſchen Völkern,
Mallet p. 208.

m) unter den Sineſen Gumilla II. p. 248. den
Spartanern, Goguet Vol. III. VI. Ch. III.
Art. 1. den Römern, Montesquieu Eſprit
des Loix XXIII. 22. und Bynkershoek I. 322.

Siebenzehntes Capitel.

Von dem Zuſtande der Sitten unter verſchiedenen Völkern.

---

§. 1.

Nach dem, was ich in meinem Grundriß
der Religions-Geſchichte, und in den
vorhergehenden Abſchnitten dieſes Entwurfs
über den Einfluß von Klima und Boden,
von Stamm, und Nahrung, von Regierungs-
for-

formen und Religionen auf die Sitten von
Völkern gesagt habe, bleibt mir jetzo nur noch
eine kleine Nachlese von Betrachtungen über
die Wirkungen von Lebens = Arten, oder viel=
mehr von Barbarey und Auffklärung auf die
Sitten ganzer Nationen übrig. — Alle
Schriftsteller, die von den Tugenden und La=
stern von Wilden redeten, verwechselten ver=
schiedene Ursachen derselben, und machten die
einen oder die andern zu allgemein. Wenn
man Tapferkeit, Freyheits=Liebe, und Eifer
für Freunde, und Gemeinde als die allge=
meinen Tugenden aller Wilden nennt, so
braucht dies eben so mannichfaltige Ein=
schränkungen, als wenn man Eitelkeit, Hang
zu Spiel und Tanz, Rachbegierde b), Träg=
heit c), Unkeuschheit d), Unreinlichkeit e),
Hang zur Dieberey f), Völlerey und Gefräf=
sigkeit g), als die gemeinschaftlichen Laster
von wilden Völkerschaften angibt.

a) Robertson I. S. 376. u. f. Iselin Geschich=
te der Menschheit III. 4. u. f. Cap. und an=
dere.

b) Man sehe die oben angeführten Zeugnisse
über das Gemüth und die Sitten der verschie=
denen Stämme und Raçen der Menschen.

c) ib. und über die Sibiriaken, Gmelin I.
160. 313. 367. 465. II. 35. 268. 287. IV.
68. 477. über die Creolen und Chapetones im
Spanischen Amerika Ulloa Voy. I. p. 29.

d)

d) Man sehe das Ende des zweyten Abschnitts.

e) Man sehe die Zeugnisse von der Gemüths-
Art der Amerikaner, und dann noch über die
Unreinlichkeit der Californier, **Begert** S.
155. 159. und der Canadensischen Wilden,
Hennepin p. 340. V. Voyag. au Nord, über
die der Calmucken, und Nogaier, **Lepech.**
I. 138. **Georg.** S. 121. der Buräten und
Jakuten, Isbrand p. 63. **Georg.** S. 267.
Gmelin II. S. 509. der Kamtschadalen,
Steller S. 315. 323. der Morduinen, Wo-
tiäken, und Baschkiren, **Pall.** Reis. I. S.
53. **Gmelin** I S. 99. **Georg.** S. 181. der
Sinesen, Isbrand p. 120. **Gmelin** III. S.
53. — Ueber die Reinlichkeit der Süd-See-
Insulaner, Forst. Observ. p. 398. der Bucha-
ren und Sibirischen Tatarn, **Georg.** l. c.
S. 154. **Gmelin** I. 99. Ueber die Reinlich-
keit der alten Celtischen Völker, Pellout. I.
256. und über die Unreinlichkeit der Spanier,
der Sicilianer, und heutigen Einwohner
Roms, Caimo I. 177. Man vergleiche Duente
I. p. 21. Lett. ecrit. d' Italie II. 507. V. 73.
77.

f) Ueber die Dieberen der Negern, und Süd-
See-Insulaner sehe man die über die Gemüths-Art dieser Völker angeführten Zeugnisse. Abscheu gegen Dieb.erey hatten nicht
nur die alten Celtischen, Iust II. 8. und
Slawischen Völker S. 69. Anton, sondern
auch viele Amerikanische Wilde, Dobrizhof.
II. 153. denen man die Grönländer nur mit
einer gewissen Einschränkung hinzufügen kann,
Cranz S. 227. ferner die Bewohner der Hebriden, Forst. II. p. 304. die Madegassen,
Gentil II. 511. die Malayen in Sumatra und

P   die

die Tungufen, Marsd. und Georgi II. f. cc.
die Hottentotten, Beſchryv. I. 130. die Cey=
laneſen und Hindus Knox p. 64. Pages I.
268.

g) Man ſehe den Abſchnitt von Nahrungs=
Mitteln und ſtarken Getränken und Habeſci
p. 416. 417. Die Otaheiter ſind wegen ihrer
ungewöhnlichen Gefräßigkeit eine ſeltene Aus=
nahme. Preville I. 384. 408.

§. 2.

Die aus dem Stande von Wilden und
Barbaren entſtehenden Laſter ſind Unbeſtän=
digkeit, und Treuloſigkeit a), die aber nicht
in allen mit unergründlicher Verſtellung, Arg=
liſt oder Verſchmißtheit verbunden iſt b).
Feindſeeligkeit gegen Feinde c) iſt eben ſo
wenig, als Gaſtfreyheit d), ein allgemeines
Merkmal aller Wilden und Barbaren.

a) Man ſehe die oben über die Gemüths=Art
der alten Celtiſchen Völker, und beſonders
der Araber angeführten Stellen: dann über
die Neu=Seeländer Marion p. 128. 146. Preville II. 4. 144. 233.

b) Man ſehe die über die Gemüths=Art der
Südlich=Aſiatiſchen Völker, und die Bewoh=
ner der Oſt=Indiſchen Inſeln beygebrachten
Zeugniſſe: ferner über die Irokeſen, Tonti p.
95. 97. in Voy. au Nord V. über die Carai=
ben Gumilla I. 162. über die Marianen, Gobien p. 57. über die Grönländer, Cranz S.
227. 229. über die Negern Oldendorp I.
S.

S. 4ᴜ. u. f. de Bry VI. 9. Ausnahmen sind die Tunkinesen und Siamesen ll. cc. die Chilienser Frezier p. 130. gewisse Negern Shaw p. 238.

c) Man sehe oben im Artikel Völker = Recht den §. von dem Betragen gegen Fremde, und vergleiche noch Livius Lib. 27. cap. 39. Forster II. 157. 166. 174. 428.

d) Ueber die Gastfreyheit der Amerikanischen Wilden Voyag. au Nord V. 113. et sq. 132. 170. 341. Eliis p. 231. Falkner p. 92. Dobrizhof. l. c. — Ueber die der Negern Projart l. S. 64. Labat V. p. 332. Cauche p. 59. Lobo p. 92. Belchryv. I. 132. der Calmocken Pallas Mongol. Völk. I. S. 102-105. dessen Reis. I. 309. 310. der Kurilen, Georgi S. 355. der Bewohner der Bashee-Inseln im Archipelagus St. Lazari, Damp. II. 131. der Bewohner von Sumatra, und den Nicobarischen Eylanden, Dampier II. 221. Travels through Europ. Asia etc. l. c. — Ueber die Gastfreyheit der Jsraeliten, und anderer alten Völker Asiens Goguet I. VI. p. 325. et sq. — der Araber Arvieux III. 180. 262. der alten Slawen Anton S. 65 - 69. der heutigen Sclavonier Taube I. 7. der Baschkiren II. 35. 66. Lepechin, der alten Teutschen, und der übrigen Celtischen Völker Tacit. c. 21. et Pellout. l. c.

§. 3.

Man muß entweder sehr wenig unterrichtet seyn, oder auch die Wörter die man braucht,

in

in einem ganz andern Sinn nehmen, als andere Menschen, wenn man eigentliche Wilde unschuldig und glücklich nennt. Zwischen der Wildheit aber und der Cultur gibt es einen gewissen Punct oder Mittel-Zustand, auf oder in welchem Völker diesen Namen verdienen. Auf diesem Puncte standen die Athenienser kurz vor und zwischen den Persischen, und dem Peloponnesischen Kriege a), die Römer vor ihren Siegen ausser Italien b), mehrere Englische Colonien c), die entferntern Pflanzer auf dem Vorgebürge der guten Hoffnung d), vormals die Bewohner der Orkaden, besonders der Insel St Kilda e), vielleicht auch die Maroniten in gewissen Gegenden des Berges Libanon f), und die Parsen g), wo sie nicht von ihren Beherrschern zu sehr gedrückt werden.

a) Man sehe den zweyten Band meiner Geschichte der Wissenschaften II. 118.
b) Meine Geschichte des Verfalls der Sitten und Staats-Verfassung der Römer S. 15. und 48.
c) History of South-Carolina II. 294-296.
d) Sparrmann S. 468. 535.
e) Martin p. 66.
f) Roque I. 181.
g) Niebuhrs Reis. II. 49.

§. 4.

§. 4.

Diese Unschuld und Glückseeligkeit noch nicht unaufgeklärter Völker wird unfehlbar durch eine zu grosse Ungleichheit von Gütern und Rechten im Innern a), und noch mehr durch Raubsucht und durch Kriege zerstört b), die mit reicher Beute, und glänzenden Erobe= rungen verbunden sind, und wodurch rohe Sieger auf einmal in den Besitz verführeri= scher Schätze, und den Genuß vieler ihnen bisher unbekannter Vergnügungen und Be= quemlichkeiten versetzt werden.

a) Man sehe den Abschnitt von der Entstehung des Lehn=Systems, und Forster II. 129.

b) Hier kann man sich auf die Geschichte aller grossen Völker berufen, die grosse Thaten ge= than, grosse Verheerungen angerichtet haben, und dann mehr oder weniger geschwind vom Schauplatze verschwunden sind.

§. 5.

Wenn man sich von der Grundlosigkeit der Lobsprüche, die man der Unschuld und dem Glück aller barbarischen Völker ohne Ausnahme gegeben hat, überzeugen will, so braucht man nur die Sitten der Heldenzeit der Griechen a), die Sitten der Teutschen Völ= ker im Mittel=Alter b), selbst die Sitten der so sehr gepriesenen Ritter des elften und der

fol=

folgenden Jahrhunderte c), oder auch die Sit=
ten der Spanier und Portugiesen d) im süd=
lichen Amerika mit den Sitten seines Volks
und seines Zeitalters zu vergleichen. Wahre
Aufklärung bringt nicht allein keine Sitten=
Verderbniß und Unglauben hervor, sondern
ist das sicherste Gegen=Mittel gegen beyde.
Aufklärung kann sich eine Zeitlang neben Sit=
ten=Verderbniß erhalten, wird aber unver=
meidlich durch diese letztere eingeschränkt, und
auf die Länge ganz unterdrückt. Sitten=Ver=
derbniß stürzt die aufgeklärtesten Völker un=
aufhaltsam in eben den Aberglauben und eben
die schimpflichen Laster zurück, die man für
Eigenthümlichkeiten von Wilden und Barba=
ren e) zu halten pflegt.

a) Isocrat. II. p. 242. Thucyd. I. c. 5. 7. Arist.
   VII. 2. Politic. Chamael. ap. Athenae. XI.
   2. Plutarch. in Theseo I. p. 13. 16. 60. 64.
   Goguet II. VI. Ch. 3. p. 292. Siehe auch
   den Anfang des ersten Bandes meiner Ge=
   schichte der Wissenschaften.

b) Schmidt Gesch. der Teutsch. I. S. 26.
   246. 499. besond. Capitular. Reg. Francor.
   p. 635 = 639. 1491.

c) Man vergleiche Stewart p. 67. 121. Fergu=
   son p. 307 = 309. St. Palaye I. 67. 102. 137.
   143. 225. 256. 275. II. 66. 68. Marin I. 412.
   460= II. 262. 292. Schmidt II. S. 136.
   Apologie pour Herod. I. S. 223. 282. 480.
   u. f. de Guignes im 37. Bande der Memoi=
   res

res de l' Academie des Inſcript. p. 495. Püt-
ters Reichs = Geſchichte S. 255. 293.
Möhſens Geſch. der Wiſſenſchaften I. 127.
257. 260. 274. 279. 408. 411. 417. 431. 508-
517.

d) Pages I. 117. Gage I. 165. 175. Barbinais I.
145. III. 203. Frezier p. 404. 449. 453. 455.
531. 532.

e) Man ſehe Falconer p. 516. 524. Home Hiſtory of Man I. 331 - 351. Ferguſon S. 370.
u. ſ.

Achtzehntes Capitel.

Von Wohlſtand und Anſtand: von den Begriffen
verſchiedener Völker über das, was ehrenvoll oder
ſchimpflich ſey.

§. I.

Es gibt allerdings Völker, die keine Emp-
findungen der Schaam, keine Schaamhaftigkeit kennen, und die doch Wohlſtand
oder gewiſſe Geſetze des Verhaltens gegen andere Menſchen beobachten a), und ohne Ausnahme kann man behaupten, daß nie eine
Nation ohne Regeln des Wohlſtandes gefunden worden. Dies Decorum iſt aber ſelbſt
unter den Wilden nicht nur verſchiedener ſondern auch deſſelbigen Erdtheils ſehr von einan-

P 4 der

der abweichend, und oft unerklärlich oder un=
glaublich ungereimt. Die Canadensischen
Wilden betragen sich anders b), als die Grön=
länder c), oder ihre Brüder in derselbigen Hälf=
te von Amerika d); und alle unterscheiden sich
wieder von den Abiponen e), und den Insu=
lanern nicht weit von Garcias de Dios f).
Die Lappen g), Buräten und Baschkiren h)
sind einander durch Stamm nahe verwandt,
in Rücksicht auf Wohlstand aber sehr verschie=
den, und eben diese Völker nähern sich hin=
gegen andern, die durch Stamm und unge=
heure Räume von ihnen getrennt sind i).
Eben so sonderbar sind die Freundschafts=Ver=
sicherungen, welche die Mallicolesen, und an=
dere Süd=See=Insulaner Fremdlingen ge=
ben k). Erklärlicher ist das Betragen der
Otaheiter, und ihrer Nachbaren l), und die
Uebereinstimmung desselben mit einer Sitte,
die man in Hindostan antrifft. Die Negern
stimmen in einigen Puncten mit den Amerika=
nern zusammen, doch haben sie mehrere Ge=
wohnheiten, die ihnen eigenthümlich sind,
und die den kühnsten Rather verwirren könn=
ten m).

a) Begert S. 162. von den Californiern du
Tertre II. 376. und Oldendorp I. S. 23.
von den Caraiben, endlich die oben von den
Kamtschadalen und Oestl. Insulanern ange=
führten Zeugnisse.

b)

b) Charlev. p. 218. 243. 374. Hennepin 332. 339. 344. 345.

c) Cranz S. 223. 224.

d) Sammlung der Reif. XVI. S. 260.

e) Dobrizhofer II. 144. 145.

f) Hist. of the Boucan. I. 240.

g) Hoyſtröm S. 166.

h) Georg. Reif. S. 311. Lepechin II. S. 45. 65.

i) Den Aethiopiern Lobo p. 90. und Neu = See = ländern Forſt. I. 137.

k) Forſters Remarks p. 595.

l) Forſt. I. 137. 161. 169. 174. 320. 424. Pre-ville I. 193. della Valleé VII. 301.

m) de Bry VI. p. 17. des Marchais I. 281. Lo-bo p. 29. Adanſon p. 28. Moore Travels p. 86. Proſart I. S. 62. II. 184. 240. Loyer 103. Boſmann S. 156. 230.

§. 2.

So bald Völker ſich über den Zuſtand der Wildheit erheben, ſo fängt Religion a) und beſonders Verfaſſung an, ihren Einfluß auf die Geſetze des Wohlſtandes zu äuſſern. Freye Völker b), dergleichen die Griechen und Römer waren, hatten ein ganz anderes De-corum, als weniger freye oder gar von Deſpo-ten beherrſchte Nationen, wenn dieſe auch noch an der Gränze der Wildheit ſind, wie

P 5 die

die Natchez in Amerika c), und viele Afrika-
nische Negern d). Unter den Nomadischen
Arabern ist das Etiquette noch nicht so knech-
tisch e) als unter den städtischen Mauren f),
oder unter den Türken g), Aegyptiern h),
Mingreliern i), Persern k), und Hindus l).
Die Gesetze des Wohlstandes nehmen an Zahl,
und Beschwerlichkeit mit dem Despotismus
im südlichen Asien unter den Siamesen m),
Tunkinesen n), Formosanern o), Malayen p),
Amboinesen q), und Sinesen zu r), denen
man noch die Thibetaner s), und Japanesen t) zuzählen kann. Nicht so erniedri-
gend ist der Wohlstand unter den Calmykken u).

a) Z. B. unter den Russen, Weber I. S. 414.
Man sehe auch Gmelin I. S. 162.

b) Man sehe unter andern Lucian. I. 724. Plutarch VII. p. 79. 81.

c) Charlevoix p. 419. 429.

d) des Marchais II. 43. 184. Bosmann S.
407. Snellgrave p. 32. 45. Cavazzi I. 218.
Marmol III. 119. de Bry VI. 19. Le Maire
in Osborne's Samml. II. 619. Römer S.
139. de Manet I. 279. II. 24.

e) Niebuhr's Beschr. S. 49. dessen Reisen
I. S. 412. u. f. Arvieux III. 13. 29. 181.
196-199. 324-328.

f) Shaw p. 237. 238. Höst S. 111-113. 222.
223.

g)

g) Pocoke I. 182.

h) Maillet II. 137. 138. Arvieux I. 229.

i) Chardin I. 65.

k) Briſſon II. c. 178. Chardin I. 248. 366. III. p. 49–52.

l) Ovington I. 181. Toreen S. 455; auch Pyrard I. p. 53. della Valle VII. 300.

m) Loubere I. 165–171.

n) Tavernier III. 82. Mariny p. 83. 85.

o) Pſalman. p. 119.

p) Dampier III. 67.–174.

q) Valentyn II. 246.

r) Memoir. concern. les Chinois III. 499. IV. 141. 49. Ovingt. I. 181. Isbrand p. 148. Voy. au Nord V. p. 403. Barbin. II. 46. 47. du Halde II. 35. 115. 116–119. 120. 126-30. Le Comte II. 45–55.

s) Tavern. II. 181.

t) Kämpfer II. S. 281. Voyages aux Indes Orient. II. 98.

u) Pallas Mongol. Völk. I. 228. deſſen Reiſen I. S. 329. 351. 396.

§. 3.

Die Wörter, Schaam, Schaamhaftigkeit und Sittſamkeit, Ehrbarkeit, Anſtand oder Anſtändigkeit, und Schicklichkeit ſollten, wie ſie es könnten, beſtimmt, und dann in ihren feſtgeſetzten Bedeutungen gebraucht werden. Es gab allerdings auſſer den ſchon genannten meh=

mehrere durchaus schaamlose Völker a). Auch
diejenigen Nationen, die es für ehrbar hiel=
ten, den Cörper zu bedecken, wichen in den
Theilen, die sie am sorgfältigsten verbergen
zu müssen glaubten, sehr weit von einander
ab b), und fielen nicht selten mit sich selbst
in die unerklärlichsten Widersprüche c). So
wie es unter Wilden seltsame Raffinerien von
Wohlstand gibt; so auch von Sittsamkeit und
Bescheidenheit d). Nichts ist ungeheurer,
als die Schaamlosigkeit, worinn die Griechen
und Römer zur Zeit ihrer höchsten Sitten=
Verderbniß versanken e).

a) Die Otaheiter, und andere Süd = See = In=
  sulaner, Forster II. 137. Observ. p. 433.
  Preville I. 177. 273. Voyag. aux Ind. Orient.
  IV. p. 627. Mehrere Neger=Völker Cavazzi
  II. 130. de Bry VI. c. 12. die Caffern, Sparr=
  mann S. 336. Ein Volk am Pontus Xenoph.
  II. p. 281.

b) Von den Aegyptierinnen, Niebuhrs Reis.
  I. S. 165. Hasselquist S. 73. Tunkinesen
  Tavernier III. 82. Maldivinnen Pyrard I.
  142. Malabarinnen l. c. den Weibern in den
  Philippinen Pages I. p. 184. auf der Erd=
  Enge Darien Wafer p. 248. 263. den Grie=
  chen und Griechinnen Dionys. VII. 2. Plat.
  de Republ. V. 330. Gog. III. Ch. VI. 3. 1.
  Memor. Socr. III. 11. 14. und meine Abh.
  über den Luxus der Athenienser: über die Rö=
  mer Val. Max. II. 1. 7. Plutarch II. 589.
  Liv. Lib. 45. c. 39.

c)

c) Ueber das Baden der Rußinnen, Weber I.
S. 21. Anton S. 112. der Sicilianerinnen
de Borch II. p. 142. Ueber das Betragen der
Griechinnen, meine Abhandlung über den
Luxus der Athenienser, auch Millar p. 70.
Gog. III. p. 389. Apul. II. p. 19. der Spar-
tanerinnen Gog. III. Ch. VI. III. Art. I.
und Plutarch I. 193. der Sineſen Memoir.
conc. les Chinois IV. 170. der Römer Plutarch II. p. 583. der Weiber auf Java, Beſchreib. von Batav. I. S. 71.

d) Unter den Grönländerinnen S. 209. 247.
Cranz, den Kamtſchadalinnen S. 343. Steller, den Weibern der Morduinen, und Baſchkiren Lepech. II. S. 93. und I. S. 107. mehrerer Wilden in Amerika, Lafitau I. p. 564.
unter den Maurinnen Taſſy p. 61. den Aegyptierinnen Maill. II. p. 83. den Chriſtinnen
in Aleppo Ruſſel p. 127. den Griechinnen,
Guys I. p. 452.

e) Man ſehe unter andern Apulej. X. p. 186-
194. Plutarch II. 589. Val. Max. II. 10.
Lactant. Inſtit. div. I. c. 20. van Dale de
Oracul. p. 544.

§. 4.

Es gibt Geſetze der Schicklichkeit, wie
des Wohlſtandes, unter den wildeſten Völkern in Amerika und Afrika a). Zeichen der
Menſchlichkeit und Liebe von ſich zu geben,
iſt oft unſchicklich, nicht aber, auf eine, Europäer beleidigende Art zu betteln b). Die
Spartaniſchen Jünglinge muſten ſich faſt
eben

eben so sehr beobachten, als die Aegyptischen
Priester c). Kaum scheinen uns die Geschäffte von Fürsten und Fürsten-Töchtern im
Patriarchalischen Zeitalter und unter den Arabern, d) so unschicklich, als die Aeusserungen
grosser Könige und Weltweisen unter den
Griechen in den Zeiten der höchsten Aufklärung e).

a) Man sehe im zweyten Capitel die Beweis-
Stellen über die Gemüths-Art der Negern
und Amerikanischen Wilden.

b) Man vergleiche Valentyn II. p. 155. mit
Forster I. 286. 320. Bosmann S. 163. und
Valentyn I. p. 2. 15.

c). Xenoph. de rep. Laced. c. 3. und Schmidt
p. 21.

d) Goguet I. 326. II. 379. Shaw p. 237. 238.

e) Agesilaus fing eine Laus bey einer gottes-
dienstlichen Handlung, und tödtete sie mit
den Worten: daß es süß sey, seinen Feind
auch am Altare zu vernichten. Plutarch VI.
784. der strenge Cyniker Kallisthenes scheute
sich nicht, in einer grossen Gesellschaft zu
sagen, daß er sich in den Zeiten gewisser Be-
dürfnisse an öffentliche Weiber zu wenden pflege. Xenoph. Sympos. c. 4. und Apulejus,
der sich vor Gericht gegen die Beschuldigung
vertheidigte, daß er seine nicht mehr junge
Frau durch Bezäuberungen für sich eingenom-
men habe, brauchte unter andern den Grund:
daß der Ehestand das beste Mittel gegen ihre
Kränklichkeiten gewesen sey. Apul. I. p. 359.

§. 5.

§. 5.

Ehrlichen und ehrvollen Ständen, Ge-
werben u. ſ. w. ſind ehrloſe, und. entehrende
entgegengeſetzt a). Ehrlos waren unter vielen Völkern der Feldbau und alle Handwerke b), die Beſchäfftigung oder der Stand von
Tänzern und Tänzerinnen, Schauſpielern,
Tonkünſtlern und Kämpfern c), von Zöllnern,
Barbierern, Badern, und Bütteln d); ehr-
lich hingegen oder gar ehrenvoll waren anderswo die Geſchäffte von Henkern e), Anklägern
oder Angebern f), und Kaufleuten g), die
wiederum in gewiſſen Gegenden nicht geehrt
wurden h). Unter vielen Nationen war es
eben ſo ehrenvoll zu rauben, als das Stehlen
ehrlos war i). Ehrenvoll war es unter manchen Völkern k), eines gewaltſamen Todes
zu ſterben, mehr als andere ſaufen zu können l), in einem ehrloſen Stande den Tod
mit Unerſchrockenheit zu empfangen m), ein
wildes Thier erlegt, und Mütter mißhandelt n), oder einen ſtarken Bart, und viele
Kinder zu haben o), ſchimpflich hingegen war
es unter den Hunnen, zu Fuſſe zu gehen p),
unter den Teutſchen, vor dem zwanzigſten
Jahre ein Weib erkannt zu haben q), in Medien, wenn eine Frau nicht fünf Männer hatte r), in Otaheite, wenn Mädchen nicht viele Liebhaber oder ſichtbare Zeichen der Puber-
tät

tät haben s), unter den Türken, zu tanzen, Mu:
fik zu verstehen, und Ungläubigen die letzten
Dienste zu erweisen t): unter den Sinesen, Sol-
dat u), und unter vielen Völkern endlich kahl-
köpfig zu seyn v). Nicht schimpflich war es
unter manchen Nationen, Frauen umzutau-
schen, oder sich Weiber zu leihen w), und
auſſer einer rechtmäßigen Ehe x) geboren zu
seyn.

a) Ueber diese Begriffe sehe man Goguet I. p.
   35. 36.

b) Man sehe den Abschnitt von den verschiedenen Graden der Cultur.

c) Man sehe den Artikel von Ergötzungen, und
   Memoires conc. les Chinois IV. 159. Sach-
   sen=Spiegel S. 97.

d) Moehsens Gesch. der Wissensch. S. 293.
   Loyer p. 229. Boswell p. 285.

e) In Georgien Tournef. II. 130. im Mittel-
   Alter, Keisler p. 167. Barthol. p. 55. Dreyer's Miscellaneen S. 80.

f) Freinsheim. L. 54. c. 37.

g) Hesiod. oper. et dies V. 311. Plutarch I.
   317. Polyb. VI. c. 9.

h) Arist. Polit. VII. 9. Plat. p. 799.

i) Caesar VI. 21. 23. Gog. II. 1. IV. 8. Cavazzi I. 226. Iliad. Hom. I. 217. VII. 321. XIII.
   277.

k) Man sehe das letzte Capitel meines Grund-
   risses der Religions=Geschichte.

l)

l) **Römer** S. 261. Dobrizhofer II. 482. Cluver. Germ. p. 143.

m) Arrian. Diſſert. I. c. 30.

n) Beſchryving I. p. 294. 296. 353.

o) Mallet II. 81. und den Artikel von **Ehe-Geſetzen.**

p) Ammian. Marc. l. ſup. cit.

q) Caeſar VI. c. 21. 23. de bell. Gall.

r) Strabo XI. p. 798.

ſ) Forſt. Obſerv. p. 433.

t) **Niebuhrs Reiſ.** I. S. 175. 405.

u) Memoir. concer. les Chinois IV. 437.

v) Saubert. de ſacrif. p. 202-206.

w) **Siehe oben den Abſchnitt von Ehe-Geſetzen.**

x) ib.

Neunzehntes Capitel.

Von den Meynungen, Geſchicklichkeiten und Künſten unaufgeklärter Völker.

---

§. I.

Wilde und Barbaren haben entweder den Begriff von Welt gar nicht a), oder denken gar nicht an ihre Entſtehung b), oder glauben auch nur, daß einzelne Theile derſelben entſtanden ſind c). Wenn aber die erſten

Q   For-

Forſcher der Natur bis zu dem Gedanken kom=
men, daß alles entſtanden ſey, ſo nehmen
oder nahmen ſie ſtillſchweigend das Ohngefähr
oder die Nothwendigkeit als die Urſache aller
Dinge an d).

a) Charlev. p. 344. Dobrizhof. II. 70.

b) Marsden p. 259. Pellout. II. 109.

c) **Cranz** S. 294. Falkner p. 115. Mallet Edda p. 16. 17. und die im folgenden §. anzu=
führenden Schriftſteller.

d) Man ſehe den erſten Theil meiner Hiſtoria
doctrinae de vero deo, Edda p. 6. u. ſ. p. 24.
Lepechin I. 282. **Pallas Reiſ.** I. S. 334.
u. ſ.

§. 2.

Rohe Völker ſtimmen in ihren ſinnlichen
Vorſtellungen von der Natur ſehr genau mit
einander überein a). Die Denk=Art unauf=
geklärter Menſchen erhellt am meiſten aus ih=
ren Begriffen von den Verfinſterungen der
Sonne, und des Mondes, und deren Urſa=
chen. Einige Völker glauben, daß die Ge=
ſtirne ihre Pläße am Himmel freywillig ver=
laſſen b), andere daß ſie durch Zorn c), oder
Krankheiten, oder Bezauberungen, und Ver=
wundungen d) entſtellt, oder auch von Unge=
heuern angegriffen werden e), oder endlich
in Gefahr ſeyen, durch ſich ſelbſt aufgerieben
zu werden f).

a)

a) Buffon Epoq. de la Nat. p. 36. 37.

b) Die Grönländer, Cranz S. 293. 294.

c) Die Wilden in Neu = Andalusien, Coreal I. 139. die Ternaten Voy. aux Ind. Orient. I. 517. die Madegassen, Sonner. II. S. 52. die Mingrelier Lamberti p. 170.

d) Die Griechen und Römer Lomejer. p. 237. Tac. I. 28. die Wilden in beyden Hälften von Amerika Dobrizhof. II. 77. 93. Gumilla III. 243. Ulloa II. 231. Charlevoix p. 400. Adair p. 65.

e) Lett. Edifiant. IX. 366. Nouv. Edit. Barrere S. 173. Charlev. I. 181. II. 236. 371. Moore p. 101. Niebuhrs Beschreib. von Arabien S. 119. della Valle III. p. 31. Dreyer II. 802. Schütz S. 190. 191.

f) Die Einwohner von Sumatra Marsden p. 159. die Grönländer, Cranz S. 293. 294. Die Meynungen der Hindus und Abiponen über die Natur der Gestirne sehe man in einer Abhandlung des Le Gentil in den Memoires de l' Academie des Sciences de Paris vom Jahre 1773. Bailly Histoir. de l' Astron. p. 115. und Dobrizhof. II. p. 93.

§. 3.

Unaufgeklärte Völker legen alle merkwürdige Erscheinungen auf der Erde und am Himmel nach ihren Religions = Begriffen aus. Es gibt einige Völker, die Blitz und Donner nicht fürchten a); die meisten halten sie aber für Zeichen des Zorns höherer Naturen b).

Q 2   Die

Die Meynung von Donnerkeilen soll auch in Rußland und Sibirien allgemein seyn c). Den Regen, Regenbogen und Nordschein erklären die Kamtschadalen und Grönländer auf eine ähnliche Art d), das Erdbeben aber leiteten die Kamtschadalen und Nordischen Völker aus verschiedenen Ursachen ab e).

a) Die Circaßier, Tavernier I. 146. die Guianer, Barrere S. 173. die Abiponer, Dobrizhofer II. 86.

b) Mehrere Völker in Paraguay Lett. Edifiant. IX. p. 366. N. E. Charlevoix II. 236. in Nord=Amerika Adair p. 65. Charlevoix Jour. p. 401. die Calmycken, Tungusen, Bratski's, und Kamtschadalen, Pallas Reis. I. S. 343. Gmelin II. S. 135. Steller S. 64.

c) Gmelin III. S. 402.

d) Steller S. 64. Cranz S. 260. 290. die Meynung der Nordischen Völker sehe man in der Edda Myth. II.

e) Steller S. 267. Edda p. 106.

§. 4.

Die Meisten Völker glaubten ihre Vorfahren oder die ersten Menschen aus der Erde, oder aus Felsen oder aus Bäumen oder aus Eyern oder aus Zähnen oder aus Schaum entsprungen a), oder auch von Thieren hervorgebracht b). Nur die kleinere Zahl, leitete

tete sich von Göttern, Helden oder Riesen
ab c).

a) Die Meynnugen der ältesten Griechen und
Römer sind bekannt. So dachten ferner die
alten Peruaner Acosta p. 284. 285. Zarate I.
p. 49. die Calmycken Lepechin I. S. 281.
die Bewohner der Molukken, Argensola I. p.
5. 6. und der übrigen Ost = Indischen Inseln
Valentyn II. 139. der Philippinen und Marianen Marsden p. 257. Gobien p. 63. die
Grönländer Cranz S. 261. 296. Einige Völker am Oronoko I. 173 – 176. Gumilla.

b) Die meisten Wilden in Amerika, Lett. Edif.
VI. p. 168. 171. N. E. Charlev. p. 344. Begert S. 100. Cranz S. 296. Gumilla I. p.
171.

c) Die Celtischen Völker Pellout. II. 109. Auch
die Nordischen, Edda p. 11. u. f. die Otaheiter Preville I. 453. 455. Einige Wilde in
Nord = Amerika Charlev. p. 344. die Peruaner auch Zarate l. c. Von den Chaldäern
und Japanesen ist es bekannt.

§. 5.

Selbst unter den unaufgeklärten Völkern
findet man einige fast allgemein verbreitete
Meynnungen. Hieher gehört die von grossen
zerstörenden Fluthen a), von gewissen heiligen Zahlen b), von grossen Werken, die von
Riesen oder Geistern aufgeführt worden c),
endlich von verborgenen Schätzen, die von
Q 3   Gei-

Geistern bewacht, und von Fremdlingen auf=
gesucht und leicht weggezaubert würden. d).

a) Diese fand sich nicht bloß unter den Hindus
und andern Völkern Asiens Lett. Edif. IX.
19. sondern auch unter den Peruanern, Za=
rate l. p. 50. und findet sich noch unter den
Negern, Oldendorp I. S. 309. unter den
Brasilianern Leri p. 248. den Floridanern,
Charlev. II. 499. den meisten, aber doch nicht
allen Nord = Amerikanischen Wilden I. 249.
Kalm, den Lappen und Grönländern Hog=
ström S. 64. Cranz 268. 69.

b) Diese findet man durch das ganze Nördliche
Europa, und durch ganz Asien ausgebreitet,
Dreyer II. 823. Maillet p. 83. 86. Memoir.
concern. les Chinois II. p. 470. Lett. Edif.
III. p. 227. N. E. Gmelin, Vorrede des
dritten Bandes der Reisen, Spangen=
berg S. 73. 75. 87. Politian. Epist. XII. 8.
Eccard. Orig. Germ. p. 77.

c) Kalm I. 250. Anquet. Disc. Prelim. p. 392.
Perry p. 327. Chardin II. p. 196. Keisler p.
209. 214. 228. Boulanger I. p. 6. Niebuhrs
Reis. und Hasselquist, Shaw, Pococke und
andere Beschreiber des Morgenlandes an vie=
len Orten.

d) Fortis II. 94. Nord. p. 34. 325. und viele
andere.

§. 6.

Zu den Geschicklichkeiten von Wilden und
Barbaren gehört ausser einer unglaublichen
Fer=

Fertigkeit im Jagen, Fiſchen, und Schwim=
men a), zuerſt vorzüglich die Kunſt kleinere
und gröſſere Schiffe zu bauen und mit dieſen
über die gefährlichſten Brandungen und Waſ=
ſerfälle zu fahren b). Um deſto unerklärli=
cher iſt es, daß die nothwendigſte unter allen
Künſten, die Arzney=Kunde, von manchen
Völkern ganz vernachläßigt worden c), und
unter den meiſten höchſt unvollſtändig geblie=
ben, oder wohl gar zum Verderben der Men=
ſchen verkehrt worden iſt. Dies gilt nicht
nur von Wilden und Halb=Wilden d), ſon=
dern auch von den groſſen Völkern in Afrika
und Aſien: von den Mauren e), Türken und
Arabern f), den Perſern g), den Hindus
und Ceylaneſen h), den Siameſen i), Sine=
ſen k), Japaneſen l), und den Abkömmlingen
dieſer Völker. Wenn man den Zuſtand der
Heil=Kunde unter dieſen Nationen kennt, ſo
findet man nicht ſo viel fremdes und unglaub=
liches in der Geſchichte der Entſtehung dieſer
Wiſſenſchaft unter den Griechen m) und im
Mittel=Alter mehr n).

a) Man ſehe die Abſchnitte von den verſchiede=
nen Graden der Cultur, und der Erziehung
der Kinder, und dann von den Otaheitern
Preville I. p. 287. von den Maldiven I. 75.
Pyrard, von den Hottentotten, Beſchryv. I.
350-58. den Lappen, Regnard S. 329.
von den Arabiſchen Tauchern in Jambo Irwin p. 61. Q 4 b)

b) Man fehe Robertſon I. p. 376. **Ueber die Canots und Pyrogen der Amerikaniſchen Wil**den, Charlevoix p. 193. 404. Tonti p. 44. 45. der Chilienier und Peruaner, Robertſon II. p. 320. Feuillée II. 592. Frezier p. 209. der Grönländer und Eskimos, **Cranz** I. c. und Ellis p. 135. der Negern Adanſon p. 53. der Celtiſchen und Nordiſchen Völker Barthol. p. 120. Cluverius p. 135. der Otaheiter, und Neu = Seeländer, denen die Schiffe der Jnſulaner im Archipelagus St. Lazari ähnlich ſind, Forſter II. 61. Preville I. 421. 424.

c) Dies geſchieht unter den Grönländern, **Cranz** S. 298. 299. den Oſtiaken, und Californiern, **Begert** l. c. und Müller ſur les Oſtiackes p. 404.

d) Ueber die **Morlaken**, Fortis I. 93. über die **Ruſſen, Lepechin** III. 30. die **Calmycken, Pallas Mongol. Völk.** I. S. 170. die Lappen, **Hogſtröm** S. 183. **Regnard** S. 314. über die Kamtſchadalen, **Steller** S. 362. die **Hottentotten,** Beſchryv. I. 363. über die Jnſulaner in dem Oſt = Jndiſchen Archipelagus, Valentyn II. 250. 251. über die Wilden auf der Erd = Enge Darien, Wafer p. 169. und im Nördlichen Amerika, Charlevoix p. 366. 367. Hennepin in den Voyag. au Nord V. p. 292. 293. Ellis p. 188. Boſſu p. 179.

e) Shaw p. 194.

f) Maillet II. 139. Theven. I. 171. und Kämpfer, loco mox citando.

g) Chardin III. p. 275.

h)

h) Sonner. I. S. 94-100. Bernier II. 152.
Knox p. 113. über die Maldiven Pyrard I.
p. 133.

i) Loubere I. 190. et sq.

k) du Halde III. 461. et sq. Ueber die Malayen,
Marsden p. 153.

l) Kämpfer II. S. 404. 429-33:

m) Le Clerc Histoire de la Medecine I. c. 14.
18. II. 2. 8. Chardin III. 129. Goguet I. III.
I. II. III. Chap. 3. p. 243-265. über die
Heil=Kunde der heutigen Griechen, Guys I.
p. 270.

n) Moehsen Geschichte der Wissenschaften
S. 257-260. 265. 274. 284. 296. 297. 306.
307. 374. 380. 564.

§. 7.

Fast eben so unvollkommen, als die Heil=
Kunde, war unter Wilden und Barbaren die
Kunst zu rechnen, oder vielmehr die zu zäh=
len a). Zu der letztern Operation brauchte
man entweder kleine Steine, oder Stäbe,
oder Nüsse, oder Finger, oder Knoten. Nicht
alle wilde Völker und Barbaren zählten gleich=
weit b); man würde sich aber sehr irren,
wenn man glaubte, daß Völker nicht weiter
zählten als sie Zahlen benannt hatten c). Wis=

Q 5   sen=

senschaftliche Rechen = Kunst findet sich auch jetzo nicht einmal in Asien d). Die Ziffern, deren wir uns jetzo bedienen, sind unstreitig sehr alt; ihre Erfinder aber sind ungewiß e).

a) Man sehe hierüber Goguet I. p. 201.

b) Ueber die Völker am Oronoko Condamine p. 37. die Abiponer, Dobrizhof. II. p. 123. über andere Völker in Paraguay, Brasilien, und auf der Erd = Enge Darien Marcgr. p. 13. Labat II. 128. Charlevoix I. 261. 307. Wafer p. 277. in Peru Ulloa Nachr. II. S. 110. Ueber die Nord = Amerikaner und Grön= länder Adair p. 77. Cranz S. 286. über die Kamtschadalen und Lappländer, Steller S. 361. Hogström S. 91. Ueber die Einwoh= ner von Sumatra und den Philippinen Marsd. p. 156. Gentil II. 68. über die Negern, Pro= jart I. S. 103.

c) Man sehe die Stellen über die Abiponen bes. Dobrizhof. II. p. 172. und Lappländer.

d) Ueber die Rechenkunst der Hindus, sehe man Sonner. I. S. 181. der Sinesen und Tunki= nesen du Halde III. 330. Mariny p. 182. der Perser Chardin III. 154.

e) Chardin l. c. Adler p. 37. Goguet III. p. 274.

§. 8.

§. 8.

Es gibt keine Nation, die nicht die Zeit in gewiſſe Abſchnitte oder Perioden getheilt, und dieſe mit gewiſſen Namen belegt hätte a). Unter den Wilden in Amerika waren einige, die nicht bloß Monden und Jahre ſondern auch Sonnen-Jahre kannten b); die Mexicaner hatten ſogar Cykel c). Die Negern unterſcheiden ſich von den Amerikanern d) in mehrern Stücken, und von jenen wiederum die Kamtſchadalen e), die Teleuten und Buräten f), die Eſcheremiſſen, Tſchuwaſchen, und Wotiäken g), die Malayen h), Tunkineſen i), Siameſen k), Sineſen l), und Braminen m). Die Zeitrechnung der Israeliten war zwar nicht ſehr genau n), aber ſie hatte doch weniger Nachtheile, als die der Griechen und Römer o). Die Nordiſchen Völker brauchten Runen, deren Alter ungewiß iſt p). Gewiß haben ſchon viele Wilde Sternbilder gekannt, und mit beſondern Namen belegt q).

a) Goguet räth Vol. I. p. 217. nicht ganz richtig.

b) Ueber die Grönländer, Cranz S. 293. 294. Ueber die Wilden im nördlichen Amerika Adair p. 76. Charlev. p. 402. Hennepin in den Voyag. au Nord V. p. 313. über die Völ=

Völker in der südlichen Hälfte dieses Erdtheils,
Ulloa II. 117. Barrere S. 133. Wafer p.
275.

c) Acosta p. 261. 263.

d) Bosmann S. 164. 548. Cavazzi I. 109.
111. des Marchais II. 161. Projart I. S.
103.

e) Steller S. 359.

f) Georgi's Reis. S. 241. 298.

g) Gmelin III. 333.

h) Marsd. p. 157.

i) Mariny p. 243.

k) Kämpfer I. S. 182. 183. Loubere I. 52.

l) Osbeck S. 239.

m) Rogers I. c. 15. Lett. Edifiant. XV. 173.
Chardin III. 193. über die in den Societäts-
Inseln, Forst. II. 155.

n) Mich. Mos. Recht IV. S. 161.

o) Plutarch I. 285. 286. Pelliccia II. 7. Goguet
III. 2. 276.

p) Mallet p. 225-230. Ueber die Zeitrechnung
der Isländer Olaff. I. 21. der alten Gallier
und anderer Celtischen Völker Caesar VI. 18.
und Gell. Noct. Attic. III. 2.

q)

q) Ueber die Grönländer, Cranz S. 293. 294. über die Wilden im Nördlichen Amerika, Charlevoix p. 400. Tonti p. 44. 45. über die Kamtschadalen, Steller 281. über die Nordischen Völker, Mallet S. 217. 225. über diese Materie überhaupt Gog. T. II. Dissert. I. 2.

§. 9.

Die übrigen Künste oder Kenntnisse barbarischer oder halbcultivirter Völker sind oben schon unter dem Artikel von den verschiedenen Graden der Cultur berührt. Ich schliesse mit der Bemerkung, daß die grossen Völker Asiens in keiner andern Wissenschaft so glücklich waren, als in der Sittenlehre, und daß man daher unter allen kurze Sitten = Sprüche, Lehr = Gedichte und Geschmack an Räthseln, Logogryphen und Akrostichen findet a). Eben dies gilt von den alten Nordischen Völkern b). Kein ausser = Europäisches Volk hat je zuverläßige Zeitrechnung und wahre Geschichte, wenigstens keine schöne historische Werke gehabt c).

a) du Halde III. S. 156. u. f. Chardin III. S. 215. 236 - 242. 258. 261.

b) Maillet p. 136. 244. Bartholin. p. 371.

c)

c) Man sehe Dow in der Vorrede zum ersten Theil: de Guignes p. 19. 20. in der Preface: Loubere I. 197. Chardin III. 257. Histoire de Schah Nadir Introd. p. 16. 46. I. 6. 24. 170. 171. II. gleich im Anfange, und S. 53.

Verzeichniß
der
vornehmsten Schriften,
die
in diesem Grundrisse angeführt werden.

A.

A brief ACCOUNT of the Miſſion Eſtabliſhed among the Eskimaux Indians on the Coaſt of Labrador. Lond. 1774. in 8.

An ACCOUNT of the European Settlements in America, II Volum. 1758. in 8.

ACOSTA, Hiſtoire naturelle et Morale des Indes occidentales. à Paris 1606. 8.

D' ACUGNA Relation de la riviere des Amazones 1672. II Tom. à Paris. in 12.

ADAIR Hiſtory of the American Indians. London 1775. in 4. Dieß Buch enthält viele langweilige Träume über die Aehnlichkeiten der Wilden mit den Juden, aber wenige neue Nachrichten über die Sitten der erſtern.

ADANSON, Voyage au Senegal. à Paris 1747. in 4. Sehr zuverläßig, aber nicht reich für die Geſchichte des Menſchen.

ADLER,

ADLER, Museum Cuficum Borgianum Velitris, Romae 1782. 4.

AGRIPPAE AB NETTESHEIM, H. C. Operum Pars posterior; inprimis Epistolae. Lugd. sine anno. 8. Sehr wichtig für die Geschichte der Denkungs=Art des sechszehnten Jahrhunderts.

Alexander's, W. Geschichte des weiblichen Geschlechts. Aus dem Engl. 1780. 2 Bände. 8. Die Nachrichten dieses Schriftstellers sind so unzuverläßig, und seine Urtheile meistens so schief und widersprechend, daß man den ersten selten trauen darf, und die letztern kaum zu widerlegen braucht.

AMMIANVS MARCELLINVS. 1632. in 12. Edit. Boxhornii.

ANQUETIL, Zend-Avesta: vorzüglich die Reisen dieses Schriftstellers, die den ersten Band dieses Werks ausmachen, und die bey weitem lehrreicher, als die angeblichen Ueberbleibsel des Zoroasters sind.

ANSON, Voyage round the World by R. Walter. London 1748. 4. Mehr unterhaltend, als lehrreich.

Anton, C. G. Versuch über die alten Slawen. Leipzig 1783. in 8. Dies Büchelgen enthält in gedrängter Kürze das Wichtigste, was bisher über die Sitten und Denk=Art der Slawischen Völker ist gesagt worden.

D'AR·

D' Arçet Difcours fur l' etat actuel des Pyrenées.
à Paris. 1776.

Argensola, Hiftoire de la Conquête des Isles
Moluques. 1706. III Tomes. Amft.

Arnoldi fupplementum derelictorum Helmoldi,
in des Helmoldi Chronicon Slavorum.

Arnobius, adverfus Gentes. Libri VII. Wirce-
burgi 1783. in 8.

D' Arvieux, Memoires mis en ordre par le P. Labat. VI Tomes. à Paris 1735. Sie enthalten
die vollſtändigſten Nachrichten über den ſittlichen
und phyſiſchen Zuſtand der herumziehenden-Ara-
ber.

Apuleji, Opera. Edit. Colvii. Lugd. Bat. 1678.

Athenaei Deipnofoph. Lib. XV. Lugd. 1612.
Edit. Cafaub.

Atkins, J. Voyage to Guinea, Brefil, and the
Weft-Indies. Lond. 1737. in 8. Treu.

B.

Bailly Lettres fur l'origine des Sciences. à Paris. 1777. in 8.

Eben deffelben, Hiftoire de l'Aftronomie Ancienne. à Paris 1775. in 4.

Du Ban Lettre à Mr. de Torcy fur la Nouvelle
Miffion des Jefuites dans la Krimée, im 10. Band
be der Voyages au Nord.

DE LA BARBINAIS, Nouveau Voyage autour du Monde. 1728. in 8. III Volumes. Diese für die Kenntniß des Südlichen Amerika, und des Sinesischen Reichs sehr wichtige Reisebeschreibung ist bisher nicht so viel gelesen worden, als sie es verdient hätte.

BARO, Relation d'un Voyage en 1647. en Bresil traduit d'Hollandois, in des Cauche seiner Beschreibung von Madagascar.

Barrere, P. Beschreibung von Guiana. Im 2ten Theil der Göttingischen Sammlung von Reisen. Nicht unwichtig.

BARTHELEMI, Entretiens sur l'Etat de la Musique Grecque. à Amst. 1777.

BARTHOLINUS, Th. de Causis contemtae a Danis Mortis. Hafniae 1689. in 4.

Battel's Beschreibung von Loango, u. s. w. beym Purchas Vol. II. p. 970-85. und V. 770-73. im Auszuge in der teutschen Uebersetzung von Projart S. 272. u. f.

BAYERI, Historia Regni Bactriani. Petrop. in 4.

Beauzée Grammaire generale. II Tomes à Paris 1777.

Begert's Nachrichten von Californien. Mannh. 1772. in 8. Die beste Beschreibung von diesem Lande und dessen Einwohnern.

BE-

BELON, B. Obſervations, à Paris 1554. Dieſe
ſonſt vortrefflichen Beobachtungen werden durch
die noch ausführlichern Nachrichten ſpäterer
Reiſenden gröſtentheils entbehrlich.

BERNIER, F. Voyages. à Amſterd. 1699. II Volumes. in 12. Dieſe Reiſebeſchreibung iſt noch
immer die erſte über Hindoſtan.

BESCHRYVING van de Kaap de goede Hoop. II
Vol. in 8. Amſt. 1777. Dieſe Beſchreibung
iſt zwar nur eine Compilation aus Kolbe, und
andern; ſie iſt aber, wenn man ſie mit Spaxr-
mann verbindet, das reichhaltigſte und zuver-
läßigſte Werk über das Vorgebürge der guten
Hoffnung.

Beſchreibung und Geſchichte von Batavia und
Java. Aus dem Holländiſchen überſetzt durch
Hrn. Prof. Ebert. 1 Theil 1778. Die neuen
Nachrichten, die dies Werk enthält, ſind ganz
allein topographiſchen oder Statiſtiſchen In-
halts.

BIET, A. Voyage de la France equinoctiale.
à Paris 1664. in 4. Dem Biet iſt es, wie Belon, ergangen. Wenn man das beſte Neuere
geleſen hat, ſo findet man in ihm wenig Inter-
eſſantes mehr.

BLUMENBACH, J. F. de generis humani varietate
nativa. Göttingae 1782.

Bo-

Verzeichniß

BODIN, J. de la Demonomanie des Sorciers. à Paris 1581. 4.

BOEHMERI, G. L. Principia juris feudalis. Göttingae 1782. 8.

BORCH, le Comte DE, Lettres sur la Sicile et sur l'Isle de Malthe. à Turin 1782. II Volumes. in 8. Unterhaltend geschrieben.

BOSCOVICH, le P. Journal d'un Voyage de Constantinople en Pologne. à Lausanne 1772.

Bosmann, W. Reise nach Guinea, aus dem Französ. 1708. Eins der besten Werke über Afrika. Dieser Beschreibung sind einige Briefe von Nyendaal über Benin, und von J. Snoek angehängt.

BOSSU, Nouveaux Voyages dans l'Amérique Septentrionale. 1777. in 8. Enthalten wenig Neues.

BOSWELL, J. Account of Corsica. Glasgow 1768. 8. Enthält für die Geschichte der Menschheit nur wenige Beyträge.

BOUGUER Voyage au Perou, in seinem Werke sur la figure de la Terre. à Paris. 1749. 4. Man findet in dieser Reisebeschreibung zwar nicht viele, aber sehr wichtige Nachrichten über die Gemüths-Art der ursprünglichen Einwohner von Amerika.

Bou-

Boulanger, Antiquités devoilées, und sur le Despotisme oriental. Selten ist so viel Scharfsinn und Gelehrsamkeit an solche einseitige und grundlose Hypothesen verschwendet worden, als in diesen beyden Werken geschehen ist.

Briefe eines reisenden Franzosen über Teutschland. 2 Bände. Zürch 1783. Bey allen den Nachläßigkeiten, die man dem Verfasser dieser Briefe vorgeworfen hat, machen sie allemal unserm Zeit = Alter Ehre.

Brissonius de regio Persarum principatu. Argent. 1710. in 8.

Idem, de formulis. Halae et Lips. 1731. in fol.

Idem, de ritibus Nuptiarum, im 8. Bande von Graevii Thesaurus.

De Brosses sur l'Oracle de Dodone, im 35. Bande der Memoir. de l'Academ. des Inscript.

Derselbe, du Culte des dieux fetiches. 1760. 8.

Bruce, P. H. Memoirs. Lond. 1782. 4. Enthalten interessante Nachrichten.

De Bruyn, Corn. Voyage au Levant etc. V Tomes. in 4. Rouen 1725. Enthält wenig Neues.

De Bry, descriptio auriferi Regni Guineae etc. aus dem Teutschen eines unbekannten Schriftstellers ins Lateinische von Arthus Dantiscus

über=

R 3

übersetzt, und im 6. Theile der India orienta-
lis.

BRYANT, Observations and Inquiries relating to
various Parts of ancient History. Cambridge
1769.

BUFFON, Supplement de l'Histoire Naturelle,
où Epoques de la Nature. 1778. 4. Paris.

Desselben, allgemeine Natur-Geschichte. 8. 1771.
Berlin. Teutsche Uebersetzung.

Businello, P. Nachrichten von der Osmanischen
Monarchie: im 2. Bande von Lübeckens Beschreibung des Türkischen Reichs.

BYNKERSHOEK, de peregrina Religione, im ersten
Bande seiner Op. om. p. 411.

C.

DE LA CAILLE, Journal du Voyage fait au Cap
de bonne Esperance. 1762. Paris 8. hat wenig Neues.

CAIMO Lettere d'un Viaggiatore Italiano Lucca.
IV Tomi 1759. Mit vieler Laune geschrieben.

CARPIN, J. Relation du Voyage en 1246. im
7ten Bande der Voyages au Nord.

CARVER's Voyages, haben wenig Neues.

CA-

CAVAZZI, P. Relation historique de l'Ethiopie occidentale, traduite de l'Italien par le P. Labat. à Paris 1732. V Tomes. Das beſte Werk über Congo.

GAUCHE, Fr. Relation de l'Isle de Madagaſcar. à Paris 1651. Nicht ſehr wichtig.

CHAMPLAIN, Voyages. à Paris 1613. 4.

CHANDLER's Travels in Aſia Minor. Oxford 1775. 4.

Deſſelben, Travels in Grece. Oxford 1776. 4. In beyden iſt für die Geſchichte des Menſchen wenig Neues enthalten.

CHARDIN, Voyages en Perſe. T. I - IV. Amſt. 1735. 4. Immer noch die Krone aller Reiſebe=ſchreibungen.

CHARLEVOIX, le Pere, Hiſtoire du Paraguay. à Paris 1756. III Voll. in 4. Viel weniger reich=haltig, und vielleicht auch nicht ſo zuverläßig, als

Eben deſſelben Journal Hiſtorique d'un Voyage de l'Amerique Septentrionale. à Paris 1774. in 4. Dies Werk iſt das beſte über die Sitten der Wilden, viel reichhaltiger, als Lafitau, Adair, Carver, Boſſu u. ſ. w.

CHATELLUX, M. DE, Voyage en Amerique. 1785. 8. Mehr unterhältend, als belehrend.

LE CHOUKING par Mr. de Guignes. à Paris 1770.

CICERONIS Opera. Edit. Ernesti vom Jahr 1757.

CLARKE'S, E. Letters concerning the Spanish Nation. London 1763. 4. Gewiß eine der lehrreichsten Beschreibungen der Spanischen Nation.

CLUVERII, P. Germania antiqua. Lugd. Batav. 1631. fol.

A CODE of Gentoo-Laws. Lond. 1770. in 8.

LE COMTE, Memoires sur les Chinois, II Vol. in 12. Diese Briefe sind unter den kleinern Werken das beste über Sina, und für denjenigen, der nicht Zeit hat, sich durch den du Halde durchzuarbeiten, das Lesenswürdigste. Le Comte ist in seinen Urtheilen, wie alle Jesuiten, den Sinesen zu günstig, er entstellt aber seine Beobachtungen nicht, und die von ihm erzählten Facta sind daher nicht selten mit seinen allgemeinen Urtheilen im Widerspruch.

CONDAMINE, Relation d'un Voyage dans l'Amerique meridionale. à Paris 1745. 8. Wichtiger für die Erdbeschreibung, als Menschen-Geschichte.

CON-.

CONRING, H. de Origine Juris Germanici.
Helmst. 1665. 4.

EJUSDEM Liber de Antiquitatibus Academicis.
Gött 1749. Edit. Heum.

EJUSD. Lib. II. de finibus imperii Germanici.
Helmst. 1654. 4.

Nouvelles CONSIDERATIONS sur St. Domingue
par Mr. D. B. à Paris 1780. II Vol. Arm.

COOK, J. Voyage towards the South-Pole, and
round the World. II Vol. 1777. Stimmt ge=
nau mit der Forsterischen Reisebeschreibung über=
ein, die ich öfter als die Cookische anführe,
weil ich sie früher gelesen habe.

COREAL, Fr. Voyages aux Indes occidentales
depuis 1666-1697. à Amst. 1722. III Vol. in
12. Dieser Schriftsteller hat oft den Leri und
Frezier genutzt.

CORPUS Juris Germanici antiqui. Edit. Heinec-
cii five Georgisch. 1738. Halae. 4.

COWLEY, Voyage autour du Monde. Im fünf=
ten Bande von Dampiers Reisen.

CRAGIUS, de republica Lacedaemoniorum. Im
fünften Bande von Gronov's Thesaurus.

Cranzens, D. Historie von Grönland. Barby
1765. in 8. Diese Geschichte gehört in die er=
ste Classe von Reisebeschreibungen.

R 5   DE

Verzeichniß

DE ST. CROIX Recherches fur les Myſtères du
Paganisme. à Paris 1784. in 8.

D.

VAN DALE, de Oraculis, item de Conſecrationi-
bus. Amſtelod. 1700. 4.

DALRYMPLE, A. an hiſtorical Collection of the
ſeveral Voyages and Diſcoveries in the South
Pacific Ocean. 1770. Lond. II Vol. in 4. Ein
herrliches Werk!

DAMPIER, G. Voyage autour du Monde dans les
années 1679-1690. Tom. I-V. 1723. in 8.
Dampier gehört zu den berühmteſten Ebentheu-
rern, und zu den zuverläßigſten Reiſebeſchrei-
bern der letztern Jahrhunderte.

DANDINI, J. Voyage du Mont Liban. 1685. 12.
Paris. Durchaus leer an wichtigen Nachrichten.

DESCRIPTION de la Guyane. à Paris 1763. in 4.
Iſt ganz aus Gumilla, Condamine, und andern zuſammengetragen.

DICTIONNAIRE Geographique, hiſtorique et Politique de la Suiſſe. à Neufchatel 1775. II Vol.
in 8.

DIONYSII Halicarnaſſ. Antiquitates. Edit. Reisk.
1774.

Do-

DOBRIZHOFER, M. Historia de Abiponibus. Viennae 1784. 8. 3 Bände. Dobrizhofer ist für das Südliche Amerika eben das, was Charlevoix für das Nördliche ist, d. h. einer der scharfsinnigsten und zuverläßigsten Beobachter.

Dow, A. History of Hindostan. Vol. III. London 1772. besonders die Dissertation concerning the Religion, and Philosophy of the Bramins im 3ten Bande.

Dreyer's, J. C. H. vermischte Schriften. Rostock 1754. 1756. 2 Theile in 8.

Eben desselben Miscellaneen. Lübeck 1784. 4. Ich erkenne dankbar die vielen vortrefflichen Bemerkungen und Nachrichten, die ich aus diesen beyden lehrreichen Schriften geschöpft habe.

DUNBAR, J. Essays on the History of Mankind. London 1780. 8. Diese Versuche enthalten viel Declamation, und wenig Belehrendes.

E.

ECCARDI, J. G. de Origine Germanorum. Libri duo. Götting. 1750. 4. cum praefatione Scheidii.

Eckebergs, C. Ostindische Reisen. Dresden und Leipzig 1785. 8. Sehr dürftig.

EELKING, J. Differtatio de Belgis Saeculo XII. in Germaniam advenis. Götting. 1770. 4.

ELLIS, A. Voyage to Hudſon's - Bay. London 1748. Sehr zuverläßig.

ESSAIS ſur le Genie et le Caractère des Nations. à la Haye 1751. 8.

ETAT des Royaumes Tripolis, Tunis et Alger. à la Haye 1704. in 12.

EXAMEN philoſophique et politique des Loix relatives aux mariages. Londres 1779.

L'EZOUR-VEDAM. Yverdon 1778. II Vol. in 12. Mit einer vortrefflichen Abhandlung des Barons de St. Croix über die Religion und Litteratur der Hindus.

F.

FALCONER, W. Remarks on the influence of Climate, Situation, Nature of Country etc. London 1781. 4. Das Buch verſpricht mehr, als es leiſtet.

FALKNER, T. Deſcription of Patagonia. London 1774. in 4. Nur kurz, aber zuverläßig, und das beſte über dies berüchtigte Land.

FARMER, of the Worſhip of human Spirits. London 1783. in 8.

FER.

FERGUSON, A. Eſſay on the Hiſtory of Civil Society. Edinburgh 1767. in 4.

FERMIN, P. Tableau de la Colonie de Surinam, à Maſtricht 1778. Wichtig für den Statiſtiker.

FERRAND, Voyage de Krimée en Cirkaſſie par le Pays des Tartares Nogais. Im 10. Bande der Voyages au Nord S. 450. u. f.

FEUILLÉE, L. Journal des Obſervations phyſiques, mathematiques, et botaniques en 1707–1712. III Vol. Paris 1714. Der Verfaſſer beobachtete mehr die Natur, als den Menſchen.

Fiſcher's, J. E. Sibiriſche Geſchichte. Petersburg 1768. 8.

FLACOURT, Hiſtoire de la Grande Isle Madagaſcar. à Paris 1658. Das beſte Werk über dieſe wichtige Inſel.

Flögels Geſchichte der komiſchen Litteratur. Leipzig 1784. erſter Theil.

FORREST, Capt. Th. Voyage to New-Guinea. London 1779. 4. Zuverläßig.

FORSTER, G. Voyage round the World. II Vol. in 4. London 1776.

FORSTER, Dr. Obſervations during a Voyage round the World. London 1778. in 4.

Die

Die Teutsche Ueberſetzung dieſes Werks.
1783. Berlin. in 8. Ich führe bald das Engl.
Original, bald die Teutſche Ueberſetzung an.

Forſters, J. R. und M. E. Sprengels Bey=
träge zur Völker = und Länderkunde. Leipzig
1781. 8. Der Werth dieſer Werke iſt allgemein
bekannt.

Fortis, A. Viaggio in Dalmazia. Venez. 1774.
2 Bände in 4.

Fourmont, Reflexions Critiques fur les Hiſtoi-
res des anciens Peuples. à Paris 1735. Vol.
I. II. 4.

Frezier, Relation du Voyage de la Mer du Sud;
dans les Années 1712-1714. à Amſt. 1717.
Eine der beſten Reiſebeſchreibungen über das
Südliche Amerika. Feuille'e wirft dem Frezier
Fehler gegen die Geographie und Aſtronomie
vor, hat aber nicht das Herz, ſeine politiſchen
und moraliſchen Schilderungen verdächtig zu
machen.

Fryer's New Account of Eaſt-India and Per-
ſia. London 1698. fol. Enthält faſt nichts
Neues.

G.

G.

GAGE, Th. Voyages dans les années 1625. et ſv. à Amſterdam 1695. 8. Sind voll der intereſ-ſanteſten Nachrichten über den Zuſtand der in-nern Beſitzungen der Spanier im Südlichen Amerika.

GEBAUERI, G. C. Veſtigia Juris Germanici in Ta-citi Germania obvia. Götting. 1766. 8.

LE GENTIL, Voyage dans les Mers de l'Inde. II Vol. 4. à Paris 1779. Wichtig für die Ge-ſchichte der Philippinen.

GEORGII, A. Alphabetum Thibetanum. Rom. 4. Immer noch das beſte Buch über Thibet, beſonders über die Lamaiſche Religion.

Georgi, J. G. Beſchreibung einer Reiſe durch das Ruſſiſche Reich im Jahr 1772. St. Pe-tersb. 4.

Ebendeſſelben, Beſchreibung der Nationen des Ruſſ. Reichs. Petersb. 1776. 1 = 4. Heft. Ein vortreffliches Werk, aus den beſten Quellen ge-ſchöpft! Nur Schade, daß in der Folge der Nationen nicht mehr Plan, oder natürliche Ord-nung herrſcht.

GERBERTI, M. Hiſtoria nigrae Sylvae. St. Bla-ſii 1783. 4.

Gme-

Gmelins, J. G. Reisen durch Sibirien in den
Jahren 1733-1737. 4 Theile. Göttingen 1751.
in 8. Sehr brauchbar.

Gobien, Ch. Histoire des Isles Marianes. à Paris 1700. 8. Das beste über die Ladronischen
Inseln.

Goguet, de l'origine des loix, des arts, et
des Sciences etc. à Paris 1758. III Volumes
in 4.

Grose, I. H. Voyage to the East-Indies. London 1766. II Vol. in 8. hat wenig Neues.

Groth, Historia Gothorum, Vandalorum et
Longobardorum. Amstel. 1655. in 8.

Guasco, Abbé, de l'Usage des Statuës chez les
Anciens. à Bruxelles 1768. 4.

de Guignes, Histoire des Huns. à Paris 1756.
4. Volum. IV.

Gumilla, I. Histoire de l'Oronoque. à Avi-
gnon 1758. III Tomes. Verdient, den inter-
essantesten Reisebeschreibungen zugezählt zu
werden.

Gutherius, I. de Jure Manium. 1615. Paris. 4.

Guys,

Guys, M. Voyage litteraire de la Grece. II Tom. 8. à Paris 1776. Enthält wenig Neues und Interessantes.

H.

Habesci, E. Present State of the Ottoman Empire. London 1784. 8. Enthält fast gar nichts neues.

Hacquet's physikalischpolitische Reise aus den Dinarischen durch die Julischen, Carnischen, Rhätischen in die Norischen Alpen. Leipzig 1785. 2 Theile. Wichtiger für den Mineralogen, als für den Forscher der Geschichte der Menschheit.

du Halde, Description de la Chine. 1736. à la Hayé. IV Volumes in 4.,

Hamilton, A. New Account of the East-Indies. Edinburg 1727. 8. Man trifft in dieser vortrefflichen Reisebeschreibung viele Nachrichten über die unbekannte Oestliche Küste von Afrika, und über die eben so unbekannten Südlich-Asiatischen Reiche an.

Hanway's, J. Journal of Travels. London 1754. Vol. II. Wenig Neues über Persien u. s. w.

Verzeichniß

HARRIS, J. Hermes. London 1751. 8. Unſtrei=
tig das beſte Werk über die Sprache, das in
Teutſchland bekannter zu ſeyn verdiente, als es
bisher geworden iſt.

Hartſinks, J. J. Beſchreibung von Guiana.
Erſt. Theil. Aus dem Holländiſchen 1784. Ber=
lin. 8. Ich urtheile über dieſes Werk, wie
über Bouger's Reiſebeſchreibung.

Haſſelquiſt's, F. Reiſe durch Paläſtina zwi=
ſchen 1749 - 1752. Roſtock 1762. Dieſe Reiſe=
beſchreibung iſt zu bekannt, als daß ſie meines
Lobes bedürfte.

HELMOLDI Chronicon Slavorum. Francof. 1581.
fol.

HENNEPIN, P. Relation d'un Pays plus grand,
que l'Europe, im 9ten Bande der Voyages
au Nord. Enthält ſchöne Nachrichten über
Louiſiana.

Hermann's, B. Fr. Reiſen durch Oeſterreich,
Steyermark, Kärnten, Krain u. ſ. w. Wien
1781. 3 Bände. Wichtig für den Natur=For=
ſcher und Technologen.

HEYNII Opuſcula. Vol. I. 1785. Götting. 8.

HIERONYMI, ſelectae Epiſtolae. 1681. Hiſpali.

HISTOIRE de deux Conquerans Tartares. Im
7ten Bande der Voyages au Nord.

HISTO-

HISTORICAL *Account* of the Rife and Progreſſ of the Colonies of South - Carolina, 2 Bände 1779. Gut geſchrieben, aber doch nicht ſehr reichhaltig für die Geſchichte der Menſchheit.

HISTORICAL *fragments* of the Mogul Empire of the Marattoes. London 1782. 8.

HISTORY of the *Boucaneers* of America. II Vol. London 1741. in 8. Eben ſo unterhaltend, als lehrreich.

Höſt's, G. Nachrichten von Marokos und Fes. Copenh. 1781. 4. Das beſte, was wir über dieſe Reiche haben.

Hogſtröm's, P. Beſchreibung des Schwediſchen Lapplands. Aus dem Schwediſchen. Copenhagen 1748. in 8. Gleichfalls die beſte Beſchreibung der Lappen.

HOME, Hiſtorical Law - Tracts. Edinburg 1761. in 8.

Deſſelben, Sketches of the Hiſtory of Man. I. II. Edinburg 1774.

Horrebow's, Nachrichten von Jsland. 1753. in 4. Mittelmäßig.

HOSPINIANUS, R. de templis. Genevae 1672. fol.

IDEM, de Feſtis Ethnicorum et Judaeorum. Genevae 1675. fol.

S 2   IDEM,

Idem, de Feſtis Chriſtianorum. ib. 1674. fol.

Hottomannus, de ritibus nuptiarum. Im ach=
ten Bande von Graevii Theſaurus.

Hume, Hiſtoire naturelle de la religion, traduct.
françoiſe. à Amſterdam 1759. Im dritten
Bande ſeiner überſetzten Oeuvres.

Hume, Diſcours politiques; traduits par Mr.
le Blanc. à Dresde 1755. in 8.

I.

Johnson's Journey to the Weſtern Jslands.
London 1785. 8. Viel unterhaltender, als
Pennant.

Jones, Hiſtoire de Nader Chah, traduite du
Perſan. Londres 1770. 8.

Deſſelben, Traité ſur la Poeſie Orientale. ib.

Irwin's, Voyage up the red Sea. Lond. 1780.
in 4. Mittelmäßig.

Isbrand Ides Voyage de Moſcou à la Chine en
1692. u. f. Im achten Bande der Voyages
au Nord. Die lehrreichſte Reiſe in der ganzen
Sammlung.

Isocratis Opera. Londini 1749. II Vol. Ed.
Beattie.

Justiniani Inſtitutionum Lib. IV. cum Com-
ment. J. a Coſtae. Lugd. Batav. 1719. 4.

Ives, E. Voyage from England to India, alfo a Journey from Perfia to England. London 1773. 4. hat wenig Neues.

Jung, de reliquiis, earumque cultu. Hannov. 1783. 4.

K.

Kalm's, P. Befchreibung feiner Reife nach dem nördlichen Amerika. Aus dem Schwedifchen. 3 Theile. 1754. 8. Ungeachtet die lehrreichen Nachrichten über den Menfchen nur fparfam durch dies Werk zerftreut find, fo wünfchte ich doch, daß der vierte und letzte Theil diefer Reifebefchreibung, der noch ungedruckt in Schweden liegt, bekannt gemacht und überfetzt würde.

Kämpfer's, E. Befchreibung von Japan. Lemgo 1777. 2 Bände. Bisweilen führe ich auch die Englifche Ausgabe an, die ich früher gelefen hatte.

Keisleri, A. I. G. Antiquitates felectae Septentrionales. Hannov. 1720. 8.

De Kerguelen, Relation d'un Voyage dans la Mer du Nord. 4. Amfterd. 1772. Wenig bedeutend. Noch unwichtiger aber ift für den Menfchen = Forfcher

eben

eben dieſes Schriftſtellers Relation des deux
Voyages dans les Mers Auſtrales.

Klecmann's, N. E. Reiſen in die Crimm. 8.
Wien 1771. Sehr unterrichtend.

Knox, R. Hiſtorical Relation of the Isl. Ceylon.
London 1681. fol. Immer noch die beſte Be=
ſchreibung dieſer Inſel.

Korten's, J. Reiſe nach dem gelobten Lande.
Halle 1751. 8. Mehr eine Sammlung von
frommen Betrachtungen, als von intereſſanten
Reiſe=Nachrichten.

L.

Labat, Nouvelle Relation de l'Afrique Occidentale. à Paris 1728. V Volumes in 8. Die=
ſe meiſtens aus den Papieren des La Brüe ge=
nommene Reiſebeſchreibung iſt die beſte, die
wir von irgend einem Theile der weſtlichen Kü=
ſte von Afrika haben.

Labat, Voyages aux Isles de l'Amerique. à Paris 1713. 8 Tomes. In dieſem Werke redet
Labat als Augenzeuge, und dieſe letztere Reiſe=
beſchreibung iſt für die Antilliſchen Inſeln, was
die eben angeführte für Afrika iſt.

Lactantii Opera. Lipſiae 1735. 8. Edit.
Walchii.

De Laet, J. Beschryvinghe van West-Indien. Leiden 1630. fol. Ich habe wenig Befriebigüng in diesem für seine Zeiten äusserst wichtigen Werke gefunden.

Lamberti, Histoire de la Colchide et Mingrelie. Im 7ten Bande der Voyages au Nord. Die umständlichste Beschreibung dieses Landes. In eben diesem Bande stehen auch die Nachrichten des Dominicaners de Luca über Mingrelien.

Lange, Journal contenant ses Negotiations à la Cour de la Chine en 1721. 22. Im 8ten Bande der Voyages au Nord. Sehr wichtig für die richtige Kenntniß der Sinesen und ihrer Verfassung.

Lehmann's, J. Reise von Preßburg nach Hermannsstadt. Leipzig 1785. Sehr wichtig für denjenigen, der dem Verfasser nachreisen will; weniger wichtig für alle übrigen Leser.

Leonis Africani, Descriptio Africae. 1556. Antwerp. 8.

Lepechin's Reisen durch verschiedene Theile des Rußischen Reichs. Altenburg. 3 Bände in 4. der letzte 1783. Sehr zuverläßig.

De Lery, J. Histoire d'un Voyage fait en la terre du Bresil. Geneve 1580. 8. Noch jetzo

S 4   die

die beſte Beſchreibung von Braſilien, wenig=
ſtens der urſprünglichen Einwohner dieſes Lan=
des.

Lettres *ecrites* de Suiſſe et d'Italie etc. VI
Tomes. à Amſterd. 1780-1782. in 8.

Lettres *edifiantes*. à Paris 1717. Von dieſer
Ausgabe habe ich nur die neun erſten Recueils
geleſen. Nachher habe ich mich der neuen Aus=
gabe von 1780. bedient, weil in dieſer alle
Aufſätze und Briefe, die ein Land oder Volk
betreffen, zuſammengeſtellt, und hin und wie=
der mit Bemerkungen verſehen ſind. Wenn ich
die letztere Ausgabe anführe, ſo ſetze ich im=
mer N. E. (Nouvelle Edition) hinzu. Nicht
leicht gibt es eine langweiligere Lectüre, als
die von den meiſten Briefen in dieſer Sammlung. Man muß ſich aber doch hindurchquä=
len, weil man hin und wieder höchſt wichtige
Data findet.

Lobo, I. Voyage d'Abyſſinie. à Amſterdam
1728. Wenn man mit dem Lobo die Nachrich=
ten von Poncet in den Lettres edifiantes ver=
bindet; ſo iſt man doch nicht ganz unwiſſend in
der Geſchichte dieſes unzugänglichen Landes.

Locke's, Eſſay concerning the true original Ex-
tent and End of Civil Government. fol.

Lo-

LOMEJER, de veterum Gentilium luftrationibus. Ultrajecti 1681. 4.

LOUBÉRE, de la, Defcription du Royaume de Siam. II Tom. à Amft. 1714. Loube're ift für Siam, was Chardin für Perſien iſt, und ich brauche alſo weiter nichts zu ſeinem Lobe hinzuzuſetzen. Faſt eben ſo vortrefflich iſt

LOYER, G. Relation du Voyage du Royaume d'Iſſiny. à Paris 1714. Dies Büchelgen gehört auch zu den vorzüglichen wenig bekannten Werken.

DE LUC, J. A. Lettres ſur l'hiſtoire de la Terre. V Tomes. à la Haye 1779, in 8.

LUCAS, P. Voyage. III Tomes. 1714. in 12. hat wenig Neues, wenn man die mir ſehr verdächtig ſcheinenden Erzählungen ausnimmt.

LUCIANI, Opera. Edit. Reitzſi. Amſtel. 1743. IV Vol. 4.

Lüdecke, C. W. Beſchreibung des Türkiſchen Reichs. 1771. 2 Bände. 8. Nicht ſo reichhaltig, als Ricaut.

M.

MAILLET, Defcription de l'Egypte. à Paris 1735. in 4. Die beſte Beſchreibung von Aegypten.

MAI-

MAIRAN, Lettres au P. Parennin. à Paris 1770.

LE MAIRE, Voyages to the Canary Islands, Cape Verde, Senegal, and Gambia. Ju Osborns Sammlung II. 597.

MALLET, Introduction à l'Histoire de Dannemarc. Copenh. 1755. 4.

MALLEUS *Maleficarum.* Vol. III. fol. Lugd. 1669.

de Manet, Neue Geschichte des Französischen Afrika. Aus dem Französischen. Leipz. 1778. 2 Theile. Keine von den schlechten Reisebeschreibungen.

DES MARCHAIS, Voyage en Guinée, Isles Voisines et à Cayenne en 1725-1727. par le P. Labat. à Amsterdam. IV Tomes en 12. Dem Werthe nach die zweyte nach der oben schon angeführten und vom P. Labat gleichfalls ausgearbeiteten Reisebeschreibung.

MARIN, Histoire de Saladin. II Tomes. à Paris 1758.

MARINY, nouvelles des Royaumes de Tunquin et de Lao, traduite de l'Italien. à Paris 1666. in 4. Die beste Beschreibung dieser Reiche.

MARION., Nouveau Voyage à la Mer du Sud. A Paris 1783. 8. liefert einige interessante Nachrichten.

MA-

Mariti, G. Viaggi per l'Isola di Cipro et per la Soria e la Palestina. 9 Bände in 8. Ermüdend weitschweifig, und wenig unterrichtend.

Markgravius, de Brasiliae regione et incolis. fol. Amstel. 1658. Ueber den Menschen findet man wenig Neues darinn.

Mármol, Afrique. III Tom. 4. à Paris 1667.

Marsden, W. History of Sumatra, London 1783. 4. Das beste Werk über diese Insel.

Martin, M. Voyage to St. Kilda. London 1759. in 8. enthält eine merkwürdige Schilderung der eigenthümlichen Gemüths = und Lebens = Art dieser Insel = Bewohner.

Maundrell's, H. Journey from Aleppo to Jerusalem. Oxford 1740. Hat wenig Neues.

Maupertuis, Nachrichten von Lappland. Im 6ten Bande der allgemeinen Sammlung der Reisen.

Memoires concernant Les mœurs, Lex arts etc. des Chinois. I-IV Tom. 4. 1776-79.

Menzel's, O. F. Beschreibung des Vorgebürges der guten Hoffnung. 1785. Glogau. Erster Theil. Das Beste, was wir über das Vorgebürge der guten Hoffnung, besonders über die Holländischen Niederlassungen haben. Weniger interessant ist

Eben

Verzeichniß

Eben dieses Verfaffers Lebens=Geschichte von
R. S. Allemann. Glogau 1784.

Merolla's, Beschreibung von Congo. In Chur-
chill's Coll. I. 650. u. f. und Auszugsweise im
Teutschen Projart.

MERULA de facrificiis et facerdotibus Romano-
rum. Lugd. Batav. 1686. 4.

MEURSII Mifcellanea Attica et Lectiones Atticae.
Im 5ten Bande des Thefaur. Graevii, auch
feine Themis Attica. ib.

Michaelis, J. D. Mofaisches Recht. 1776. 8.
6 Bände.

MILLAR, J. Obfervations concerning the diftin-
ction of Ranks in Society. London 1771. 4.

Mochfen's, Geschichte der Wiffenschaften in der
Mark Brandenburg. Berlin 1781. 4.

Eben deffelben vortreffliches Leben von Thurn=
eifer. Ebendaf. 4.

Mösers, J. Osnabrückische Geschichte. Berlin
1780.

MONTAGUE, Lady, Letters. London 1763. III
Theile in 12.

MONTGON, Abbé, Memoires. à Paris 1728.

Moo·

Moore, Travels into the Inland Parts of Africa. 8. London. Ohne Jahrs-Zahl. Gewiß nach 1730. Sehr zuverläßig.

Moreau, P. Histoire des derniers troubles du Bresil. In Cauche's Beschreibung von Madagascar.

Müller, J. B. Moeurs et Usages des Ostiakes. Im achten Bande der Voyages au Nord.

Müller's Sammlung Rußischer Geschichte. 1ter bis 9ter Band. Diese lehrreiche Sammlung kann man nicht genug empfehlen.

N.

Narborough, Cap. Journal du Voyage à la Mer du Sud. Im 3ten Bande von Coreal.

Nau Voyage de la Terre sainte. à Paris 1744. Eine sehr fromme Beschreibung aller angeblichen heiligen Oerter in Palästina, die ich für alle Absichten, wofür ich lese, vergebens durchgeblättert habe.

Niebuhr's, C. Beschreibung von Arabien. 4. Copenh. 1772.

Eben desselben Reisebeschreibung. 1. Theil 1774. 2. Theil 1778. Beyde Werke von bekannter Güte.

Nicolai's, F. Beschreibung einer Reise durch Teutschland und die Schweiz. 6 Theile 8.

DE NIEDECK, de populorum veterum et recentiorum adorationibus. Amstel. 1713. in 12.

NORDEN, Voyage d'Egypte et de Nubie. II Volumes in fol. 1755. Ein für die Alterthümer Aegyptens unschätzbares Werk.

O.

Olaffen, E. Reise durch Island. 2 Theile. 4. Leipzig 1774. Auch nicht ganz genugthuend.

Oldendorp's Geschichte der Mißion der evangelischen Brüder auf den Caraibischen Inseln St. Thomas, St. Croix, und St. Jean, herausgegeben durch J. J. Boffart. Barby 1777. Eine der lesenswürdigsten Reisebeschreibungen.

Osbeck, P. Reise nach Ost=Indien und China. Aus dem Schwedischen. 8. Rostock 1765.

OTTER, Voyage en Turquie et en Perse. II Tomes. à Paris 1718. 12. Wichtiger für die Geschichte des Persischen Reichs und die Geographie, als für die Geschichte des Menschen.

OVINGTON, J. Voyages. à Paris 1725. II Tomes in 12. Enthalten einige, aber nur wenige neue Nachrichten über Hindostan, und die angränzenden Länder.

OUTRAM, G. de Sacrificiis, Lib. II. Amstel. 1678. 8.

P.

P.

PAGANO, F. M. Saggi Politici, Vol. I. Neapel 1783. in 8.

DE PAGES, Voyages autour du Monde. 1782. à Paris. II Tomes in 8. Nicht unwichtig.

DE ST. PALAYE, Memoires fur l' ancienne Chevalerie. à Paris 1759. III Tomes. 12.

Pallas Reifen durch verfchiedene Provinzen des Rußifchen Reichs. 1. Band 1771. 2. Band 1773. 4. St. Petersburg.

Eben deffelben Sammlungen hiftorifcher Nachrichten über die Mongolifchen Völkerfchaften. Erfter Theil. St. Petersb. 1776. Ein unfchätzbares Werk, wovon ich und wahrfcheinlich der gröfte Theil des gelehrten Publicums die Fortfetzung mit Sehnfucht erwarten.

Eben deffelben Neue Nordifche Beyträge. St. Petersb. und Leipz. 1781. u. f. 3 Bände. Gewiß die fruchtbarfte unter allen ähnlichen Sammlungen.

Eben deffelben Nordifche Beyträge. 4ter Theil. 1783.

PASCAL, Lettres Provinciales. Im erften Bande der Oeuvres de Blaife Pafcal. à la Haye 1779. Kein Freund der Wahrheit und Tugend follte dies unvergeßliche Werk ungelefen laffen.

PAV-

Pausaniae Graeciae Defcriptio. Edit. Kühnii.
Lipf. 1696. fol.

dɪ Pavw, Recherches philofophiques fur les
Americains. II Tomes. à Berlin. 8.

Eben deſſelben Reflexions fur les Egyptiens et
fur les Chinois. Eben dafelbſt. 2 Bände.

Pelliccia, A. A. de Ecclefiae Chriftianae pri-
mae, mediae et noviffimae aetatis politia.
T. I-III. Neap. 1777-1779. 8.

Pelloutier, S. Hiftoire des Celtes. II Tomes.
à la Haye 1750. 12. Dies Werk iſt für die
älteſte Geſchichte unſers Erdtheils ſo wichtig,
und mit ſo ſeltener Gründlichkeit geſchrieben,
daß ich mich nicht genug darüber wundern kann,
warum man es bisher nicht mehr genutzt hat.

Pennant, Th. Tour in Wales. 1778-1783.
II Vol. in 4. enthält mehr Topographie, als
Sitten = Geſchichte.

Pennant's Tour in Scotland. Warrington
1774. 4.

Eben deſſelben Tour in Scotland, and Voyage
to the Hebrides. Cheſter 1774. 2 Bände in 4.
Beyde Werke verdienen die Pracht und Verzierungen nicht, womit ſie ſind gedruckt worden.

Perry, Ch. View of the Levant. Lond. 1743.
fol. meiſtens elende Compilation.

LE

LE PETIT, Relation des Natchez. Im neunten
Bande der Voyages au Nord: steht auch in den
Lettres edifiantes: nur kurz, aber interessant.

PETIT, Leges Atticae. fol. à Paris 1635.

PETIT, Traité sur le Gouvernement des Esclaves.
II Tomes. à Paris 1777.

PETRONII Satyricon. Roterod. 1693. 8.

PEUCERUS, P. de praecipuis generibus divinatio-
num. Witeb. 1580. 8.

PEZRON, Per. Antiquités des Celtes. à Paris
1703. 12.

PISONIS Historia Nat. Indiae occidentalis. fol.
Amst. 1658. Mit Markgrafens Werke zusam-
mengedruckt, und ihm auch ähnlich.

PLATONIS Opera, Edit. Basil. Graeca. Wenn ich
aber seine Bücher de Republica anführe, so geschieht dies immer nach Massey's Octav-Ausga-
be von 1713.

Pluers, M. C. C. Reisen durch Spanien. Leipzig 1777. 8. Dem Statistiker unentbehrlich.

PLUTARCHI Opera. Edit. Reiskii. Lips. 8.

POCOCKE, R. Description of the East. 1753.
II Vol. in fol. Von bekannter Wichtigkeit, besonders für den Alterthums-Forscher.

POIVRE, P. Voyage d'un Philosophe. 1768.
Yverdon. 8. Zwar nur ein kleines, aber reich-

X   halti-

haltiges Büchelchen. Doch scheinen mir die Ge=
mälde von Sina, und besonders von dem Rei=
che Ponthiamas sehr verschönert zu seyn.

Polybii Opera. Edit. Gronov. Amst. 1670.

Popowitsch, Untersuchungen vom Meere. 4.
Frankfurt 1750.

Pratje, Altes und Neues aus den Herzogthü=
mern Bremen und Verden. 1-12. B. Stade
1769. u. f. J.

de Preville, Histoire des nouvelles decouver-
tes faites dans la Mer du Sud en 1767-1770.
à Paris 1774. II Vol. in 8. Ein treuer Aus=
zug aus den Nachrichten der ersten Beschiffer
der Süd=See in unserm Zeit=Alter.

Priestley Essay on the first Principles of Government. London 1771.

Procopii Persica. Ed. Hoeschelii. Aug. V. 1607.

Projart, Abbe', Geschichte von Loango, Ka=
kongo, u. f. w. Aus dem Französischen. 1777.
2 Theile. Leipzig. Von gleichem Werthe mit
de Manet.

Psalmanazar, G. Description de l'Isle Formosa. Amsterd. 1705. 8. Die übrigen Nachrich=
ten dieses Formosaners von seinem Vaterlande
scheinen mir glaubwürdig; nur die von den
Menschen=Opfern auf dieser Insel halte ich für
sehr übertrieben.

de

de la Puente, D. P. A. Reise durch Spanien. 2 Theile übersetzt von dem seel. Prof. Dieze. 1775. Leipzig in 8. Nur für den Kunst-Liebhaber interessant.

Purry, J. P. Memoire sur le Pays des Caffres, et de la terre de Nuyts. à Amst. 1718. 12.

Pyrard, F. Voyages. à Paris 1679. 4. Pyrard ist für die Maldiven und gewisse Theile von Hindostan, was Chardin für Persien, Loubere für Siam, Le Comte für Sina, und Kämpfer für Japan ist.

R.

Raynal, G. T. Histoire philosophique et politique des Etablissements et du Commerce des Européens dans les deux Indes. à Géneve 1781. 8. 10 Bände.

Recueil des Voyages, qui ont servi à l'etablissement de la Compagnie Hollandoise des Indes orientales. à Amsterd. 17.0. V. Tomes in 8. Ich habe in dieser Sammlung viel weniger gefunden, als ich erwartet hatte. Wegen des langen Titels führe ich sie meistens mit den Worten: Voyages des Hollandois, an.

Recueil des Voyages au Nord. à Amst. 1731. 10 Bände in 8. Eine der besten Sammlungen von Reisen.

Regnard's Reise nach Lappland, im 6. Bande der Sammlung von Reisen.

RELANDI, H. Differtationum Mifcellanearum Partes tres Ultraj. 1706. 8.

RELATION de la grande Tartarie dreffée fur les Mémoires originaux des Suedois Prifonniers en Sibirie, im 10. Bande der Voyages au Nord.

DE RHODES, A. Relazione del Regno di Tunchino. Roma 1650. 4.

DE RHOER, C. W. Differtationes de effectu Religionis chriftianae in Jurisprudentiam Romanam. Groning. 1776. 8.

RICAUT, Hiftoire de l'Etat préfent de l'Empire Ottoman. à Paris 1670. 4. Noch bis jetzo das befte und vollftändigfte Werk über die Sitten und Verfaffung der Türken.

RICHARDSON's Differtations on the litterature etc. of Eafter Nations. Oxford 1778.

DEL RIO disquifitiones Magicae. Lib. VI. 4. Lovanii 1599.

ROBERTSON's History of America. Die erfte Englifche Ausgabe.

ROBIN, Nouveau Voyage dans l'Amerique Septentrionale en 1781. à Paris 1782. 8. Dürftig.

Rö-

Römer's, L. F. Nachrichten von der Küste Guinea. Copenhagen 1769. 8. Sehr schätzbar.

Eben desselben Handlung verschiedener Völker auf der Küste von Guinea, und in West=Indien. Copenhagen 1758.

Rogers Neueröffnetes Indisches Heidenthum. Aus dem Holländischen 12. Nürnberg 1663. Nirgends ist die Religion des Volks und der gemeinen Braminen treuer und vollständiger geschildert worden, als in diesem Buche.

DR LA ROQUE, Voyage de Syrie, et du Mont Liban. 8. Amsterd. 1723. Wichtig für die Erdbeschreibung.

LE ROY, Etat du royaume d'Alger. à la Haye 1750. 12. Wörtlich aus dem bald anzuführenden de Tassy ausgeschrieben.

RUSSEL's, A. Natural History of Aleppo. London 1756. 4. sehr glaubwürdig.

Rytschkow's, Pet. Orenburgische Topographie. 2 Bände. Riga. 8.

Rytschkow's, N. Capit. Tagebuch über seine Reise durch verschiedene Provinzen des Rußischen Reichs in den Jahren 1769 - 1771. Riga 1774. in 8. Beyde sehr interessant.

S.

S.

Sachsenspiegel, Ludovici's Ausgabe. 1720. 4.
Halle.

Salmon's, Cap. Gegenwärtiger Staat der Ori-
entalischen Inseln. Aus dem Englischen. 1733.
Altona. 4. Eine bloſſe Compilation aus Dampier, Gentil, Valentyn, und andern.

Sammlung der Reisen. 16. Band. In dieſem
beſonders die Nachrichten des Garcilaſſo de la
Vega von den Floridanern.

SAUBERTUS, J. de Sacrificiis Veterum. Lugd.
Bat. 1699. 8.

DE SAUSSURE Voyages dans les Alpes. à Neufchatel 1779. 4. Dies Werk würde gewiß mehr
Beyfall erhalten haben, als es gefunden hat,
wenn es kürzer wäre.

SAVARY lettres ſur l' Egypte. Paris 1785. Enthalten wenig neues.

DE SCHMIDT, de Sacerdotibus et Sacrificiis Ae-
gyptiorum. Tubing. 1768. 8.

Schnider, von Wartensee, J. H. Geschichte der
Entlibucher. 2 Theile. 1781. 82. Lucern. 8.

Schranks, P. von P. Briefe über Oesterreich,
Salzburg, Paſſau, und Berchtesgaden. Erſter
Theil. Salzburg 1785. 8. Man lernt durch
dieſe Briefe die Natur im Salzburgiſchen von
einer

einer ganz andern Seite kennen, als wovon
man sie bisher gekannt hat.

Schulzen's, R. Reisen durch Europa, Asia und
Afrika. Halle 1771. 4 Theile in 8. Sie gehören in eben die Classe armseeliger und fröm-
melnder Reisebeschreibungen, wohin ich vorher
Kortens Reisen gesetzt habe.

Schützens, M. G. Lehrbegriff der alten Teutschen und Nordischen Völker von dem Zustande
der Seelen nach dem Tode. Leipzig 1750. Eine zwar schlechtgeschriebene, aber doch sehr
brauchbare Compilation.

DE SELCHOW Elementa Juris Germanici. Hannov. 1771.

SELDENUS, J. de diis Syris. Lipf. 1672. 8.

SERVIEN, de la Legislation Criminelle. à Basle
1782. 8.

SHAW, T. Travels or Observations relating to
several Parts of Barbary and the Levant. London 1757. 8. Von bekannter Vortrefflichkeit.

SICARD, P. Memoires fur l'Egypte. Im 5ten
Bande der Lettres Edifiantes N. E. Nichts ist
mehr zu bedauren, als daß man die Papiere
dieses vortrefflichen Geistlichen nicht vollständiger herausgegeben, oder zum Drucke fertig gefunden hat.

SLOA-

Verzeichniß

SLOANE's, H. Natural History of Jamaica. London 1707. II Vol. in fol. Enthält nur wenige Nachrichten für die Menschen=Geschichte.

SMITH, W. Voyage to Guinea. Lond. 1744. Nicht unwichtig.

Smith's, A. Untersuchung der Natur und Ursachen von National=Reichthümern. 2 Bände. 8. Aus dem Englischen. Ich rechne dies Werk zu den vortrefflichsten, die unser Jahrhundert hervorgebracht hat, und ich wünsche nichts so sehr zu erleben, als daß eben dies Werk das Handbuch von Fürsten, Staats=Männern, und allen denjenigen, die wahre Aufklärung lieben, werden möge.

SNELLGRAVE, P. Nouvelle Relation de la Guinée, traduite de l'Anglais. Amst. 1735. Mit dem vorhin angeführten Smith von gleichem Werth.

Sonnerat's Reisen nach Ost=Indien und China. 2 Bände. 1783. Aus dem Französischen. Ein sehr wichtiges Werk, in welchem man die neuesten Nachrichten über mehrere Südlich=Asiatische Reiche findet.

Sömmering über die Cörperliche Verschiedenheit des Mohren vom Europäer. Mainz 1784. Eine vortreffliche Abhandlung!

SOULAVIE, G. Histoire naturelle de la France meridionale. I-VII. Tomes. 1780. 8. Man
kann

kann sich bey der Lesung dieses Werks des Wun-
sches nicht enthalten, den ich bey der Anfüh-
rung der Saussurischen Schrift geäussert habe.

Eben desselben Hist Naturelle de la France meridionale. Seconde Partie. Les Vegetaux. I T.
1783.

Spangenberg's, Nord = und Oestlicher Theil von
Europa und Asien. Stockh. 1730. 4. Nach
den neuern Reisen durch Sibirien sehr entbehrlich.

Sparrmann's, A. Reise nach dem Vorgebürge
der guten Hoffnung in dem Jahre 1772. Aus
dem Schwedischen. Berlin 1784. Sparrmann
liefert schätzbare Nachrichten; er hätte aber,
scheint es, viel mehr liefern können.

SPON, J. Voyage d'Italie, de Dalmatie, de Grece, et du Levant en 1675. et 1676. à Lyon
1778. in 12. Eine der besten Reisebeschreibungen.

Sprengel's Beyträge u. s. w. siehe oben Forster.

Steller's, G. W. Beschreibung von Kamtschatka. Frankfurt und Leipzig 1774. in 8. Eine
der besten Reisebeschreibungen, die wir haben.

STIBB's, Voyage up the Gambia. In Moore's
Reisen: aber, wie es scheint, nicht so zuverläßig.

STRA-

STRABONIS Geograph. Edit. Almelov. bisweilen führe ich auch die Casaub. Ausgabe an.

STRUBEN, D. G. de Jure Villicorum. Hannov. 1768. 4.

STEWART, J. Account of the Kingdom of Thibet. Im 67. Bande der Transactions.

STUART, G. View of Society in Europa. 1778. 4.

Sulzer's, F. J. Geschichte des Transalpinischen Daciens. Wien 1781. 3 Bände. Sehr lehrreich.

SWINBURNE, H. Travels in the two Siciles. Vol. I. Lond. 1783. 4. Arm.

Sykes, A. A. Versuch über die Natur, Absicht und den Ursprung der Opfer, mit Hrn. Semlers Vorrede und Anmerkungen. 1778. Halle. 8.

T.

DE TASSY, Histoire du Royaume d'Alger. Amsterdam 1724. 12.

Taube, Beschreibung von Slavonien und Syrmien. Leipzig 1777. Taube und Fortis können uns überzeugen, daß es in Europa fast noch eben so unbekannte Gegenden, als in den übrigen Erdtheilen gebe.

Tavernier's, J. B. Reisebeschreibung. Genf 1681. fol. Diese ist vielleicht die am meisten um=

umfaſſende Reiſebeſchreibung, ſo wie Tavernier
gewiß der gröſte Reiſende im letzten Jahrhun=
dert war.

DU TERTRE, Hiſtoirę generale des Antilles.
HI Vol. in 4. à Paris 1667. Wenn man den
P. Labat, und Oldendorp geleſen hat, ſo kann
man dieſen entbehren.

Tetens, J. N. philoſophiſche Verſuche über die
Menſchliche Natur. 2 Theile. 1777. 8. Leipz.

DE THEVENOT., Voyage fait au Levant. 1665.
à Paris. 4. III Volumes. Enthält wenig Neues,
noch weniger ſeine Sammlung von Reiſen.

THOMAS, Eſſai ſur le Caractère, les Moeurs, et
l'eſprit des femmes. In ſeinen Oeuvres 1773.
T. IV.

THOMASINUS, J. P. de donariis. 1654. Patav. 4.

Tieffenthaler's, J. Beſchreibung von Hindo=
ſtan. Berlin 1785. Kein Werk hat meine Er=
wartung mehr getäuſcht, als dieſes. Für den
Geographen mag es ſehr nützlich ſeyn.

TISSOT Traité des Nerfs. II Tomes IV. Parties.
Lauſanne 1778.

TONTI, Relation de la Louiſiane. Im fünften
Bande der Voyages au Nord. In den Lettres
edifiantes wird, wie ich glaube, irgendwo ein
Zwey=

Zweyfel gegen die Aechtheit und Zuverläßigkeit der Reisebeschreibung geäussert.

Toreen, O. Ost-Indische Reise, steht in Osbecks Reise S. 431. u. f.

DE TOTT sur les Turcs et les Tartares. à Amsterdam 1784. IV Volumes. Dies Werk ist vorzüglich deßwegen wichtig, weil es die oft bezweyfelten Zeugnisse älterer Schriftsteller bestätigt. Ganz neue Data habe ich selten darinn gefunden.

DE TOURNEFORT, Relation d'un Voyage du Levant. II Tomes in 4. 1718. à Amsterdam. Für den Menschen-Forscher die wichtigste Reise nach den Griechischen Inseln, und in das ganze Vorder-Asien.

TRAVELS in Europa, Asia and Africa. II Vol. 1782. Lond. 8. Enthalten einige brauchbare Nachrichten.

TWISS, Travels through Portugal and Spain. Lond. 1775. 4. Enthalten manche brauchbare Bemerkungen.

V.

DELLA VALLE, P. Voyages. à Paris VIII Tom. 1745. in 8. Wenn man die besten Beschreibungen von Persien und Hindostan gelesen hat, so findet man im della Valle wenig Belehrung mehr.

DU

Du Val, Oeuvres. II Tomes. 4. à St. Petersb. 1784. 8.

Valentyn , F. Qud en Nieuw Ooſt - Indien. VIII Volum. in fol. Amſt. 1724. Das vollſtändigſte und lehrreichſte Werk über die Oſtindiſchen Inſeln, beſonders die Molukken.

Verſuch über die Staats = Verfaſſung von Spanien. Hamburg 1783. 8.

De Villoison, Commentarius de triplici Theologia, Myſteriisque veterum. In des Herrn de St. Croix Recherches ſur les Myſteres p. 221. u. ſ.

De Ulloa, A. Voyage dans l'Amerique meridionale. Amſterd. 1752. II Tom. 4. Es gibt keine zuverläßigere Beſchreibung des Spaniſchen Amerika, als dieſe.

Eben deſſelben Nachrichten von Amerika, mit Anmerkungen von Hr. Schneider. 1781. 2 Th. 8.

Vogel's, J. W. Oſt = Indianiſche Reiſebeſchreibung. Altenb. 1704. 8. Enthält artige Nachrichten über Java, beſonders aber über Sumatra.

Voyage à la Martinique. à Paris 1763. 4. Unbedeutend.

Voyage à l'Isle de France et de Bourbon, par un Officier du Roi. à Amſt. 1773. II Tom. in 8. Gut geſchrieben, aber nicht ſehr reich an neuen Nachrichten.

W.

W.

WAFER, Voyages, où l'on trouve une description de l'Isthme de Darien. Im vierten Bande der Voyages de Dampier. Die beste Beschreibung der Erd=Enge Darien.

WALLACE, J. Account of the Islands of Orkney. Lond. 1700. 8. Arm.

WALLACE Essai sur la différence du nombre des hommes dans les tems anciens et modernes. 1754. Londres. 12.

Webers, verändertes Rußland. 1721. 3 Bände in 4. Enthält vortreffliche Schilderungen von Sitten, besonders merkwürdige Züge aus dem Charakter Peters des Ersten.

Wendeborn's, G. F. A. Zustand von Groß=Britannien gegen das Ende des 18. Jahrhunderts. Berlin. 8. 3 Bände. Wie sehr wäre es zu wünschen, daß wir von allen grossen Reichen Europen's so meisterhafte Schilderungen hätten, als die Wendebornische ist.

WHELER, G. Voyage de Dalmatie, de Grece et du Levant. Amsterd. 1689. Wenn man den Spon gelesen hat, so kann man seinen Reisegefährten, den Wheler, und wenn man diesen gelesen hat, den Spon fast ganz entbehren.

WILSON's, A. Obſervations relative to the influence of Climate. London 1780. 8. Eine
reichhaltige Schrift!

WINDÉTUS de vita functorum ſtatu. Londini
1677. 12.

Wolfs, Reiſe nach Zeilan. Berlin 1782. 8.
Enthält über Zeilan wenig Neues.

X.

XENOPHONTIS Opera. Lipſ. 1764. 8.

Z.

ZAMPI, P. Relation de la religion des Mingre-
liens. In Chardin's Reiſen I. S. 89. u. ſ.

DE ZARATE, A. Hiſtoire de la Conquête du Perou.
Amſt. 1700. II Part. Beyde nur mittelmäßig.

Zimmermann's Geographiſche Geſchichte des
Menſchen. 3 Bände. Den erſten habe ich in der
1784. in Caſſel erſchienenen Franzöſiſchen Ueberſetzung geleſen.

Druckfehler.

S. 5. Zeile 7. statt Mallet setze man Tott.

S. 65. im 23. §. setze man statt Feinheit, Schärfe, und wo diese beyden Worte verbunden
sind, lösche man Feinheit aus.

———————————